Yasemin Mehmet

Qualitätsurteile in Patientenbefragungen

T0192725

GABLER RESEARCH

Yasemin Mehmet

Qualitätsurteile
in Patientenbefragungen

Von der Zufriedenheit
zum reflektierten Urteil

GABLER

RESEARCH

Bibliografische Information der Deutschen Nationalbibliothek
Die Deutsche Nationalbibliothek verzeichnet diese Publikation in der
Deutschen Nationalbibliografie; detaillierte bibliografische Daten sind im Internet über
<http://dnb.d-nb.de> abrufbar.

Dissertation Universität Trier, Fachbereich IV, 2009

1. Auflage 2011

Alle Rechte vorbehalten
© Gabler Verlag | Springer Fachmedien Wiesbaden GmbH 2011

Lektorat: Stefanie Brich | Anita Wilke

Gabler Verlag ist eine Marke von Springer Fachmedien.
Springer Fachmedien ist Teil der Fachverlagsgruppe Springer Science+Business Media.
www.gabler.de

Umschlaggestaltung: KünkelLopka Medienentwicklung, Heidelberg
Gedruckt auf säurefreiem und chlorfrei gebleichtem Papier
Printed in Germany

ISBN 978-3-8349-2530-5

Vorwort

Die vorliegende Arbeit entstand während meiner Tätigkeit als wissenschaftliche Mitarbeiterin an der Universität Trier und wurde vom Fachbereich IV im Wintersemester 2009/2010 als Dissertation angenommen. An dieser Stelle möchte ich die Gelegenheit nutzen und mich bei all denjenigen bedanken, die zum Gelingen dieser Arbeit beigetragen haben.

Bedanken möchte ich mich bei Prof. Dr. Alois Hahn, der mich als mein Doktorvater auf dem Weg zum erfolgreichen Abschluss meiner Promotion begleitet hat. Mein Dank gilt zudem Privatdozent Dr. Rüdiger Jacob für seine Tätigkeit als Zweitgutachter und für die langjährige gute Zusammenarbeit. Prof. Dr. Axel Haunschild danke ich für die Übernahme des Prüfungsvorsitzes bei der Disputation.

Ganz besonders bedanke ich mich bei Prof. Dr. Hans Braun, der mir jederzeit als engagierter Gesprächspartner mit wertvollen Anregungen zur Seite stand. Bedanken möchte ich mich auch bei meinem Kollegen Dr. Andreas Heinz für die gute Teamarbeit in unseren verschiedenen Projekten.

Yvonne Kiefer, Alexandra und Christoph Moritz, Dr. Doris Weissberger sowie Dr. Sabine Wollscheid danke ich für ihre tatkräftige Unterstützung bei der Vollendung meiner Arbeit und für ihre Freundschaft. Torsten Hermes danke ich für die überaus konstruktive und stets von guter Laune getragene Begleitung meiner Dissertation.

Mein Dank gilt auch all meinen anderen Freunden, die mich – jeder auf seine Weise (Gespräche, Mensa, Sport) – bei meiner Arbeit unterstützt haben.

Ich bedanke mich auch bei meiner großartigen Familie: bei meinen Eltern, auf deren Unterstützung ich mich jederzeit verlassen kann, bei meiner Großmutter, die sich stets für den Fortgang meiner Arbeit interessierte, und bei meiner Schwester, die einen nicht unwesentlichen Beitrag dazu geleistet hat, dass meine Arbeit zu einem so guten Abschluss gekommen ist.

Yasemin Mehmet

Inhaltsverzeichnis

Abbildungsverzeichnis

Tabellenverzeichnis

Abkürzungsverzeichnis

AQUA-Institut	Institut für angewandte Qualitätsförderung und Forschung im Gesundheitswesen GmbH
BMG	Bundesministerium für Gesundheit
DAK	Deutsche Angestellten-Krankenkasse
DIN	Deutsche Industrie-Norm
EFQM	European Foundation for Quality Management
EN	Europäische Norm
EPA	Europäisches Praxis-Assessment
EUROPEP	European Project on Patient Evaluation of General Practice Care
G-BA	Gemeinsamer Bundesausschuss
GKV	Gesetzliche Krankenversicherung
ISO	International Organization for Standardization
KBV	Kassenärztliche Bundesvereinigung
KPQM	KV-Praxis-Qualitätsmanagement
KTQ	Kooperation für Transparenz und Qualität im Gesundheitswesen
KV	Kassenärztliche Vereinigung
PKV	Private Krankenversicherung
QEP	Qualität und Entwicklung in Praxen
QPRR	Qualitätsurteile von Patienten mittels Report & Rating
SGB V	Sozialgesetzbuch Fünftes Buch

1 Einführung in die Thematik

Die bestmögliche Qualität von Gesundheitsdienstleistungen unter Berücksichtigung der Finanzierbarkeit zu erzielen, ist die zentrale Herausforderung, der sich das deutsche Gesundheitswesen stellen muss. Die Reformbestrebungen der Bundesregierung waren in den vergangenen Jahren entsprechend darauf ausgerichtet, die Qualität der Versorgung zu sichern und gleichzeitig – angesichts steigender Ausgaben und sinkender Einnahmen der Gesetzlichen Krankenversicherung (GKV) – die Wirtschaftlichkeit bzw. Effizienz im Gesundheitswesen zu erhöhen. Dabei spielen die Patienten eine zunehmend wichtige Rolle. Die Stärkung der Patientenorientierung sowie die Steigerung der Informiertheit und Kompetenz der Patienten sollen zum Erreichen dieser Ziele beitragen, insbesondere, indem Patienten Verantwortung für ihre Gesundheit übernehmen.

Der Sachverständigenrat zur Begutachtung der Entwicklung im Gesundheitswesen sieht den Patienten in seinem Gutachten 2000/2001 neben Ärzteschaft und Krankenkassen als „dritte Kraft" und konstatiert: „Eine stärkere Orientierung des Gesundheitswesens an dessen Nutzern und ihrer Rolle als Subjekt verbindet sich … mit den Anforderungen, den Bürger in die Lage zu versetzen, die Einrichtungen des Gesundheitswesens sinnvoll zu nutzen, selbst zum Erfolg der Behandlung beizutragen und dadurch die Leistungsfähigkeit des Systems zu verbessern."[1] „Der Rat erkennt in Kompetenz und Partizipation", so heißt es weiter, „die Schlüsselqualitäten des Nutzers, die einen wesentlichen Einfluss auf Prozess und Ergebnisqualität der Leistungen und Wirtschaftlichkeit des gesamten Systems ausüben."[2] In dem Gutachten des Sachverständigenrates aus dem Jahr 2007 werden diese Forderungen wiederholt, zudem wird hervorgehoben: „Es besteht erheblicher Handlungsbedarf bei Partizipation und Eigenverantwortung, die gefördert und gefordert werden müssen!"[3]

Die Stärkung der Patientenrolle wird aber nicht nur politisch befürwortet, sondern diese hat sich in den vergangenen Jahrzehnten ohnedies erheblich gewandelt. Hierfür sieht Helga Kühn-Mengel, die vormalige Patientenbeauftragte der Bundesregierung,

---

[1] Sachverständigenrat für die Konzertierte Aktion im Gesundheitswesen (Hrsg.) 2001a, Ziffer 296. Der Sachverständigenrat heißt seit Inkrafttreten des GKV-Modernisierungsgesetzes am 1. Januar 2004 „Sachverständigenrat zur Begutachtung der Entwicklung im Gesundheitswesen".
[2] Sachverständigenrat für die Konzertierte Aktion im Gesundheitswesen (Hrsg.) 2001a, Ziffer 401.
[3] Sachverständigenrat zur Begutachtung der Entwicklung im Gesundheitswesen (Hrsg.) 2007, Ziffer 48.

folgende Gründe: Die Patienten fordern selbst mehr Autonomie und Beteiligung, was sich auch in der Stärkung der Patientenrechte widerspiegelt. Darüber hinaus gibt es für eine Vielzahl von Erkrankungen nicht eine optimale Behandlung, sondern vielfach stehen mehrere Alternativen zur Verfügung, die jeweils spezifische Nutzen und Risiken aufweisen.[4] Daraus folgert die Patientenbeauftragte: „Die Abwägung zwischen Behandlungsoptionen, die weitreichende Konsequenzen für die Lebensqualität und Lebenserwartung der Betroffenen haben, kann nicht ohne angemessene Berücksichtigung der Werte und Präferenzen der Patienten erfolgen."[5] Zudem stehen den Patienten heutzutage immer mehr Gesundheitsinformationen zur Verfügung. Deren Nutzer wünschen oftmals genaue Begründungen für medizinische Entscheidungen und nehmen neue medizinische Entwicklungen häufig aufmerksam zur Kenntnis. Und schließlich stellen Krankheiten mittlerweile – bedingt durch den medizinisch-technischen Fortschritt, den demografischen Wandel und die Verlagerung des Krankheitsspektrums hin zu einer Zunahme chronischer Krankheiten – häufig keine kurzen Episoden mehr dar. Vielmehr gehen sie oftmals mit langfristigen Verläufen und entsprechend dauerhaften Arzt-Patient-Beziehungen einher.[6]

Patienten möchten, können und sollen, wie aus den vorherigen Ausführungen hervorgeht, einen Beitrag zur Sicherung und Verbesserung der Qualität im Gesundheitswesen leisten. Dies betrifft auf der Mikroebene des Gesundheitswesens in erster Linie ihre Kooperation bei der Erstellung einer Gesundheitsdienstleistung, die so genannte Compliance. Die weitaus meisten Patienten möchten über Behandlungsoptionen informiert werden und viele möchten außerdem an der Therapieentscheidung teilhaben.[7] Die aktuelle Diskussion zur Patientenorientierung im Gesundheitswesen beschränkt sich jedoch nicht nur darauf, Patienten verstärkt an der Auswahl und der Erstellung von Gesundheitsdienstleistungen zu beteiligen, sondern sie darüber hinausgehend als Urteilende über die Qualität von Gesundheitsdienstleistungen einzubeziehen. Zu dieser Entwicklung hat auch die Erkenntnis beigetragen, dass Patienten in erheblichem Maße über die Zukunftschancen einer Gesundheitseinrichtung entscheiden. Durch Wahl und Weiterempfehlung einer Arztpraxis oder eines Krankenhauses beeinflussen Patienten die Wettbewerbsfähigkeit dieser Einrichtung.

---

[4] Vgl. Kühn-Mengel 2008, S. 165f.
[5] Kühn-Mengel 2008, S. 166.
[6] Vgl. Kühn-Mengel 2008, S. 166.
[7] Siehe hierzu Kapitel 2.

Qualitätsurteile von Patienten, die das Ergebnis eines Vergleichs von Erwartungen und Erfahrungen darstellen, werden im Allgemeinen durch Befragungen erfasst. Zumeist handelt es sich dabei um schriftliche Untersuchungen mittels Fragebogen. Patienten-befragungen sind Instrument einer sich aktuell in der Umsetzung befindlichen Maß-nahme zur Qualitätssicherung – dem Qualitätsmanagement – und gewinnen dadurch weiter an Bedeutung. Insgesamt betrachtet erfüllen sie zahlreiche Aufgaben und wei-sen vielfältige Nutzenwirkungen auf:

– Patientenbefragungen können die Sensibilität der Ärzte für die Bedürfnisse ihrer Patienten erhöhen. Sie sind damit einhergehend Ausdruck des ärztlichen Interesses an den Erwartungen und Erlebnissen der Patienten und sie signalisieren den Patien-ten Wertschätzung von Seiten des Arztes. Damit tragen Patientenbefragungen un-mittelbar zu einer Verbesserung der Arzt-Patient-Beziehung bei.

– Bestehen ausweislich der Ergebnisse der Patientenbefragung Qualitätsmängel wo-bei es sich mitunter um Kritikpunkte handelt, die der Patient im direkten Gespräch mit dem Arzt nicht äußern würde –, so hat der Arzt die Möglichkeit, diese Defizite zu beheben, bevor der Patient sich für eine „Abstimmung mit den Füßen" entschei-det und bei bestehender Alternative den Arzt wechselt und gegebenenfalls als negativer Multiplikator wirkt.

– Patientenbefragungen sind Voraussetzung der Patientenorientierung, denn um diese realisieren zu können, müssen die Bedürfnisse der Patienten zunächst einmal be-kannt sein.

– Patientenbefragungen tragen zur Sicherung und Verbesserung der Qualität von Gesundheitsdienstleistungen und dadurch zur Wettbewerbsfähigkeit und Wirt-schaftlichkeit von Gesundheitseinrichtungen bei – sofern die Erkenntnisse aus den Befragungen tatsächlich umgesetzt werden.

Aufgrund der genannten positiven Effekte wird die Notwendigkeit von Patienten-befragungen kaum mehr in Frage gestellt. Auch wenn das deutsche Gesundheitswesen insgesamt ein hohes Qualitätsniveau aufweist, besteht – angesichts von Über-, Unter- und Fehlversorgung –[8] weiterhin Potenzial für Verbesserungen. Patientenbefragungen leisten einen Beitrag, dieses Potenzial zu nutzen, denn „die Gesundheit ist ein zu hohes Gut, als dass man die Unterschiede im Leistungsspektrum und in der Qualität der Leis-

---

[8] Siehe hierzu Sachverständigenrat für die Konzertierte Aktion im Gesundheitswesen (Hrsg.) 2001b.

tungserbringer als Patient ausschließlich durch Versuch und Irrtum herausfinden möchte."[9] Die Frage, *ob* Patientenbefragungen durchzuführen sind, kann damit als beantwortet gelten. Problematisch ist hingegen die Art und Weise, *wie* Patientenbefragungen durchgeführt werden; hier bestehen erhebliche Defizite. Patientenbefragungen können den verschiedenen genannten Zielsetzungen aber nur dann gerecht werden, wenn ihre inhaltliche und methodische Güte sichergestellt ist.

Im Zentrum des Erkenntnisinteresses der vorliegenden Arbeit stehen Patientenbefragungen als Instrument der Sicherung und Verbesserung der Qualität von Gesundheitsdienstleistungen. Von den drei Säulen des Gesundheitswesens – Kuration, Rehabilitation und Pflege –[10] steht die Kuration im Vordergrund; betrachtet werden ärztliche Gesundheitsdienstleistungen im ambulanten und stationären Sektor. Dabei gilt es zunächst zu klären, was Gesundheitsdienstleistungen und die (sich wandelnde) Beziehung zwischen Arzt und Patient im Besonderen kennzeichnet (Kapitel 2). Vor dem Hintergrund dieser Ausführungen wird untersucht, was Qualität ist und welche Dimensionen und Merkmale Gesundheitsdienstleistungen aus Patientensicht aufweisen (Kapitel 3). Diese Erkenntnisse stellen gleichsam den Inhalt von Patientenbefragungen dar. Zudem wird auf Qualitätsmanagement als aktuelle Maßnahme der Qualitätssicherung eingegangen, in dessen Rahmen Patientenbefragungen eingesetzt werden. Wie das Qualitätsurteil von Patienten in Patientenbefragungen zu erfassen ist, und welche Fragearten dafür geeignet bzw. nicht geeignet sind, wird anschließend verdeutlicht. Darüber hinaus wird das Qualitätsurteil theoretisch fundiert (Kapitel 4). Hiernach finden die Erkenntnisse zu Inhalten, Arten von Fragestellungen und theoretischer Fundierung des Qualitätsurteils in einer Befragung von Krankenhauspatienten ihre empirische Umsetzung (Kapitel 5). Schließlich wird diese Erhebung mit anderen Befragungen in methodischer und inhaltlicher Hinsicht verglichen (Kapitel 6).

---

[9] Jaeger 2003, S. 268.
[10] Vgl. Bundesärztekammer (Hrsg.) 2008. Die Bundesärztekammer verweist auf die Notwendigkeit, Prävention als vierte Säule des Gesundheitswesens zu etablieren.

2 Arzt-Patient-Beziehung

Im Rahmen der Arzt-Patient-Beziehung werden Gesundheitsdienstleistungen erbracht. Diese stellen, worauf schon der Begriff hindeutet, Dienstleistungen dar und weisen dementsprechend deren Merkmale auf. Da Gesundheit für Individuen (lebens-) notwendig ist, können Gesundheitsdienstleistungen, die zur Verbesserung bzw. zur Wiederherstellung der Gesundheit beitragen, nicht mit anderen Dienstleistungen gleichgesetzt werden. Zudem handelt es sich bei Gesundheitsdienstleistungen um personenbezogene Dienstleistungen, weswegen auch die Arzt-Patient-Beziehung eine besondere Bedeutung für die Patienten hat.

Drei Charakteristika werden in der Literatur als konstitutive Elemente von Dienstleistungen in Abgrenzung zu Sachleistungen herausgestellt: Erstens haben Dienstleistungen in der Regel einen immateriellen Charakter und sind somit intangibel, wobei im Zuge ihrer Erbringung auch auf Sachgüter zurückgegriffen werden kann. Viele Dienstleistungen sind ohne Sachleistungsanteil kaum denkbar (zum Beispiel Autoreparatur unter Einsatz von Ersatzteilen). Zweitens fallen Produktion und Konsumtion im Allgemeinen zeitlich zusammen (Uno-Actu-Prinzip), weshalb Dienstleistungen zumeist nicht lagerfähig sind. Aus dieser Gleichzeitigkeit folgt auch, dass Dienstleistungen nicht auf Vorrat erstellt werden können, sondern für jeden Kunden individuell erbracht werden, so dass Umfang und Qualität der Leistung variabel sind. Das dritte – und für diese Arbeit entscheidende – konstitutive Merkmal ist die *Integration des externen Faktors*, das heißt des Kunden oder von Objekten des Kunden.[11]

Über die genannten Charakteristika hinaus sind bei Dienstleistungen die drei Phasen des Erstellungsprozesses – Potenzial-, Prozess- und Ergebnisorientierung – zu berücksichtigen.[12] Die Phase der Potenzialorientierung stellt die Leistungsfähigkeit des Anbieters in den Mittelpunkt. So muss der Dienstleister über die Fähigkeiten und die Bereitschaft zur Leistungserstellung verfügen, welche mit internen Faktoren wie Personen, Sachgütern und Informationen kombiniert werden. Nimmt der Nachfrager dieses Potenzial in Anspruch, schließt sich die Phase der Prozessorientierung an, in welcher der externe Faktor einbezogen wird und die Erbringung der Dienstleistung als

---

[11] Vgl. Bruhn 2006, S. 19ff.; Corsten/Gössinger 2007, S. 21ff. Die konstitutiven Elemente von Dienstleistungen werden jedoch auch kontrovers diskutiert, siehe hierzu Rosada 1990, S. 16ff. Auf die Integration des externen Faktors wird in Kapitel 2.5 gesondert eingegangen.

[12] Siehe hierzu auch die Qualitätsdimensionen von Dienstleistungen nach Donabedian in Kapitel 3.1.2.

solche im Vordergrund steht; hier kommt das Uno-Actu-Prinzip zum Tragen. In der abschließenden Phase liegt der Fokus auf dem Ergebnis der Dienstleistung, das heißt auf der am Nachfrager oder dessen Objekt erzielten Wirkung.[13] Unter Berücksichtigung der genannten Aspekte können Dienstleistungen folgendermaßen definiert werden: „Dienstleistungen sind selbständige, marktfähige Leistungen, die mit der Bereitstellung ... und/oder dem Einsatz von Leistungsfähigkeiten ... verbunden sind (Potentialorientierung). Interne ... und externe Faktoren (also solche, die nicht im Einflussbereich des Dienstleisters liegen) werden im Rahmen des Erstellungsprozesses kombiniert (Prozessorientierung). Die Faktorenkombination des Dienstleistungsanbieters wird mit dem Ziel eingesetzt, an den externen Faktoren, an Menschen ... und deren Objekten ... nutzenstiftende Wirkungen ... zu erzielen (Ergebnisorientierung)."[14]

Während die vorgenannten Merkmale auf alle Dienstleistungen zutreffen, bestehen, wie bereits angedeutet, im Hinblick auf das Objekt der Dienstleistung Unterschiede. So können Dienstleistungen an Personen (zum Beispiel Rechtsberatung) oder aber an Gegenständen (zum Beispiel Reinigungsdienst) erbracht werden.[15] Bei personenbezogenen Dienstleistungen, die in der vorliegenden Arbeit im Vordergrund stehen, spielt der persönliche Kontakt im Zuge ihrer Erstellung – und bei Gesundheitsdienstleistungen damit die Arzt-Patient-Beziehung – eine besondere Rolle. Bevor diese genauer betrachtet wird, wird zunächst die Bedeutung von Gesundheit und Gesundheitsdienstleistungen erörtert.

Bedeutung von Gesundheit und Gesundheitsdienstleistungen

Als Ausgangspunkt für die Überlegungen zur Bedeutung von Gesundheit eignet sich das bekannte Diktum „Gesundheit ist nicht alles, aber ohne Gesundheit ist alles nichts." Dieses Sprichwort verweist auf zweierlei: Zum einen wird hervorgehoben, dass Gesundheit ein besonders hoch geschätztes bzw. ein existenzielles Gut ist.[16] Gleichwohl wird in dieser Feststellung auch deutlich, dass Individuen neben gesundheitlichen Zielen auch weitere Ziele verfolgen, die im Vergleich zur Gesundheit

---

[13] Vgl. Hilke 1989, S. 11ff.
[14] Meffert/Bruhn 2003, S. 30. Bedingt durch die Heterogenität des Dienstleistungssektors ist eine Bestimmung des Begriffs nicht unproblematisch, vgl. Bruhn 2006, S. 19ff.; Haller 1998, S. 51ff.
[15] Vgl. Bruhn 2006, S. 26. Zu weiteren Unterscheidungskriterien siehe Bruhn 2006, S. 24ff.
[16] Vgl. Knappe/Optendrenk 2000, S. 1. Dies zeigt sich auch in Befragungen zur Bedeutung von verschiedenen Lebensbereichen, in denen Gesundheit regelmäßig einen Spitzenplatz einnimmt, vgl. Braun 1994, S. 247; Jacob 2006, S. 301.

jedoch weniger wichtig sind.[17] So werden Gesundheitsrisiken wie zum Beispiel das Rauchen bewusst für das Erreichen anderer Ziele wie etwa den Genuss von Zigaretten in Kauf genommen.

Zum anderen verdeutlicht dieser Ausspruch, dass Gesundheit die Voraussetzung für andere Aktivitäten ist und damit ein „Ermöglichungsgut"[18] darstellt. Für den Einzelnen ist Gesundheit wichtig, um Leben und Wohlbefinden zu sichern sowie leistungsfähig und produktiv zu sein. Auf Gesellschaftsebene liegt ihre Bedeutung in der Erfüllung gemeinsamer Aufgaben.[19] So sieht auch Parsons in Gesundheit eine der funktionalen Vorbedingungen eines sozialen Systems: Ein zu niedriges Gesundheitsniveau und ein zu häufiges Auftreten von Krankheiten seien dysfunktional. „This is in the first instance because illness incapacitates for the effective performance of social roles."[20] Den vorstehenden Ausführungen entsprechend stellen Gesundheitsdienstleistungen sowohl existenzielle Dienstleistungen als auch Ermöglichungsdienstleistungen dar. Sie sind im Vergleich zu anderen Dienstleistungen – sei es ein Friseurbesuch, eine Fahrt mit dem öffentlichen Personennahverkehr oder eine Finanzdienstleistung – für Leben und Lebensqualität weitaus entscheidender bzw. unverzichtbar und schaffen grundsätzlich die Voraussetzungen für die Inanspruchnahme weiterer Dienstleistungen.

Werden Gesundheitsdienstleistungen in Anspruch genommen, kommt es zur Begründung einer Beziehung zwischen Arzt und Patient. Die Grundlage dieser Beziehung, die Rollen der Beteiligten sowie die zwischen ihnen bestehende Asymmetrie sind Gegenstand der nachfolgenden Ausführungen.

Bei der Erbringung personenbezogener Dienstleistungen ist die Beziehung zwischen Anbieter und Nachfrager entscheidend. Da Gesundheitsdienstleistungen für den Patienten eine besondere Bedeutung haben und das Verhältnis zwischen Arzt und Patient eine komplexe zwischenmenschliche Beziehung mit hohen Anforderungen an die Beteiligten darstellt, ist der Arzt nicht lediglich als „Anbieter" und der Patient nicht lediglich als „Nachfrager" zu sehen.[21] Denn Arzt und Patient interagieren in ungleich-

---

[17] Vgl. Breyer et al. 2005, S. 73.
[18] Gerst 2008, S. C1935.
[19] Vgl. Rieländer 1999, S. 133.
[20] Parsons 1951, S. 430.
[21] Bei stationären Patienten müsste streng genommen nicht von einer Arzt-Patient-Beziehung, sondern von einer Ärzte-Patient-Beziehung gesprochen werden. Im Rahmen dieser Arbeit findet jedoch ausschließlich der Begriff „Arzt-Patient-Beziehung" Verwendung; im Krankenhaus ist der jeweils hauptsächlich behandelnde Arzt gemeint. Die nachfolgenden Ausführungen gelten im

rangigen Positionen – etwa im Hinblick auf ihren Informationsstand und ihre Betroffenheit –, wobei die Beziehung von Seiten des Patienten in der Regel „gezwungener-
maßen" aus einer Notwendigkeit und Alternativlosigkeit heraus etabliert wird. Für den
Patienten kann das Aufsuchen des Arztes vitale Konsequenzen haben und ist (deshalb)
zumeist emotional aufgeladen. Insbesondere erfordert die Erstellung einer Gesundheitsdienstleistung eine enge und vertrauensvolle Zusammenarbeit zwischen Arzt und
Patient.

2.1 Vertrauen als Grundlage der Arzt-Patient-Beziehung

Grundsätzlich muss jeder Mensch Vertrauen in seine Umwelt haben. Vertrauen ist
demnach nicht nur innerhalb der Beziehung zwischen Arzt und Patient, sondern – als
Bestandteil des Sozialkapitals – auch gesamtgesellschaftlich von zentraler Bedeutung.[22] Erst dieses Vertrauen bietet dem Menschen Orientierung, ermöglicht es ihm,
handlungsfähig zu sein und der Komplexität der Welt zu begegnen, indem diese reduziert wird.[23] „Wer sich ... weigert, Vertrauen zu schenken, stellt die ursprüngliche
Komplexität der Geschehensmöglichkeiten wieder her und belastet sich damit. Solches
Übermaß an Komplexität überfordert aber den Menschen und macht ihn handlungsun-
fähig."[24]

Abhängig von der jeweiligen Situation ist Vertrauen, welches immer auf die Zukunft
gerichtet ist, eine mehr oder weniger „riskante Vorleistung", wie Luhmann es ausdrückt.[25] Betrachtet man die Lage des Patienten, und somit persönliches Vertrauen,[26]

Wesentlichen auch für das Pflegepersonal. Auf dieses wird im Sinne der Komplexitätsreduktion
– mit Ausnahme der Untersuchungen in den Kapiteln 5 und 6 – nicht gesondert eingegangen, wodurch die Bedeutung der Pflegekräfte für den Patienten keineswegs geschmälert werden soll.

[22] Vgl. Braun 2008, S. 255. Die Arbeiten von Bourdieu, Coleman und Putnam verhalfen dem Konzept
des Sozialkapitals zum Durchbruch, siehe hierzu Bourdieu 1983; Coleman 1988; Coleman 1990;
Putnam et al. 1993. Putnam beschreibt Sozialkapital folgendermaßen: „Analog zu den Vorstellungen von physischem Kapital und Humankapital ... bezieht sich der Begriff ‚Sozialkapital' auf bestimmte Grundzüge der sozialen Organisation, beispielsweise auf Netzwerke, Normen und soziales
Vertrauen, die Koordination und Kooperation zum gegenseitigen Nutzen fördern." Putnam 1999,
S. 28.

[23] Vgl. Luhmann 1973, S. 23ff.

[24] Luhmann 1973, S. 78.

[25] Vgl. Luhmann 1973, S. 20ff.

[26] Neben persönlichem Vertrauen ist auch Systemvertrauen notwendig. „Solches Systemvertrauen
[beispielsweise in das Gesundheitssystem] aufzubringen, dürfte für die meisten Menschen aber
schwieriger sein, als persönliches Vertrauen zu entwickeln und zu unterhalten. Und dennoch kommen wir ohne solches Systemvertrauen nicht aus, wenn wir nicht an der Gesellschaft, in der wir
leben, verzweifeln wollen." Braun 2008, S. 254.

so muss dieser dem Arzt ein hohes Maß an Vertrauen entgegenbringen. Ganz besonders vertraut der Patient auf die ärztliche Integrität, das heißt darauf, dass dem Arzt das Patientenwohl als oberste Maxime gilt.[27] Zudem vertraut er auf die Kompetenz des medizinischen Experten. Dass die Arzt-Patient-Beziehung eine Vertrauensbeziehung darstellt, spiegelt sich auch in der (Muster-)Berufsordnung der Bundesärztekammer wider. Diese standesrechtliche Regelung dient dem Ziel, „das Vertrauen zwischen … Ärzten und … Patienten zu erhalten und zu fördern". Weiterhin heißt es: „Ärzte haben ihren Beruf gewissenhaft auszuüben und dem ihnen bei ihrer Berufsausübung entgegengebrachten Vertrauen zu entsprechen".[28]

Wer vertraut, riskiert, enttäuscht zu werden. Es besteht die Möglichkeit, dass ein unerwartetes Ergebnis bzw. ein (gesundheitlicher) Schaden, der größer als der erstrebte Vorteil ist,[29] das Resultat einer Entscheidung ist. Im Falle einer ärztlichen Konsultation könnte es sein, dass der Arzt anders handelt als vom Patienten gewünscht bzw. das erstrebte Behandlungsergebnis nicht erreicht wird. Inwieweit der Patient dem Arzt dann auch weiterhin vertraut, ist unter anderem von den übrigen Erfahrungen abhängig, die er mit dem Arzt gemacht hat. Handelt es sich etwa um eine langjährige Beziehung mit überwiegend positiven Erfahrungen, wird der Patient dem Arzt bei einer Enttäuschung nicht unmittelbar sein Vertrauen entziehen (es sei denn, es liegt ein erhebliches Fehlverhalten des Arztes vor). Vertrauen wird vielmehr kontrafaktisch aufrechterhalten. Auch wenn bestimmte Prognosen des Arztes nicht eintreffen, muss sich dies indes nicht zwangsläufig auf das Vertrauen in den Arzt auswirken, denn die unverzichtbare „Alternative zu jeder Prognose ist eine alternative Prognose".[30] Letztlich hat der Patient, möchte er nicht jegliche Hoffnung auf Genesung aufgeben, keine andere Wahl, als seinem Arzt weiterhin oder zumindest einem anderen Arzt oder auch einem „Heiler" neu zu vertrauen. Dennoch sollte dieses fraglos notwendige, grundle-

---

[27] Der Arzt handelt etwa bei angebotsinduzierter Nachfrage nicht im Sinne des Patienten.
[28] Bundesärztekammer (Hrsg.) 2006, Präambel und § 2, Abs. 2.
[29] „Andernfalls wäre es einfach eine Frage rationaler Berechnung, und wir würden uns in jedem Fall für unsere Handlung entscheiden, weil die Risiken in akzeptablen Grenzen blieben. Vertrauen ist nur dann erforderlich, wenn ein schlechtes Ergebnis uns unsere Handlung [etwa einen Arzt aufzusuchen] bedauern ließe." Luhmann 2001, S. 148f.
[30] Hahn 2005, S. 140. Hahn verweist auch auf die Unverzichtbarkeit von Prognosen zur Orientierung in der Gegenwart – als „Präsenz von Zukünften", vgl. Hahn 2005, S. 138ff.

gende Vertrauen nicht uneingeschränkt ausfallen.[31] Vertrauen ist nicht mit Vertrauens-
seligkeit gleichzusetzen.[32] „Wird Vertrauen [aber] bestätigt, so stabilisiert sich die
Zuschreibung positiver Eigenschaften und erleichtert positive Erwartungen für die Zukunft".[33]

Die vorherigen Ausführungen verweisen auf die Unsicherheit, in der sich der Patient
befindet. Unsicherheit gehört zwar generell zur „Conditio humana",[34] aber gerade die
Situation des Patienten ist durch ein besonderes Maß an Unsicherheit gekennzeichnet:
Ihm fehlen nicht nur Gewissheit und Verlässlichkeit, sondern seine Situation ist in der
Regel auch durch einen Mangel an Sorge- und Gefahrlosigkeit – alles Assoziationen
von Sicherheit – gekennzeichnet.[35] Überdies stellen sich dem Patienten zahlreiche
Fragen: Welche Krankheit besteht? Wie schlimm ist sie ausgeprägt? Welche Behandlungsmethoden gibt es? Wie gut ist die Qualität der ärztlichen Leistung? Wie wirksam
ist die Behandlung? Änderungen im Gesundheitswesen wie der medizinisch-
technische Fortschritt und der Wandel der Patientenrolle eröffnen dem Patienten überdies immer neue Wahlmöglichkeiten, ja konfrontieren ihn geradezu mit diesen. Als
Folge nimmt die Kontingenz[36] zu, wodurch die Komplexität für den Patienten
– und auch für den Arzt – weiter steigt.

Ohne Vertrauen ist eine Beziehung zwischen Arzt und Patient nicht funktionsfähig.[37]
So haben zahlreiche Studien die Wichtigkeit des Vertrauens für die Compliance und
(damit) für das medizinische Behandlungsergebnis und (damit wiederum) für die Patientenzufriedenheit festgestellt.[38] Entsprechend besteht nicht nur für den Patienten,
sondern auch für den Arzt, der die Gesundung des Patienten anstrebt, ein Interesse an
dem Aufbau einer vertrauensvollen Beziehung: „Der Patient [vertraut] auf sachgerech-
te und wissenschaftlich fundierte Diagnostik, Beratung und Therapie; der Arzt wiederum hofft darauf, dass der Patient compliant ist und seine Ratschläge konsequent

---

[31] Luhmann fasst dies wie folgt zusammen: Der Vertrauende „muß, und sei es nur zur Selbstverge-
wisserung, sich klar machen, daß er nicht bedingungslos vertraut, sondern in Grenzen und nach
Maßgabe bestimmter, vernünftiger Erwartungen". Luhmann 1973, S. 31.
[32] Vgl. Braun 2008, S. 253.
[33] Koller 1997, S. 20.
[34] Vgl. Braun 2009, S. 21.
[35] Vgl. Kaufmann 1973, S. 149.
[36] „Kontingenz: bezieht sich auf die einem System in einer bestimmten Situation zur Verfügung
stehenden Verhaltensalternativen." Willke 1987, S. 174.
[37] Misstrauen kann als funktionales Äquivalent von Vertrauen eingesetzt werden, ist aber die aufwän-
digere Strategie, vgl. Luhmann 1973, S. 78f.
[38] Vgl. beispielsweise Anderson/Dedrick 1990; Bochmann/Petermann 1989; Distefano et al. 1981;
Rhodes/Strain 2000.

befolgt werden."[39] Die Reziprozität von Vertrauen stellt auch Laucken heraus: „Ein Arzt vertraut einem Patienten, wenn er davon ausgeht, dieser sage ihm offen alles und er werde seine Anweisungen befolgen. Ein Arzt, der seinem Patienten vertraut, wird sich eher in einer Weise verhalten, die beim Patienten ihm gegenüber Vertrauen weckt."[40] Der Arzt kann Vertrauen seitens des Patienten außerdem durch folgende Verhaltensweisen aufbauen: dem Patienten Aufmerksamkeit zukommen lassen, ihm zuhören, ihn ernst nehmen, auf seine Ängste eingehen, ihm Erläuterungen geben, ihm das eigene Handeln beschreiben, ihm medizinische Geräte erklären, ihm präzise Anweisungen geben, Blickkontakt halten und Zuspruch leisten.[41] Als Ergebnis dieser Überlegungen ist festzuhalten, dass Vertrauen die Grundlage jeder Arzt-Patient-Beziehung darstellt. Diese ist Gegenstand der nachstehenden Ausführungen.

2.2 Rollen und Asymmetrie in der Arzt-Patient-Beziehung

Wegweisend für die Betrachtung der Arzt-Patient-Beziehung ist „The social system",[42] in welchem Parsons 1951 die komplementären Rollenerwartungen an Arzt und Patient formulierte. Gemäß den „pattern variables"[43] weist die Arztrolle fünf idealtypische Merkmale auf: Für die Ausübung der ärztlichen Tätigkeit ist die entsprechende *Kompetenz* erforderlich. Die Rolle des Arztes wird durch fachliche Qualifikation – und nicht etwa durch Geburt – erworben. Dies impliziert *funktionale Spezifität*, die besagt, dass der Arzt sich auf Aufgaben zu beschränken hat, für die er als Experte ausgebildet ist. Die Rolle des Arztes ist weiterhin durch *universelle Hilfsbereitschaft* gekennzeichnet. Der Arzt soll unbeeinflusst von Eigenschaften seines Gegenübers, also unabhängig von Alter, Geschlecht und sozialer Herkunft etc., Hilfe gewähren. *Affektive Neutralität* bedeutet, dass der Arzt seine Tätigkeit sachlich erfüllt und die Beziehung zu seinen Patienten nicht durch Gefühle wie etwa Sympathie oder Antipathie bestimmt wird. Das heißt nicht, dass er keine Empathie oder Anteilnahme für seine Patienten haben soll, sondern dass seine Emotionen ihn nicht in der Ausübung seiner Tätigkeit als Experte beeinträchtigen sollen. Schließlich wird vom Arzt *Kollektivitäts-orientierung* und damit uneigennütziges Streben nach dem Wohl seiner Patienten

---

[39] Petermann 1997a, S. 157.
[40] Laucken 2001, S. 380.
[41] Vgl. Laucken 2001, S. 381; Petermann 1996, S. 98ff.
[42] Siehe hierzu Möller-Leimkühler 2008, S. 298; Scheibler et al. 2003, S. 12.
[43] Siehe hierzu Parsons 1960.

erwartet. Deren Interessen sollen über persönlichen Zielen des Arztes stehen; beispielsweise soll er sich die Abhängigkeit der Patienten nicht in finanzieller Hinsicht
zunutze machen.[44]

Untrennbar mit der Rolle des Arztes verbunden ist die Rolle des Kranken bzw. Patienten, die nach Parsons die folgenden Rechte und Pflichten aufweist: Der Einzelne soll
für seine Erkrankung nicht verantwortlich gemacht und weitgehend von seinen norma-
len sozialen Rollenverpflichtungen entlastet werden. Legitimiert wird dies durch den
Arzt, etwa indem er den Betroffenen „krankschreibt". Da Krankheit gesellschaftlich
unerwünscht ist, besteht die Verpflichtung, so schnell wie möglich gesund zu werden.
Damit einher geht die Erwartung, dass der Kranke die Hilfe eines Arztes in Anspruch
nimmt – wodurch er zum Patienten wird – und mit diesem zusammenarbeitet, um zu
genesen.[45]

Das Verhältnis zwischen Arzt und Patient stellt grundsätzlich eine „strukturell asymmetrische soziale Beziehung" dar. Aufgrund der Experten-, Definitions- und Steuerungsmacht des Arztes wird eine ungleichrangige Beziehung zum Patienten konstituiert.[46] Macht ist zu verstehen als „die erhöhte Chance des Arztes, einerseits Quellen
der Unsicherheit des Gegenübers zu kontrollieren, andererseits knappe, erstrebte Güter
(ärztliche Leistungen) unterschiedlich zu gewähren".[47] Durch sein prinzipiell größeres
Wissen verfügt der Arzt gegenüber dem Patienten, der in der Regel ein medizinischer
Laie ist, über Expertenmacht. Während der Arzt zudem durch Diagnosestellung,
Krankschreibung und das Recht zur Behandlung des Patienten gesellschaftliche Defi-
nitionsmacht innehat, ist der Patient als Hilfesuchender verpflichtet, Gesundheitsdienstleistungen in Anspruch zu nehmen und den Vorgaben des Arztes zu folgen.
Schließlich basiert die asymmetrische Natur der Laien-Professionellen-Interaktion auf
der Steuerungsmacht des Arztes, welche in seiner funktional-spezifischen Kompetenz
begründet liegt. So bestimmt der Experte Beginn, Verlauf und Ende der Konsultation.
Ferner kann er den Patienten sanktionieren und ihm bestimmte Vergünstigungen zuge-
stehen oder verwehren, zum Beispiel im Hinblick auf die dem Patienten eingeräumte

---

[44] Vgl. Parsons 1951, S. 433ff. Vgl. auch Bauch 2000, S. 194; Siegrist 1975, S. 115f. Zur Kritik an
    Parsons (und auch deren Widerlegung) siehe Gerhardt 1991, S. 162ff.
[45] Vgl. Parsons 1951, S. 436f. Vgl. auch Bauch 2000, S. 195f. Zur Komplementarität der Rechte und
    Pflichten von Arzt- und Patientenrolle siehe Gerhardt 1991, S. 170ff.
[46] Vgl. Siegrist 2005, S. 251.
[47] Siegrist 2005, S. 251.

Zeit.[48] Während der Arzt sich zudem in einer Situation „beruflicher Routine" befindet, kann die ärztliche Konsultation für den Patienten „ein einschneidendes, die biographischen Belange unmittelbar berührendes Moment darstellen".[49] Somit wird durch das unterschiedliche Ausmaß der Betroffenheit die Unterlegenheit des Patienten gefestigt.

Verringert oder verstärkt wird die Asymmetrie der Arzt-Patient-Beziehung zum einen durch organisatorisch-institutionelle Rahmenbedingungen und zum anderen durch soziodemografische Merkmale des Patienten. Diese beiden Bedingungen werden im Folgenden genauer betrachtet. Im Zusammenhang mit den *organisatorisch-institutionellen Gegebenheiten* ist insbesondere maßgeblich, in welchem Sektor des Gesundheitswesens die Dienstleistung erbracht wird. Ambulant behandelte Patienten haben im Vergleich zu (teilweise schwer erkrankten) stationär behandelten Patienten mehr Wahlmöglichkeiten und Verhandlungsmacht, da sie einfacher die Therapie abbrechen bzw. den Arzt wechseln können. Damit ist die Beziehung zwischen niedergelassenem Arzt und Patient tendenziell weniger asymmetrisch als das Verhältnis zwischen Krankenhausarzt und Patient. Darüber hinaus ist der Patient im Krankenhaus – trotz des Organisationsziels der (bestmöglichen) Patientenversorgung – umfangreichen Reglementierungen und Vereinnahmungen ausgesetzt, die eine ungleichrangige Arzt-Patient-Beziehung fördern. Hierzu zählen insbesondere ständige Erreichbarkeit und Störbarkeit, Wartezeiten, kurzfristige Umdisposition von Maßnahmen, fehlende Wahlmöglichkeit im Hinblick auf das zuständige Personal sowie begrenzte Einflussnahme auf das Geschehen im Krankenhaus.[50]

Der Patient hat sich, wie bereits Weber feststellte, in eine vorgegebene Ordnung einzufügen: „Die Ordnungen einer ‚Anstalt' erheben den Anspruch zu gelten für jeden, auf den bestimmte Merkmale [hier die Rolle des Patienten] ... zutreffen ... Sie sind also in ganz spezifischem Sinn oktroyierte Ordnungen."[51] Laut Siegrist zählen zur Ordnung der Krankenhausorganisation die Vorgabe eines kollektiven, verbindlichen Tagesablaufs, die Standardisierung von Verfahrensweisen (Routinebildung), die Typisierung von Patienten, die relative Unpersönlichkeit von Beziehungsformen sowie der Mangel an Intimität. Die beiden letztgenannten Aspekte thematisiert Foucault eingehend in „Die Geburt der Klinik". Hier heißt es unter anderem: „In der Klinik hat man es ... mit

---

[48] Vgl. Siegrist 2005, S. 251.
[49] Siegrist 1975, S. 154.
[50] Vgl. Siegrist 2005, S. 251ff.
[51] Weber 1972, S. 28.

Krankheiten zu tun, deren Träger gleichgültig ist".[52] Patienten werden im Krankenhaus „zum Objekt der klinischen Beobachtung"[53] gemacht und sind dem ärztlichen Blick (und dem pflegerischen Blick) permanent zugänglich. Die Klinik kann damit als „totale Institution" gesehen werden.[54] Patienten sind einer ständigen Überwachung und Kontrolle durch die Mitarbeiter des Krankenhauses ausgesetzt. Ähnlich wie in einem Panoptikum bestehen keine Rückzugsmöglichkeiten. Bei einem Panoptikum handelt es sich um eine von Bentham entwickelte und von Foucault aufgegriffene Überwachungsutopie, bei der Gefängniszellen ringförmig um einen Überwachungsturm herum angeordnet und von dort aus vollständig einsehbar sind, ohne dass der Zelleninsasse weiß, ob der Turm mit einem Aufseher besetzt ist oder nicht. Um Strafen zu vermeiden, verhalten sich die Insassen jederzeit regelkonform, letztlich wird aus der Fremdeine Selbstkontrolle:[55] „An die Stelle der äußeren spektakulären Strafrituale tritt so die Daueüberwachung, die schließlich auch wegfallen kann, weil die Fiktion der Überwachtheit ausreicht, um die Insassen gefügig zu machen. Der Überwachte übernimmt die Perspektive des Überwachenden."[56]

Die institutionelle Vereinnahmung des Patienten kann zu seiner psychosozialen Entwurzelung, relativen Entpersönlichung und Infantilisierung führen. Psychosoziale Entwurzelung bedeutet, dass der Patient aus seinem vertrauten Umfeld herausgerissen wird, sein Rollenrepertoire auf dasjenige des Patienten beschränken muss und damit einen Statusverlust erleidet. Hinzu kommt eine relative Entpersönlichung: Der Patient wird zum „Fall" und in seiner Autonomie eingeschränkt. Rohde nennt dies „Unterwerfung unter ich-fremde Routinen" im Hinblick auf den zugestandenen Freiraum, die Beziehung zu anderen Personen sowie die Befriedigung persönlicher Bedürfnisse. Des Weiteren ist der Patient im Krankenhaus einer relativen Infantilisierung ausgesetzt. Die bereits krankheitsbedingte Regression wird verstärkt durch die Verpflichtung zur Annahme der Krankenrolle und zur Anpassung an die Ordnung der Klinik sowie durch die Abhängigkeit des Patienten von Ärzten und Pflegepersonal.[57] Prinzipiell können im Krankenhaus auch Ängste des Patienten gesteigert werden, die bereits durch das

---

[52] Foucault 1973, S. 74.
[53] Foucault 1973, S. 98f.
[54] Siehe hierzu Goffman 1972.
[55] Vgl. Foucault 1976, S. 251ff.
[56] Bohn/Hahn 2000, S. 126. Diese Perspektivenübernahme findet sich analog bei Elias' Höfling (siehe Elias 1997, S. 323ff.) und Webers Puritaner (siehe Weber 1993). „Bei Elias spürt der Höfling die Permanenz der kommunikativen Situation, bei Weber ist der um subjektive Heilsgewißheit bemühte Puritaner einem ständig wirksamen Kontrolldruck ausgesetzt." Bohn/Hahn 2000, S. 126.
[57] Vgl. Rohde 1975, S. 197ff.

Auftreten der Erkrankung hervorgerufen wurden, insbesondere Furcht vor Fremden, Trennung, Verlust von Liebe und Anerkennung, Verletzung des Körpers, Verlust von Körperfunktionen sowie Angst vor Schmerzen.[58]

Soziodemografische Merkmale des Patienten tragen ebenfalls zur Asymmetrie der Arzt-Patient-Beziehung bei. Zwar werden vom Arzt, wie bereits dargestellt, funktional-spezifische Kompetenz, affektive Neutralität und Kollektivitätsorientierung erwartet, jedoch wird diesen Anforderungen nicht immer entsprochen: Nachgewiesen werden konnte insbesondere ein Einfluss des Sozialstatus des Patienten auf das ärztliche Kommunikationsverhalten, wie in Kapitel 2.4 aufgezeigt wird.

2.3 Modelle der Arzt-Patient-Beziehung

Die dargestellten Rollen von Arzt und Patient sowie die zwischen ihnen bestehende Asymmetrie variieren je nach Form der Arzt-Patient-Beziehung. Im Folgenden werden diese verschiedenen Modelle zunächst vorgestellt (Kapitel 2.3.1); daran anknüpfend werden die Präferenzen von Arzt und Patient im Hinblick auf die Form ihrer Beziehung untersucht (Kapitel 2.3.2).

2.3.1 Übersicht zu den Modellen der Arzt-Patient-Beziehung

In der Literatur finden sich drei idealtypische Modelle der Arzt-Patient-Beziehung – Paternalismusmodell, Konsumentenmodell und partnerschaftliches Modell –, die sich vor allem im Hinblick auf das Ausmaß der Patientenbeteiligung unterscheiden.[59] Dabei steht im Vordergrund, wer die Entscheidung über vorzunehmende medizinische Maßnahmen trifft. In Tabelle 1 werden die wesentlichen Merkmale der verschiedenen Modelle im Überblick dargestellt. Diese Modelle treten in der Praxis selten in Reinform auf, vielmehr finden sich dort zumeist Mischformen und Abwandlungen.[60] Auf die in der Tabelle aufgeführten Charakteristika wird in den nachstehenden Abschnitten näher eingegangen.

---

[58] Vgl. Strain/Grossman 1975, S. 24ff.

[59] Vgl. Bertelsmann Stiftung (Hrsg.) 2007, S. 10; Charles et al. 1999, S. 652ff.; Faller/Lang 2006, S. 167; Klemperer/Rosenwirth 2005, S. 5.

[60] Vgl. Klemperer 2005, S. 72; Krones/Richter 2008, S. 823.

Tabelle 1: Modelle der Arzt-Patient-Beziehung

	Paternalistisches Modell	Konsumentenmodell	Partnerschaftliches Modell
Aufgaben des Arztes	Förderung des Patientenwohles unabhängig von aktuellen Präferenzen des Patienten	Versorgung mit relevanter Information und Implementierung der vom Patienten gewünschten Intervention	Erfassung der wichtigsten Werte des Patienten und Implementierung der Therapie in Zusammenarbeit mit dem Patienten
Konzept der Patientenautonomie	Zustimmung zu objektiven Werten	Auswahl der und Kontrolle über die Behandlung	Entscheidet Therapie mit, Voraussetzung: geteilte Information
Konzept der Arztrolle	Wächter, Hüter	Kompetenter technischer Experte	Partner
Informationsfluss	Arzt → Patient	Arzt → Patient	Arzt ↔ Patient
Art der Information	Medizinisch	Medizinisch	Medizinisch und persönlich
Entscheidung	**Arzt**	**Patient**	**Arzt und Patient, partizipative Entscheidungsfindung**

Quelle: In Anlehnung an Charles et al. 1999, S. 653; Scheibler et al. 2003, S. 13.

Paternalismusmodell der Arzt-Patient-Beziehung

Im paternalistischen Modell der Arzt-Patient-Beziehung wird von allgemeingültigen Behandlungszielen ausgegangen, die sowohl der Arzt als auch der Patient anstreben. Der Arzt ermittelt den Gesundheitszustand des Patienten und entscheidet über Maßnahmen, die seinem professionellen Verständnis nach die Rekonvaleszenz des Patienten am besten fördern.[61] Dessen Einverständnis erlangt der Arzt, indem er den Patienten – im Rahmen seiner Aufklärungspflicht –[62] von der aus seiner Sicht besten Behandlungsmethode überzeugt („Ich rate Ihnen zu dieser Option"). In diesem Modell liegt die Entscheidung demnach alleine beim Arzt, der Patient ist an dieser nicht beteiligt.

---

[61] Vgl. Klemperer/Rosenwirth 2005, S. 5; Scheibler et al. 2003, S. 12.
[62] Die Aufklärungspflicht des Arztes ist in § 8 der (Muster-)Berufsordnung für die deutschen Ärztinnen und Ärzte rechtswirksam festgelegt. Siehe hierzu auch die in Kapitel 2.3.2 thematisierten Patientenrechte.

Konsumentenmodell der Arzt-Patient-Beziehung

Dem Paternalismusmodell diametral entgegengesetzt ist das Konsumentenmodell. Hierbei formuliert der Patient seine Nachfrage, während die Rolle des Arztes auf die Bereitstellung notwendiger Informationen und eines entsprechenden Angebots beschränkt ist.[63] Der Patient wählt die Behandlungsmethode (im Rahmen der gegebenen Alternativen), wohingegen der Arzt bei der Entscheidung nicht einbezogen wird. In diesem Konzept wird der Patient als Konsument und damit als Kunde gesehen. In Bezug auf die Entscheidungsfindung ist dies zutreffend, jedoch ist eine *grundsätzliche* Auffassung vom Patienten als Kunden aus zahlreichen Gründen kritisch zu betrachten. Da immer wieder diskutiert wird, ob der Patient Kunde ist,[64] wird hierauf ausführlicher eingegangen.

Vor allem die *Asymmetrie* der Arzt-Patient-Beziehung steht einer Gleichsetzung von Patient und Kunde entgegen. Diese Asymmetrie resultiert, wie bereits dargestellt, vor allem aus der Experten-, Definitions- und Steuerungsmacht des Arztes. Da Patienten mittlerweile immer mehr gesundheitsbezogene Informationen zur Verfügung stehen und von ihnen auch verstärkt genutzt werden,[65] wird die Experten- und damit auch die Steuerungsmacht des Arztes zunehmend eingeschränkt. Ratsuchende erhalten ohne großen Aufwand Informationen zu gesunder Lebensweise, Krankheiten, medizinischen Forschungsergebnissen sowie zu Diagnose- und Therapiemöglichkeiten.[66] Zu beachten ist hierbei allerdings, dass dies nur eine allgemeine Entwicklung darstellt. Nicht alle Patienten verfügen über die notwendigen kognitiven Fähigkeiten, um aktiv Informationen zu suchen und diese auch zu verstehen. Und nicht alle Patienten verfügen über den Zugang zu den Institutionen und Medien (insbesondere Internet), die Gesundheitsinformationen bereitstellen, und über die erforderlichen (IT-)Kompetenzen.[67] Kritisch zu hinterfragen ist zudem die Qualität der angebotenen Informationen. Wiederholt wurde die Notwendigkeit der Qualitätskontrolle von medizinischen

---

[63] Vgl. Klemperer/Rosenwirth 2005, S. 5f.

[64] Vgl. beispielsweise Bauer 2004; Dierks/Schwartz 2001b; Rieser 1998; Unschuld 2006.

[65] Vgl. Baumann 2006, S. 117; Klemperer 2005, S. 72; Loh et al. 2007b, S. A1483; Siegrist 2005, S. 262.

[66] Vgl. Bertelsmann Stiftung (Hrsg.) 2007, S. 18; Bohle 2002, S. 193. Zum Informationsverhalten der Bundesbürger im Hinblick auf Gesundheit und Krankheit – insbesondere zu Quellen und Themen der Informationssuche – siehe Baumann 2006, S. 117ff. Eine zunehmend wichtige Informationsquelle für Patienten, denen ein Klinikaufenthalt bevorsteht, stellen Krankenhausdatenbanken im Internet dar, siehe hierzu Poll 2008.

[67] Zur digitalen Ungleichheit siehe Zillien 2006.

Informationen angemahnt.[68] Qualitätsgesicherte Informationen zu erreichen, ist das Ziel verschiedener Initiativen und Institutionen wie zum Beispiel des Ärztlichen Zentrums für Qualität in der Medizin, das die Qualität von Patienteninformationen prüft.[69] Trotz einer prinzipiell feststellbaren Entwicklung hin zum informierten Patienten ist der Arzt weiterhin medizinischer Experte. Damit bleibt die Asymmetrie zwischen den Beteiligten bestehen, auch wenn sie deutlich geringer ausfällt als noch zur Veröffentlichung von Parsons „The social system" im Jahr 1951.

Außerdem ist die Situation des Patienten im Gegensatz zu derjenigen des Kunden in zweierlei Hinsicht durch *fehlende Entscheidungsfreiheit* gekennzeichnet:[70] Zum einen ist Gesundheit ein lebensnotwendiges Gut und Krankheit ein allgemeines Lebensrisiko, weshalb ein Verzicht auf eine Gesundheitsdienstleistung oftmals nicht möglich ist. Ein Kunde hingegen kann Konsumverzicht üben und nimmt im Allgemeinen nur Dienstleistungen in Anspruch, die er nutzen möchte. Zum anderen ist die Wahl der zur Verfügung stehenden Gesundheitsdienstleistungen eingeschränkt. Zwar gibt es in Deutschland das Recht auf freie Arztwahl und die Option, zwischen verschiedenen Gesundheitsdienstleistungen zu wählen – und dies bedingt durch den technischen Fortschritt in erhöhtem Maße –, aber faktisch sind diese Möglichkeiten durch die fehlende Fachkenntnis des Patienten begrenzt. Oftmals konkretisiert erst der Arzt mit seinem Expertenwissen und den ihm zur Verfügung stehenden diagnostischen und therapeutischen Möglichkeiten die notwendigen medizinischen Leistungen.[71] Außerdem wird die Entscheidungsfreiheit von gesetzlich versicherten Patienten durch den Leistungskatalog der solidarisch finanzierten GKV limitiert. Der Katalog, der für den Großteil der Versicherten die medizinischen Leistungen vorgibt und vom Gesetzgeber im Sozialgesetzbuch Fünftes Buch (SGB V) festgelegt und vom Gemeinsamen Bundesausschuss (G-BA) in Form von Richtlinien konkretisiert wird,[72] entspricht mitunter nicht den Präferenzen des Patienten.[73] Entscheidungsfreiheit setzt außerdem immer

---

[68] Vgl. beispielsweise Bertelsmann Stiftung (Hrsg.) 2007, S. 23ff.; Brechtel 2004; Viell 2002.

[69] Vgl. Ärztliches Zentrum für Qualität in der Medizin (Hrsg.) 2008. Qualitätsgesicherte Informationen sollen etwa ihre Informationsquellen klar benennen, ausgewogen und unbeeinflusst sein sowie auf mögliche Unsicherheiten und verschiedene Behandlungsmöglichkeiten verweisen, vgl. Institut für Epidemiologie, Sozialmedizin und Gesundheitssystemforschung, Medizinische Hochschule Hannover/Ärztliche Zentralstelle Qualitätssicherung (Hrsg.) 2009.

[70] Dies betrifft nicht die Entscheidungsfindung, diesbezüglich ist der Patient – wie bereits aufgezeigt – Kunde.

[71] Vgl. Güntert 2000, S. 168.

[72] Vgl. §§ 11, 91, 92 SGB V. Mitglied des G-BA sind neben Vertretern der GKV und der Leistungserbringer auch Patientenvertreter, vgl. Gemeinsamer Bundesausschuss (Hrsg.) 2008.

[73] Vgl. Dierks et al. 2001, S. 19.

Entscheidungsfähigkeit voraus, denn ohne diese bleibt erstere zwecklos. Je stärker der Betroffene erkrankt ist, umso schlechter ist seine Fähigkeit, rational Entscheidungen zu treffen, tendenziell ausgeprägt und umso eher tritt der Wunsch nach Hilfe und Fürsorge in den Vordergrund.[74]

Ferner besteht von Seiten des Patienten bei Gesundheitsdienstleistungen in der Regel keine *Zahlungs- bzw. Kostenkontrolle*. Die Kosten für erbrachte Leistungen werden selten durch den Patienten direkt beglichen, vielmehr übernimmt dies zumeist (noch) die jeweilige Krankenversicherung.[75] Aus diesem Grund haben die Preise von Gesundheitsdienstleistungen für Versicherte kaum Relevanz. Vermehrt bieten Ärzte Individuelle Gesundheitsleistungen an, die von den Patienten privat bezahlt werden (müssen) und die einen immer größeren Anteil an den Gesundheitsdienstleistungen einnehmen. Aktuell liegt der Umsatz in Deutschland bei einer Milliarde Euro im Jahr.[76] Hierbei besteht keine Beziehung mehr zwischen Patient, Arzt und Kostenträger, sondern nur noch zwischen den beiden Erstgenannten, so dass Patienten bei Individuellen Gesundheitsleistungen mit Kaufkraft ausgestattet sind und unter dem finanziellen Gesichtspunkt Kunden darstellen. Individuelle Gesundheitsleistungen machen jedoch nur einen geringen Teil der im Gesundheitswesen erbrachten Dienstleistungen aus.

Die Arzt-Patient-Beziehung kann, der obigen Argumentation folgend, nicht als Geschäftsbeziehung und der Patient nicht als Kunde gesehen werden. Der Patient ist – im eigentlichen Sinne des Wortes – auch in der heutigen Zeit ein „Leidender", der auf ärztliche Unterstützung angewiesen ist. Er tritt nicht als umfassend informierter Geschäftspartner des Arztes auf, der eine notwendige Gesundheitsdienstleistung „konsumiert". Vielmehr ist die Situation des Patienten durch Hilflosigkeit, Sorge und Unsicherheit gekennzeichnet. Auch ist davon auszugehen, dass Patienten sich in der Regel nicht als Kunden sehen bzw. nicht als Kunden gesehen werden möchten; hierauf ver-

---

[74] Vgl. Dierks/Schwartz 2001a, S. 291.
[75] Vgl. Dierks et al. 2001, S. 19. Hierbei ist zu berücksichtigen, dass Gesundheitsdienstleistungen von den Patienten zunehmend selbst zu finanzieren sind. Aktuell zeigt sich dies an der Rationierungsdebatte in der GKV Deutschlands, siehe hierzu Weissberger 2008. Das Thema Rationierung wurde auch auf dem 112. Deutschen Ärztetag vom 19. bis 22. Mai 2009 diskutiert, vgl. Dokumentation zum 112. Deutschen Ärztetag 2009.
[76] Vgl. Wissenschaftliches Institut der AOK (Hrsg.) 2008. Individuelle Gesundheitsleistungen werden in der vorliegenden Arbeit nicht ausführlicher behandelt. Der Fokus liegt vielmehr auf eindeutig medizinisch indizierten Leistungen, deren Kosten von der Krankenversicherung getragen werden.

weisen (nicht repräsentative) internationale Studien.[77] Folgendes – und dies geht über den Rahmen der Arzt-Patient-Beziehung hinaus – sei jedoch angemerkt: So wenig eine Gleichsetzung von Patient und Kunde auf der formal-analytischen Ebene angebracht ist, so sehr ist ein kundenorientiertes Rollenverständnis des Patienten aus strategischer Sicht dennoch sinnvoll, um die Position des Patienten und seine Rechte gegenüber anderen Akteuren im Gesundheitswesen zu stärken.[78] Oder, mit den Worten von Dierks und Schwartz zusammengefasst: „Wenn mit dieser Bezeichnung [Kunde] allerdings in einem weiteren Verständnis vor allem gemeint ist, dass der Nutzer von Gesundheitsdienstleistungen im Sinne eines geschätzten Kunden behandelt wird, der zu Recht guten Service und höchste Qualität erwarten kann, sollten zumindest diese Aspekte des Kundenbegriffs auch für das Gesundheitswesen relevant sein."[79]

Partnerschaftsmodell der Arzt-Patient-Beziehung

Einen Mittelweg zwischen paternalistischem und konsumentenorientiertem Ansatz stellt eine partnerschaftliche Beziehung zwischen Arzt und Patient dar. Hierbei vermittelt der Arzt dem Patienten das für das Treffen einer Entscheidung notwendige medizinische Wissen (Aufklärungspflicht des Arztes), der Patient wiederum informiert den Arzt über seine Erwartungen und Befürchtungen hinsichtlich der medizinischen Behandlung. Es folgt ein gemeinsames Abwägen von Vor- und Nachteilen der unterschiedlichen Behandlungsmöglichkeiten, woraufhin gemeinsam eine Entscheidung gefällt wird.[80] Das zentrale Element der betrachteten Formen der Arzt-Patient-Beziehung, das Ausmaß der Beteiligung des Patienten an der Wahl der Therapie, wird beim Partnerschaftsmodell im Rahmen des Forschungsfeldes „partizipative Entscheidungsfindung" bzw. „shared decision making" behandelt,[81] das sich in Deutschland in den vergangenen Jahren erheblich weiterentwickelt hat. Unter anderem stellt es einen

---

[77] Diese Studien ermittelten eine Präferenz der befragten Erkrankten, die eine Klinik aufgesucht hatten, für den Begriff „patient" etwa im Vergleich zu „client", „customer" oder „consumer", vgl. Deber et al. 2005; Nair 1998; Wing 1997. Wünschenswert wären repräsentative Befragungen von Patienten in Deutschland, in denen erhoben wird, ob diese sich als Kunden sehen bzw. überhaupt als Kunden gesehen werden wollen.

[78] Vgl. Dierks et al. 2001, S. 20f.

[79] Dierks/Schwartz 2001a, S. 292.

[80] Vgl. Klemperer/Rosenwirth 2005, S. 6.

[81] Da die partizipative Entscheidungsfindung den Kern des Partnerschaftsmodells darstellt, ist mit dem Partnerschaftsmodell im Folgenden auch immer die partizipative Entscheidungsfindung gemeint.

Förderschwerpunkt des Bundesministeriums für Gesundheit (BMG) dar („Der Patient als Partner im medizinischen Entscheidungsprozess").[82]

2.3.2 Präferenzen von Patienten und Ärzten im Hinblick auf die Form ihrer Beziehung

Nachdem die verschiedenen Formen der Arzt-Patient-Beziehung dargestellt wurden, wird in diesem Kapitel aufgezeigt, welches der drei Modelle von Patienten und Ärzten am häufigsten bevorzugt wird – wobei jedes in der Praxis aufzufinden ist und Befürworter hat – und welche Voraussetzungen für das Funktionieren dieses Modells erfüllt sein müssen. Vorab sei bereits angemerkt, dass in Deutschland seit den 1970er Jahren eine Verschiebung der bis dahin eher passiven Rolle des Patienten hin zu mehr Beteiligung zu verzeichnen ist.[83]

Präferenzen der Bevölkerung im Hinblick auf die Form der Arzt-Patient-Beziehung

Ein repräsentativer Telefonsurvey unter den Bundesdeutschen im Rahmen der Studie „The future patient" zeigt, dass eine partizipative Entscheidungsfindung von der Mehrheit der Patienten gewünscht wird. Auf die Frage „Wer sollte die Entscheidung über die Art der Behandlung treffen, wenn mehr als eine Behandlungsmöglichkeit besteht?" antworteten fast 60 Prozent der 1.021 Respondenten mit „Mein Arzt und ich sollten zusammen entscheiden", circa ein Fünftel mit „Ich sollte entscheiden, nachdem ich meinen Arzt konsultiert habe", ein Achtel mit „Mein Arzt sollte entscheiden, nachdem er mit mir diskutiert hat" und jeweils etwa fünf Prozent wählten die Antwort „Ich sollte entscheiden" bzw. „Mein Arzt sollte entscheiden".[84]

Die repräsentativen[85] Ergebnisse des Gesundheitsmonitors der Bertelsmann Stiftung zeigen ein ähnliches Bild: Diesen zufolge präferieren über die Hälfte der zwischen 2001 und 2006 jährlich rund 3.000 befragten Personen aus der deutschen Bevölkerung

---

[82] Vgl. Arbeitsgruppe Patientenbeteiligung und Patientenorientierung Freiburg (Hrsg.) 2009.

[83] Vgl. Dierks/Schwartz 2003, S. 317; Trojan 1998, S. 16.

[84] Vgl. Dierks/Seidel 2005, S. 107.

[85] Zur Methodik und Repräsentativität des Gesundheitsmonitors siehe Güther 2006. Die Stichprobe für die Bevölkerungsbefragung wurde aus einem Access Panel mit befragungsbereiten Haushalten gezogen, weshalb die Repräsentativität in Frage gestellt werden muss, siehe hierzu auch Heinz 2009, S. 154f.

eine partizipative Entscheidungsfindung, circa ein Viertel möchte die Entscheidung dem Arzt überlassen und lediglich etwa ein Fünftel will alleine entscheiden.[86] Studien im Rahmen der zehn Modellprojekte des BMG-Förderschwerpunkts „Der Patient als Partner im medizinischen Entscheidungsprozess" untermauern die Bedeutung der partizipativen Entscheidungsfindung. Repräsentative Bevölkerungsbefragungen in Thüringen (524 Teilnehmer) und Niedersachsen (462 Teilnehmer) ergaben, dass bei einer potenziellen Tumorerkrankung 51 Prozent bzw. 44 Prozent eine gemeinsame Entscheidungsfindung wünschen. In Thüringen wollten 35 Prozent und in Niedersachsen 45 Prozent eher alleine entscheiden.[87] Bei den angeführten Erhebungen ist jedoch zu berücksichtigen, dass sich die Respondenten nicht in einer wirklichen, konkreten Entscheidungssituation befanden. Ihre tatsächliche Handlungsweise könnte – etwa je nach Schwere und Art der Erkrankung – von dem genannten prospektiven Verhalten abweichen, wodurch die Aussagekraft der Ergebnisse eingeschränkt wird.

In weiteren Untersuchungen im Rahmen der BMG-Projekte wurden Patienten – und damit tatsächlich erkrankte Personen – befragt. Die entsprechenden Ergebnisse sind zwar nicht mit der Problematik der potenziellen Diskrepanz zwischen prospektivem und tatsächlichem Verhalten behaftet, jedoch sind sie nicht repräsentativ: Zum Teil handelt es sich um qualitative Studien, zudem erfolgte die Auswahl der Patienten in der Regel durch die an den Modellprojekten teilnehmenden Ärzte, welche vermutlich Patienten ausgewählt haben, zu denen ein gutes Verhältnis bestand und die der partizipativen Entscheidungsfindung gegenüber aufgeschlossen waren. Trotz dieser Einschränkungen geben die Ergebnisse Hinweise darauf, dass die partizipative Entscheidungsfindung auch von Patienten in konkreten Entscheidungssituationen – einbezogen wurden unter anderem Patienten mit Schizophrenie,[88] peripherer arterieller Verschlusskrankheit[89] und Tumorpatienten in der letzten Lebensphase[90] – mehrheitlich

---

[86] Vgl. Isfort et al. 2007, S. 85. In den Gesundheitsmonitoren der Bertelsmann Stiftung werden Erwartungen und Erfahrungen von Bevölkerung und Ärzten im Hinblick auf die ambulante Versorgung in Deutschland erhoben. Die Frage zu den ausgewiesenen Ergebnissen lautete: „Welcher der folgenden Aussagen würden Sie am ehesten zustimmen? Mein Hausarzt sollte mich auf dem Laufenden halten, aber im Allgemeinen sollte er entscheiden, wie er mich am besten behandelt/Mein Hausarzt sollte die verschiedenen Behandlungsmöglichkeiten mit mir diskutieren, und wir würden dann zu einer gemeinsamen Entscheidung kommen/Mein Hausarzt sollte mir die verschiedenen Behandlungsmöglichkeiten und das Für und Wider erläutern, und dann würde ich selber entscheiden, was zu tun ist/Nichts von alledem", Bertelsmann Stiftung (Hrsg.) 2006, S. 7.
[87] Vgl. Steinbach 2007, S. 81ff.
[88] Vgl. Hamann et al. 2005, S. 2383.
[89] Vgl. Zysno et al. 2005, S. 207.
[90] Vgl. Steinbach 2007, S. 81ff.

befürwortet wird. Ein Vergleich zwischen erkrankten und nicht erkrankten Personen zeigte, dass erstere signifikant häufiger dem Arzt alleine die Entscheidung überlassen möchten: 30 Prozent der Tumorpatienten entschieden sich für diese Option, während es in der Thüringer Bevölkerung lediglich zehn Prozent und in der niedersächsischen Bevölkerung sechs Prozent waren.[91]

Der Wunsch nach partizipativer Entscheidungsfindung wird vom Alter und vom Bildungs- bzw. Sozialstatus der Befragten determiniert. Während Jüngere und Personen mit höherem Bildungs- bzw. Sozialstatus eine partnerschaftliche Entscheidungsfindung stärker begrüßen, sind Ältere und Personen mit niedrigerem Bildungs- bzw. Sozialstatus diesbezüglich deutlich zurückhaltender.[92] Unklar ist, ob das Geschlecht in diesem Zusammenhang eine Rolle spielt.[93] Auch in Bezug auf die Schwere und die Art der vorliegenden Erkrankung sind die Forschungsergebnisse uneinheitlich.[94] Vermutlich nimmt das Bedürfnis, sich an medizinischen Entscheidungen zu beteiligen, mit zunehmender Schwere der Krankheit ab und das Bedürfnis nach Fürsorge sowie nach Führung durch einen professionellen Helfer zu, wie es sich in der Studie mit den Tumorpatienten zeigte. Zudem ist es wahrscheinlich, dass sich chronisch Erkrankte im Gegensatz zu akut Erkrankten stärker an der Entscheidungsfindung beteiligen möchten, da sie in der Regel über einen guten Informationsstand hinsichtlich ihrer Krankheit und Möglichkeiten der Behandlung verfügen und sich somit als Experten in eigener Sache einbringen können. Neben dem bisher unklaren Einfluss des Geschlechts und der Erkrankung auf den Wunsch nach einer Beteiligung an der Entscheidungsfindung bleibt zu untersuchen, wie die verschiedenen Patientenmerkmale zusammenwirken. So zählen Chroniker, die eine partizipative Entscheidungsfindung mutmaßlich eher befürworten, vorwiegend zu den älteren Patienten, die diese eher ablehnen.

Präferenzen der Ärzte im Hinblick auf die Form der Arzt-Patient-Beziehung

Eine partizipative Entscheidungsfindung wird dem Gesundheitsmonitor 2003 zufolge von zwei Dritteln der 500 befragten Haus- und Fachärzte befürwortet, ein Viertel

---

[91] Vgl. Steinbach 2007, S. 82.
[92] Vgl. Butzlaff et al. 2003, S. 43; Dierks/Seidel 2005, S. 107; Isfort et al. 2004, S. 91f.; Streich et al. 2002, S. 39. Diese Tendenzen zeigen sich auch in der internationalen Forschung, siehe exemplarisch die Meta-Analyse von Frosch/Kaplan 1999, S. 287ff.
[93] Vgl. Dierks/Seidel 2005, S. 107; Spies et al. 2006, S. 1022ff.
[94] Vgl. Butzlaff et al. 2003, S. 46f.; Isfort et al. 2004, S. 90f. Siehe auch die Meta-Analyse von Frosch/Kaplan 1999, S. 287f.

möchte Entscheidungen lieber alleine treffen und weniger als ein Zehntel würde den Patienten die Entscheidung über die Behandlung – im Rahmen der jeweils in Frage kommenden Optionen – treffen lassen.[95] Eine repräsentative Erhebung unter Thüringer Hausärzten im Rahmen der BMG-Projekte ergab ein ähnliches Bild: Auf die Frage „Wenn es um konkrete Maßnahmen bei der Behandlung einer Tumorerkrankung geht, von wem sollten diesbezügliche Entscheidungen getroffen werden?" antworteten über die Hälfte „von Patient und Arzt gemeinsam", gefolgt von „eher vom Patienten" mit knapp einem Drittel und „eher vom Arzt" mit einem Zehntel. Wie auch bei den Patienten zeigte sich, dass ältere Ärzte eher über ein paternalistisch geprägtes Rollenverständnis verfügen.[96] Bei einem Vergleich der aufgeführten Befragungsergebnisse fällt auf, dass die Thüringer Ärzte ihre Patienten vergleichsweise häufig alleine entscheiden lassen möchten. Dies könnte damit zusammenhängen, dass den Wünschen der oftmals unheilbar erkrankten Tumorpatienten eine besondere Bedeutung beigemessen wird, während im Gesundheitsmonitor keine bestimmte Krankheit thematisiert wurde. Interviews mit Ärzten bestätigen deren überwiegend positive Haltung gegenüber der partizipativen Entscheidungsfindung.[97]

Argumente und Nutzen im Hinblick auf das Partnerschaftsmodell

Neben der Mehrheit von Patienten und Ärzten begrüßt auch der Sachverständigenrat zur Begutachtung der Entwicklung im Gesundheitswesen ausdrücklich das Partnerschaftsmodell. So hat er sich mehrfach gegen den ärztlichen Paternalismus ausgesprochen und fordert in seinem Gutachten von 1992: „An die Stelle des ‚benevolenten Paternalismus' muß als zeitgemäße Form der Arzt-Patient-Beziehung ein ‚Partnerschaftsmodell' treten."[98] Auch in anderen Gutachten, zuletzt in denjenigen von 2007 und 2009, wird auf den notwendigen Wandel zu einer partnerschaftlichen Beziehung zwischen Arzt und Patient hingewiesen.[99]

---

[95] Vgl. Butzlaff et al. 2003, S. 42f. Die Frage entspricht mit den notwendigen Anpassungen („Der Arzt sollte ... ") derjenigen, die im Rahmen des Gesundheitsmonitors der Bevölkerung gestellt wurde, siehe Fußnote 86.

[96] Vgl. Steinbach 2007, S. 82ff. Drei Prozent der 170 befragten Ärzte wollten sich nicht äußern.

[97] Vgl. Ernst et al. 2007; Loh et al. 2005, S. 168.

[98] Sachverständigenrat für die Konzertierte Aktion im Gesundheitswesen (Hrsg.) 1992, Ziffer 363.

[99] Vgl. Sachverständigenrat zur Begutachtung der Entwicklung im Gesundheitswesen (Hrsg.) 2007, Ziffer 693 und Ziffer 771; Sachverständigenrat zur Begutachtung der Entwicklung im Gesundheitswesen (Hrsg.) 2009, Ziffer 680.

Über den Wunsch nach einem Partnerschaftsmodell hinaus sprechen zahlreiche weitere Argumente für seine Förderung: Die in Deutschland geltenden, politisch befürworteten Patientenrechte verpflichten Ärzte, ihre Patienten über Chancen und Risiken möglicher Behandlungsmethoden aufzuklären. Patienten sollen in die Lage versetzt werden, Art, Umfang und Tragweite der verschiedenen Therapiemaßnahmen beurteilen zu können.[100] Die Förderung des Partnerschaftskonzepts scheint auch in Anbetracht zweier sich schon länger abzeichnender Entwicklungen geboten: Zum einen stehen aufgrund des medizinischen Fortschritts vermehrt unterschiedliche (zum Teil gleichwertige) Behandlungsmethoden zur Wahl, so dass – insbesondere bei Unsicherheit des Behandlungsergebnisses und damit ohne objektiv „beste" Behandlung – die Präferenzen der Patienten besser berücksichtigt werden können. Zum anderen steigt die Anzahl chronisch Erkrankter, die, wie bereits erwähnt, oftmals umfassend über ihr Leiden informiert sind und ein dauerhaftes Verhältnis zu ihrem Arzt pflegen. Insbesondere bei chronischen Krankheiten können Prozess und Ergebnis der Behandlung durch eine gemeinsame, aktive Beteiligung von Patient und Arzt begünstigt werden.[101]

Auf positive Effekte der partizipativen Entscheidungsfindung bei verschiedenen Erkrankungen (unter anderem bei kardiovaskulären Krankheiten, Diabetes und bei psychischen Erkrankungen) und in unterschiedlichen medizinischen Bereichen (ambulant und stationär sowie Prävention und Kuration) verweisen zahlreiche Studien. Partizipative Entscheidungsfindung kann bessere Krankheitsbewältigung sowie stärker wahrgenommene Kontrolle über die Erkrankung, (damit) höhere Compliance und (damit) bessere – vom Patienten subjektiv wahrgenommene sowie objektiv messbare – Behandlungsergebnisse und gesteigerte Patientenzufriedenheit bewirken. Weiterhin konnten realistischere Erwartungen an den Behandlungsverlauf belegt werden.[102] Auch im Rahmen der BMG-Projekte wurden diese positiven Auswirkungen der partizipativen Entscheidungsfindung nachgewiesen.[103] Die angeführten Resultate stammen unter

---

[100] Vgl. Bundesministerium für Gesundheit und Bundesministerium der Justiz (Hrsg.) 2007, S. 11.

[101] Vgl. Charles et al. 1997, S. 682; Frosch/Kaplan 1999, S. 286f.

[102] Vgl. die Meta-Analysen von Frosch/Kaplan 1999, S. 287; Joosten et al. 2008 (positive Effekte bei längerfristigen Therapien); Klemperer 2003, S. 34ff.; Loh et al. 2007b, S. A1485f.; Scheibler et al. 2005, S. 24f.

[103] Zu einer Zusammenfassung der Ergebnisse vgl. Loh et al. 2007a, S. 232f.

anderem aus randomisierten kontrollierten Studien, die als „Goldstandard" in der Bewertung der Wirksamkeit von neuen Therapiemaßnahmen gelten.[104]

Voraussetzungen des Partnerschaftsmodells

Trotz der hohen Zustimmungsraten der Beteiligten hat sich das Partnerschaftsmodell im medizinischen Alltag jedoch noch nicht in dem von Patienten und Ärzten gewünschten Maße durchgesetzt.[105] Angesichts der zahlreichen Voraussetzungen, die für dieses Konzept erfüllt sein müssen, verwundert dies nicht: Zu bedenken ist zunächst, dass Patienten mit zunehmender Schwere der Erkrankung immer weniger in der Lage sind, Entscheidungen souverän und rational zu fällen – ein Argument, das sowohl auf das Partnerschafts- als auch auf das Konsumentenmodell zutrifft. Die Spannweite der Entscheidungsfähigkeit der Patienten reicht von weitgehender Entschlussfähigkeit bei nicht lebensbedrohlichen Krankheiten über ein begrenztes Beurteilungsvermögen bei lebensbedrohlichen Erkrankungen, welche die kognitiven Fähigkeiten des Patienten nicht beeinträchtigen, bis hin zur vollständigen Unfähigkeit, überlegt zu entscheiden, etwa bei Bewusstlosigkeit.[106] Mitunter besteht somit keine Alternative zur Wahl der Therapie durch den Arzt; auch wenn partizipative Entscheidungsfindung gewünscht wird, kann diese nicht immer umgesetzt werden.

Eine partnerschaftliche Beziehung zwischen Arzt und Patient kann darüber hinaus nur gelingen, wenn sowohl auf Seiten des Arztes als auch auf Seiten des Patienten die notwendigen Kompetenzen und die entsprechende Bereitschaft vorhanden sind. Der Patient muss die Informationen des Arztes vor allem verstehen und mit den gewonne-

---

[104] Vgl. Willich 2006, S. A2528; Windeler et al. 2008. Es handelt sich um ein Studiendesign, in dem mindestens zwei Gruppen von Patienten zeitgleich im Hinblick auf die Ergebnisse mindestens zweier Behandlungen verglichen werden, wobei die Patienten diesen Behandlungen zufällig zugewiesen werden, vgl. Windeler et al. 2008, S. A565. Eine ausführliche Darstellung einer randomisierten kontrollierten Studie im Rahmen der BMG-Projekte findet sich bei Bieber 2007. Eine Verblindung – die neben der Randomisierung die Validität kontrollierter Studien erhöht, vgl. Institut für Qualität und Wirtschaftlichkeit im Gesundheitswesen (Hrsg.) 2008, S. 90 – ist bei Interventionen zur partizipativen Entscheidungsfindung nicht möglich, da Patienten in diesen Studien spezielle Informationsprogramme zu ihrer Erkrankung durchlaufen. Grundsätzlich jedoch können Verblindungen auch bei nichtmedikamentösen Interventionen vorgenommen werden, vgl. Institut für Qualität und Wirtschaftlichkeit im Gesundheitswesen (Hrsg.) 2008, S. 31ff.
[105] Vgl. Dierks/Seidel 2005, S. 106ff.; Isfort et al. 2007, S. 85ff.; Klemperer/Rosenwirth 2005, S. 24; Loh et al. 2007b, S. A1487. Studien lassen darauf schließen, dass zwischen der Einschätzung der Ärzte und der Wahrnehmung der Patienten mitunter deutliche Diskrepanzen bestehen: Während Ärzte mehrheitlich davon überzeugt waren, ihre Patienten im Gespräch eingebunden zu haben bzw. ihnen ausreichend Zeit für Fragen gegeben zu haben, wurde ihnen dies von Seiten der Patienten wesentlich seltener zugesprochen, vgl. Butzlaff et al. 2003, S. 47ff.; Isfort et al. 2007, S. 87f.
[106] Vgl. Breyer et al. 2005, S. 179f.

nen Erkenntnissen, unterstützt durch den Arzt, zu einer Entscheidung gelangen können. Hierfür ist es notwendig, dass er sich seine therapiebezogenen Erwartungen und Befürchtungen bewusst macht. Überdies muss er sich darüber im Klaren sein, inwieweit er in Entscheidungen einbezogen werden möchte – und dies dem Arzt auch mitteilen. Denn partizipative Entscheidungsfindung bedeutet nicht nur mehr Souveränität und Mitbestimmung, sondern beinhaltet die Verpflichtung, Entscheidungen zu treffen und Verantwortung zu übernehmen. Dies kann Patienten gegebenenfalls belasten oder überfordern. Der Arzt wiederum muss in der Lage sein, die wissenschaftlichen Erkenntnisse zusammenzufassen und sie dem Patienten verständlich zu vermitteln.[107] Da kommunikative Fähigkeiten in der medizinischen Ausbildung bisher nur einen untergeordneten Stellenwert einnehmen,[108] kann dies nicht als gegeben vorausgesetzt werden. Außerdem muss auch der Arzt willens sein, den Patienten – soweit dies in der jeweiligen Situation möglich ist – in den Entscheidungsprozess einzubeziehen. Hierbei ist die Einwilligung des Patienten in die geplante Behandlung als Form der Beteiligung grundsätzlich erforderlich.[109]

Über diese Voraussetzungen hinaus, die innerhalb des Arzt-Patient-Verhältnisses erfüllt sein müssen, sind auch strukturelle Anforderungen zu berücksichtigen. Für die verhaltene Umsetzung des Partnerschaftsmodells dürfte nicht zuletzt die geringe Honorierung der „sprechenden Medizin" im Rahmen der ärztlichen Vergütung maßgeblich sein.[110] Hinzu kommt der Zeitmangel im ärztlichen Alltag. Auch wenn das Partnerschaftsmodell – zumindest bei adäquater Schulung des Arztes und zunehmender Erfahrung mit diesem Konzept – nicht notwendigerweise mehr Zeit in Anspruch nimmt als andere Formen der Arzt-Patient-Beziehung,[111] so muss der Arzt doch jeweils individuell in Erfahrung bringen, inwieweit sein Gegenüber eine aktive Rolle übernehmen möchte. Zudem kann bei dem einzelnen Patienten das Bedürfnis nach Partizipation (je nach Krankheitsphase) variieren, so dass der Beteiligungswunsch vom Arzt mehrfach zu bestimmen ist. Das Partnerschaftsmodell stellt somit hohe

---

[107] Vgl. Elwyn et al. 1999, S. 754ff.; Towle et al. 1999.
[108] Vgl. Klemperer/Rosenwirth 2005, S. 4; Loh et al. 2006.
[109] Vgl. Bundesärztekammer (Hrsg.) 2006, § 8; Bundesministerium für Gesundheit und Bundesministerium der Justiz (Hrsg.) 2007, S. 8ff.
[110] Wie in Kapitel 2.4 aufgezeigt wird, ist Kommunikation für die Arzt-Patient-Beziehung zentral. Deshalb ist ihre Vergütung – gemessen an ihrer Bedeutung – als inadäquat und unzureichend einzustufen.
[111] Vgl. Clark et al. 1998, S. 833; Harrington et al. 2004, S. 13; Loh et al. 2005, S. 172.

Anforderungen an Patient und Arzt, insbesondere in Bezug auf ihre kommunikativen Fähigkeiten.

Das althergebrachte paternalistische Verhältnis, zu dem Jaspers anmerkt: „Der Kranke will ... eigentlich nicht wissen, sondern gehorchen" und selbst wenn er „das Gegenteil sagt, begehrt er die Beruhigung, nicht die Wahrheit",[112] entspricht damit wie die Vorstellung vom Patienten als Kunden ausweislich der angeführten Studienergebnisse nur den Vorstellungen einer Minderheit von Patienten und Ärzten. Alles in allem zeichnet sich trotz zahlreicher zu erfüllender Voraussetzungen eine klare Entwicklung hin zu einer partnerschaftlichen Beziehung und damit zu einer partizipativen Entscheidungsfindung zwischen Arzt und Patient ab – eine Entwicklung, die im Sinne der ausgewiesenen Forschungsergebnisse zu begrüßen ist. Hierbei ist jeder der beteiligten „Partner" Experte, jedoch in unterschiedlichen Bereichen: Der Arzt ist Experte für medizinisches Wissen und Können und der Patient ist Experte für sein Leben, seine Werte und seine Entscheidungen. Dessen ungeachtet darf nicht übersehen werden, dass sich dieses Konzept der Arzt-Patient-Beziehung nicht für jede Situation eignet und eben nicht von allen Ärzten und Patienten gewünscht wird. Nicht alle Personen können und wollen ein „Partner" sein. Fehlen einem der Beteiligten die notwendigen kommunikativen Fähigkeiten, droht auf Seiten des Patienten emotionale oder kognitive Überforderung, kann eine partizipative Entscheidungsfindung nicht sinnvoll umgesetzt werden. Es zeigt sich, dass es „die eine" optimale Form der Arzt-Patient-Beziehung nicht gibt, vielmehr muss ihre bestmögliche Ausgestaltung in jeder Interaktion – immer unter Berücksichtigung der gegebenen finanziellen und zeitlichen Restriktionen – neu erarbeitet und bestimmt werden.

2.4 Kommunikation in der Arzt-Patient-Beziehung

„Ohne Kommunikation gibt es keine menschliche Beziehung"[113] und damit auch keine Beziehung zwischen Arzt und Patient. Vor diesem Hintergrund wird in dem vorliegenden Kapitel zunächst in theoretischer Hinsicht gezeigt, dass eine funktionierende Kommunikation mit zahlreichen Voraussetzungen verbunden ist. Anschließend wird untersucht, inwieweit die Kommunikation zwischen Arzt und Patient gelingt.

---

[112] Jaspers 1953, S. 1124.
[113] Luhmann 1981, S. 25.

Einem noch häufig anzutreffenden Alltagsverständnis folgend umfasst Kommunikation lediglich den Austausch oder die Übermittlung von Informationen von einem aktiven „Sender" an einen passiven „Empfänger",[114] wie es etwa in dem mathematisch-technisch orientierten Modell von Shannon und Weaver zum Ausdruck kommt.[115] Informationen sind jedoch keine unveränderbaren Objekte, die von einer Person an eine andere weitergegeben werden. Denn „wenn Informationen als Gegenstände verstanden werden, dann haben Sender und Empfänger Zugang zu den gleichen Inhalten. ‚Verstehen' wird in diesem Fall als Angleichung gedeutet: Der Empfänger gleicht sein Bewußtsein durch Entnahme des gleichen Inhalts dem Bewußtsein des Senders an; beide verfügen nach Abschluß der Kommunikation über dieselbe Information."[116] Dieser Sichtweise nach existieren zum einen objektiv „wahre" Informationen und zum anderen liegen Gründe für die Unwirksamkeit gegebener Informationen – außer bei technischen Schwierigkeiten der Nachrichtenübermittlung – einseitig beim Empfänger der Botschaft, „der sich offenkundig weigert oder nicht in der Lage ist, bestimmte Dinge zur Kenntnis zu nehmen".[117] Tatsächlich aber stellen Informationen kommunikative Angebote eines Senders dar, ausgewählt aus einer Vielzahl von Möglichkeiten,[118] die vor allem etwas über den Sender selbst aussagen. „Unsere Verlautbarungen sind bereits Darstellungen, Inszenierungen und Vorführungen, ob wir uns dies eigens klar machen oder nicht. Sie sind in jedem Fall eine Auswahl aus der unendlichen Mannigfaltigkeit dessen, was in uns vorgeht."[119]

Bereits 1934 zeigte Bühler, dass Nachrichten die drei Funktionen Ausdruck, Appell und Darstellung erfüllen. Mit *Ausdruck* ist der Selbstoffenbarungsaspekt einer Nachricht gemeint. Äußert sich ein Sender, so gibt er auch Gefühle, Gedanken oder Motive preis. Letztere sind mit dem Aspekt des *Appells* verknüpft. Äußerungen gehen mit Erwartungen, was der Empfänger tun sollte, einher. Schließlich beinhaltet jede Nachricht – dies findet sich auch in dem Modell von Shannon und Weaver – eine inhaltliche Komponente, die Bühler als *Darstellung* bezeichnet.[120] Watzlawick et al. stellten 1967 fest, dass jede Nachricht neben einer Sachinformation auch eine Beziehungsbotschaft

---

[114] Vgl. Jacob 1995, S. 39f.
[115] Vgl. Shannon/Weaver 1949. Siehe zudem Schenk 1987.
[116] Schmidt 1990, S. 59.
[117] Jacob 1995, S. 40.
[118] Vgl. Luhmann 1994, S. 193ff.
[119] Hahn 1989, S. 130f.
[120] Vgl. Bühler 1934, S. 24ff.

umfasst. Diese verweist darauf, wie ein Sender einen Empfänger beurteilt bzw. wie er zu ihm steht.[121] Schulz von Thun integrierte diese drei Ansätze zu seinem Kommunikationskonzept, das eine Nachricht von vier Seiten her betrachtet (siehe Abbildung 1).[122]

Abbildung 1: Die vier Seiten einer Nachricht

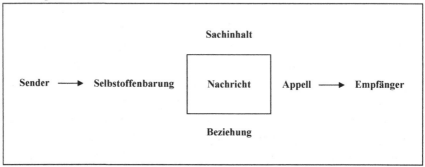

Quelle: In Anlehnung an Schulz von Thun 1985, S. 30.

Jede Nachricht enthält vier unterschiedliche Botschaften, die stets implizit oder explizit mitgesendet werden. Entscheidend für den Verlauf einer Kommunikation ist, auf welchen dieser vier Aspekte der Empfänger hauptsächlich achtet, wobei einige Empfänger unabhängig von der konkreten Nachricht auf einen bestimmten Aspekt besonders stark reagieren. Kommunikation ist damit generell ein – wie Luhmann es ausdrückt – „unwahrscheinlicher" und voraussetzungsreicher Prozess. Für eine gelungene Kommunikation sind zahlreiche Hindernisse zu überwinden. Hierzu zählt es zu verstehen, was der andere meint, den Empfänger zu erreichen sowie kommunikativ erfolgreich zu sein, denn Kommunikation muss nicht nur verstanden werden und ankommen, sondern sie muss auch angenommen werden.[123]

Betrachtet man den Sachinhalt der Arzt-Patient-Kommunikation, so geht es zunächst um die Anamnese. Hierbei ist der Patient Sender und der Arzt Empfänger der Nachricht. Allein aufgrund der Anamnese kann der Arzt bereits die Hälfte aller Diagnosen stellen.[124] Dessen ungeachtet werden Patienten spätestens nach nicht einmal 30 Sekun-

---

[121] Vgl. Watzlawick et al. 1967.
[122] Vgl. Schulz von Thun 1985, S. 25ff.
[123] Vgl. Luhmann 1981, S. 25ff.
[124] Vgl. Faller/Lang 2006, S. 164. Nach einer anschließenden körperlichen Untersuchung stehen laut Faller und Lang etwa vier Fünftel der Diagnosen fest.

den bei der Schilderung ihrer Beschwerden vom Arzt unterbrochen.[125] Ausschlaggebend hierfür mag die Zeitknappheit in der Sprechstunde sein und die Befürchtung des Arztes, dass die Ausführungen des Patienten ohne sein Eingreifen zu lange dauern könnten. Diese Sorge scheint prinzipiell unbegründet: Wie Studien zeigen, würde eine ausführliche ununterbrochene Eingangssequenz des Patienten die Konsultationszeit nicht wesentlich verlängern.[126]

Der Sachinhalt, den der Arzt an den Patienten sendet, umfasst Erklärungen zur Diagnose und zu Untersuchungsergebnissen, zum Ablauf der Behandlung, zur Prognose sowie Informationen zu Wirkungen und Nebenwirkungen von Therapiemöglichkeiten und Medikamenten. Die Erläuterung von möglichen Risiken ist zudem zwingend erforderlich, da die Behandlung ansonsten eine Körperverletzung darstellen würde. Die angeführten Sachinhalte werden von den Beteiligten verbal übermittelt. Hinzu kommen nonverbale und paraverbale Kommunikation. Nonverbale Kommunikation erfolgt mittels Mimik, Gestik, Blickkontakt und Körperhaltung. Paraverbale Kommunikation umfasst die „Begleiterscheinungen" der Sprache, beispielsweise Sprachmelodie, Lautstärke oder Tonhöhe.[127] So können nonverbale und paraverbale Kommunikation etwa zeigen, dass der Patient verunsichert oder der Arzt ungeduldig ist (Selbstoffenbarung). Die verbale Kommunikation kann von der nonverbalen bzw. paraverbalen Kommunikation abweichen, was zu Fehlinterpretationen durch den Empfänger der Nachricht und damit zu einem Misslingen der Kommunikation führen kann. Der Vollständigkeit halber sei auch auf den „Appell" und die „Beziehung" als „Seiten einer Nachricht" aus Abbildung 1 eingegangen. Der Appell des Patienten an den Arzt bezieht sich im Allgemeinen auf die Heilung, derjenige des Arztes an den Patienten auf dessen Compliance. Die Beziehung betrifft die dargestellten Modelle der Arzt-Patient-Beziehung.

Für die ärztliche Kommunikation schlagen Faller und Lang folgende ideale Vorgehensweise vor: Der Arzt soll zuerst das Informationsbedürfnis und den Informationsstand des Patienten erfragen. Er soll den Patienten einfach (Verwenden von Alltagssprache) und offen informieren und sicherstellen, dass dieser die Informationen verstanden hat. Auch soll er Raum für Rückfragen lassen, einen breiten prognostischen

---

[125] Vgl. Marvel et al. 1999; Rabinowitz et al. 2004; Wilm et al. 2004 (Meta-Analyse).

[126] Vgl. Langewitz et al. 2002; Marvel et al. 1999; Rabinowitz et al. 2004; Wilm et al. 2004 (Meta-Analyse). Bei zu umfangreichen Schilderungen eines Patienten kann es durchaus notwendig sein, dass der Arzt die Ausführungen lenkt bzw. unterbricht.

[127] Vgl. Faller/Lang 2006, S. 165.

Zeitrahmen verwenden und den Patienten mitentscheiden lassen. Zudem soll er Hoffnung vermitteln und die Menge sowie das Tempo der Information an sein Gegenüber anpassen. Schließlich soll der Arzt Gefühle ansprechen und dem Patienten ausreichend Zeit zur Informationsverarbeitung lassen.[128] Siegrist ergänzt, dass der Arzt widersprüchliche Angaben vermeiden und dem Patienten zuhören soll.[129] Diese Vorgehensweise wird jedoch in der Praxis – wohl vor allem zeitlich und finanziell bedingt – häufig nicht (annähernd) umgesetzt. Gut dokumentiert ist dies für den Gesprächsverlauf bei der ärztlichen Visite im Krankenhaus. Eine Arztvisite dauert im Durchschnitt drei bis vier Minuten pro Patient. Hierbei entfällt gut die Hälfte aller Sätze auf den Arzt, während sich die andere Hälfte zu etwa gleichen Teilen auf das Pflegepersonal und auf den Patienten aufteilt. Der Großteil der Gesprächsinitiativen erfolgt durch den Arzt, der Patient stellt nicht mehr als ein bis zwei Fragen. Häufig wird der Patient auch nicht direkt über krankheitsrelevante Belange informiert: Zwei von drei Sätzen, die entsprechende Informationen enthalten, werden zwischen Arzt und Pflegepersonal bzw. zwischen den beteiligten Ärzten ausgetauscht – der Patient wird somit großteils nur als Dritter über ihn betreffende Sachverhalte aufgeklärt.[130] Patienten legen jedoch, von wenigen Ausnahmen wie etwa Notfallsituationen abgesehen, großen Wert darauf, vom Arzt umfassend über ihre Erkrankung informiert zu werden.[131] Häufig unterschätzen Ärzte das Informationsbedürfnis ihrer Patienten allerdings und geben diesen nicht die Möglichkeit, ihr Anliegen zu äußern.[132]

Auswirkungen soziodemografischer Merkmale von Arzt und Patient auf das Kommunikationsverhalten

Wie in Kapitel 2.2 angedeutet, ist das Kommunikationsverhalten des Arztes nicht gegenüber jedem Patienten gleich. Empirische Untersuchungen haben insbesondere

---

[128] Vgl. Faller/Lang 2006, S. 175. Faller und Lang beziehen sich dabei insbesondere auf die Übermittlung ungünstiger Diagnosen.

[129] Vgl. Siegrist 2005, S. 259f. Wie Lown konstatiert: „Listening is the most complex and difficult tool in a doctor's repertory. One must be an active listener to hear an unspoken problem." Lown 1999, S. 10.

[130] Vgl. Raspe 1983, S. 113ff.; Siegrist 2005, S. 256.

[131] Vgl. Dierks et al. 2000, S. 153; Klemperer 2003, S. 39; Raspe 1983, S. 31ff.; Siegrist 2005, S. 254. Hierbei bestehen keine schichtspezifischen Unterschiede, vgl. Raspe 1983, S. 34; Roter/Hall 1993, S. 46. Der hohe Informationsbedarf steht damit in Kontrast zum geringeren Bedarf an partizipativer Entscheidungsfindung. Je nach (Schwere der) Erkrankung und Phase des Krankheitsstadiums kann der Informationsbedarf variieren. Dies wiesen beispielsweise Leydon et al. in Interviews mit Krebspatienten nach, vgl. Leydon et al. 2000.

[132] Vgl. Faller/Lang 2006, S. 167.

einen Einfluss des Bildungs- bzw. Sozialstatus des Patienten auf das Kommunikationsverhalten des Arztes belegt. Mit abnehmendem Status des Patienten gibt der Arzt diesem freiwillig weniger Informationen und nimmt der Gesprächsanteil des Patienten ab. Letzteres ist auch darauf zurückzuführen, dass Patienten mit niedrigerem Bildungs-bzw. Sozialstatus dem Arzt von sich aus weniger Fragen stellen als Personen mit höherem Status.[133] Hemmungen, Zeitdruck und schichtspezifische Sprachcodes können Patienten davon abhalten, ihr Informationsbedürfnis mitzuteilen.[134] Während Personen mit höherem Status typischerweise einen elaborierten Sprachcode verwenden, verfügen Personen aus unteren Schichten über einen restringierten Sprachcode, der Fähigkeiten zur Abstraktion, flexiblen Interaktion und zur Artikulation von Bedürfnissen begrenzt.[135] Dies kann in der Kommunikation mit dem Arzt zu Verständigungsschwierigkeiten führen – sei es, dass der Arzt die Darlegungen des Patienten nicht versteht oder dass der Patient den Ausführungen des Arztes nicht folgen kann. „Je höher die soziale Distanz, desto größer ist die Wahrscheinlichkeit, daß semantische Verständigungsprobleme auftreten (z. B. Fachsprache versus Laiensprache) und daß die Bereitschaft des Zuhörens und die initiative Gesprächssteuerung, d. h. die Rollen des Sprechers und Hörers, unterschiedlich verteilt sind."[136]

Aber nicht nur Merkmale des Patienten, sondern auch Merkmale des Arztes beeinflussen das Kommunikationsverhalten von Arzt und Patient, wie in verschiedenen Studien nachgewiesen wurde: So kommunizieren Ärztinnen eher auf einer partnerschaftlichen Ebene mit ihren Patienten und beziehen psychosoziale Aspekte stärker ein, während ihre männlichen Kollegen tendenziell eher eine hierarchische Arzt-Patient-Beziehung etablieren. Patienten wiederum sprechen bei Ärztinnen mehr als bei deren männlichen Kollegen und äußern sich häufiger positiv, indem sie etwa Zustimmung ausdrücken. Studien zeigen auch, dass Männer weibliche Ärzte häufiger unterbrechen als männliche und ihnen gegenüber dominanter auftreten.[137] Dieses Verhalten verweist deutlich auf die Reziprozität der Kommunikation, wobei eine wechselseitige Beeinflussung für die gesamte Interaktion zwischen Arzt und Patient gilt. Beispielsweise wird ein gereiz-

---

[133] Vgl. Aust 1994, S. 29ff. (Meta-Analyse); Raspe 1983, S. 40ff. (Meta-Analyse); Roter/Hall 1993, S. 45ff. (Meta-Analyse); Siegrist 2005, S. 253; Street 1991; Waitzkin 1985.

[134] Vgl. Siegrist 2005, S. 255.

[135] Vgl. Bernstein 1972.

[136] Siegrist 1994, S. 268.

[137] Vgl. dazu die Meta-Analysen von Roter/Hall 1993, S. 39ff.; Roter/Hall 2001. Vgl. auch Schmid Mast/Dietz 2005; Zemp Stutz/Ceschi 2007.

ter, unfreundlicher Patient beim Arzt ein anderes Verhalten hervorrufen als ein Patient, der zuvorkommend ist, und umgekehrt.

Insgesamt zeichnet sich für den Patienten folgendes Bild von der Kommunikation mit dem Arzt: Er wird in der Regel bei seinen Eingangsausführungen unterbrochen, im Krankenhaus hat er während der Visite einen geringen Sprechanteil und wird oftmals nur implizit über seine gesundheitliche Lage informiert. Entsprechend ist weniger als die Hälfte der Krankenhauspatienten über die Diagnose und lediglich etwa ein Drittel über Therapiemaßnahmen gut informiert,[138] und die Hälfte aller Anliegen und Probleme wird von Patienten nicht geäußert oder von den Ärzten nicht aufgegriffen.[139] Solche Aufklärungsdefizite wirken sich insbesondere auf die Compliance des Patienten – diese wird im nächsten Kapitel thematisiert – und (damit) auf seinen Gesundheitszustand aus.[140] In Anbetracht dieser gravierenden Konsequenzen unzureichender Kommunikation ist das Gespräch zwischen Arzt und Patient als „genuin ärztliche Aufgabe"[141] einzustufen.

2.5 Compliance des Patienten

Gesundheitsdienstleistungen sind personenbezogene Dienstleistungen, bei deren Erstellung die Mitarbeit des Patienten unabdingbar ist – was auch in § 1 SGB V Eingang gefunden hat: „Die Krankenversicherung als Solidargemeinschaft hat die Aufgabe, die Gesundheit der Versicherten zu erhalten, wiederherzustellen oder ihren Gesundheitszustand zu bessern. Die Versicherten sind für ihre Gesundheit *mitverantwortlich*; sie sollen durch eine gesundheitsbewußte Lebensführung, durch frühzeitige *Beteiligung* an gesundheitlichen Vorsorgemaßnahmen sowie durch *aktive Mitwirkung* an Krankenbehandlung und Rehabilitation dazu beitragen, den Eintritt von Krankheit und Behinderung zu vermeiden."[142] Die Compliance des Patienten ist insbesondere im Hinblick auf die Medikamenteneinnahme, die Behandlung und die Veränderung eines Lebens-

---

[138] Vgl. Siegrist 2005, S. 255.
[139] Vgl. Faller/Lang 2006, S. 167.
[140] Vgl. Ong et al. 1995; Raspe 1983, S. 78; Siegrist 2005, S. 255; Stewart 1995.
[141] Schipperges 1988, S. 132.
[142] Hervorhebungen durch den Verfasser. Hierbei handelt es sich um symbolisches Recht, da Mitverantwortung für die eigene Gesundheit interpretationsfähig und rechtlich nicht durchsetzbar ist, vgl. Klement 2006, S. 226f. In der vorliegenden Arbeit stehen die rechtlichen Vorschriften der GKV (SGB V) im Vordergrund, wobei einige Paragrafen auch für die Private Krankenversicherung (PKV) relevant sind wie etwa die Vorgaben für die Versicherungspflicht bzw. Versicherungsfreiheit von Arbeitnehmern (§§ 5, 6), vgl. Verband der privaten Krankenversicherung e. V. (Hrsg.) 2008.

stils (zum Beispiel Aufgeben des Rauchens) erforderlich.[143] Der Patient ist damit Koproduzent von Gesundheitsdienstleistungen.

Während es in der anfänglichen Complianceforschung noch um Therapiegehorsam und damit um ein direktives Modell des Verhältnisses zwischen Arzt und Patient ging, ist mit Compliance mittlerweile ein interaktives Modell im Sinne einer Therapiekooperation gemeint,[144] wie es auch im Partnerschaftsmodell der Arzt-Patient-Beziehung zum Ausdruck kommt. Compliance bedeutet demnach nicht, dass der Patient die Empfehlungen des Arztes lediglich befolgt, sondern er soll diese mitgestalten und mittragen.[145] Zu berücksichtigen ist, dass das Ausmaß der Compliance variieren kann. „Nach heutigem Verständnis ist Compliance keine stabile Persönlichkeitseigenschaft des Patienten, sondern ein komplexes, dynamisches und situationsabhängiges Phänomen, das sehr unterschiedliche Formen annehmen oder sich über den Behandlungsverlauf drastisch wandeln kann: Ein Patient kann gegenüber einigen Behandlungsaspekten maximal compliant sein und gleichzeitig andere Therapiekomponenten offen bzw. verdeckt ablehnen oder seine Bereitschaft zur Therapiemitarbeit über die Zeit gravierend verändern."[146]

In Tabelle 2 werden häufig auftretende Muster der Non-Compliance am Beispiel der Arzneimitteltherapie aufgezeigt. Nach Schätzung der Bundesvereinigung Deutscher Apothekerverbände werden etwa ein Viertel der verordneten Medikamente nicht eingenommen, womit die Non-Compliance zu den größten Problemen bei der Arzneimitteltherapie zählt.[147] Der Arzt hat daher nicht nur die Aufgabe, das richtige Arzneimittel zu verschreiben, sondern er sollte im Gespräch mit dem Patienten auch die Compliance im Hinblick auf die Medikamenteneinnahme fördern – wie er dies machen kann, wird im übernächsten Abschnitt aufgezeigt, in welchem verschiedene Einflussfaktoren auf die Compliance identifiziert werden.

---

[143] Vgl. Petermann 2004, S. 89. Von Situationen, in denen der Patient nicht compliant sein kann – etwa wegen Bewusstlosigkeit – sei hierbei abgesehen.

[144] Vgl. Petermann/Warschburger 1997, S. 437. Dem interaktiven Verständnis von Compliance entspricht auch der zuweilen in der Literatur verwendete Begriff „Adherence".

[145] Vgl. Geisler 1992, S. 168; Petermann 2004, S. 90.

[146] Petermann 1998, S. 9. Die Compliance des Arztes ist gleichbedeutend mit der – insbesondere (berufs-)rechtlich vorgegebenen – Erfüllung der ärztlichen Aufgaben. Stichwortartig seien hier die Einhaltung medizinischer Leitlinien, regelmäßige Fortbildungen des Arztes und allgemein das ärztliche Engagement bei der Behandlung der Patienten genannt.

[147] Vgl. ABDA-Bundesvereinigung Deutscher Apothekerverbände (Hrsg.) 2007. Zur Schwierigkeit der Compliance-Messung siehe Scheibler 2004, S. 14ff.

Tabelle 2: Muster der Non-Compliance von Patienten

Non-Compliance-Muster	Beschreibung
„Intelligente" Non-Compliance	Entscheidung des Patienten, ohne Wissen des Arztes vom Therapieplan abzuweichen, wenn Medikamente nicht wirken oder bei Nichteinnahme Symptomfreiheit besteht. Beispielsweise müssen Antibiotika über den empfohlenen Zeitraum hinweg eingenommen werden – auch nach Abklingen der Beschwerden –, um alle Bakterien abzutöten und einem Neuauftreten der Infektion entgegenzuwirken.
Erratische Compliance	Die Compliance ist unregelmäßig, eher zufällig und folgt keinem bestimmten Muster.
„Horten"	Der Patient sammelt Medikamente, um bei Bedarf eine Krankheit oder Lebenssituation selbstbestimmend zu überwinden.
„Weiße Kittel Compliance" bzw. „Zahnputzeffekt"	Der Patient beginnt erst kurz vor dem nächsten Arztbesuch mit der Befolgung der ärztlichen Empfehlung, ist aber ansonsten in unterschiedlichem Ausmaß non-compliant.
„Arzneimittelferien"	Der Patient befolgt langfristig die Empfehlungen, er unterbricht sie jedoch gelegentlich.
Dosishäufigkeit-Compliance	Der Patient weist eine mangelnde Zuverlässigkeit hinsichtlich der Anzahl der Dosen, die pro Tag eingenommen werden, auf.
Dosisintervall-Compliance	Der Patient weist eine mangelnde Zuverlässigkeit hinsichtlich der Einhaltung der Frequenz und Zeitabstände zwischen den Dosierungen auf.
„Parkplatzeffekt"	Vor dem Arztbesuch werden die erhaltenen Medikamente, die der Patient hätte einnehmen sollen, entsorgt.

Quelle: In Anlehnung an Dullinger 2001, S. 27; Heuer/Heuer 1999a, S. 15.

Insbesondere bei chronischen Erkrankungen ist die dauerhafte Compliance des Patienten unerlässliche Voraussetzung, um eine Verbesserung des Gesundheitszustandes zu erreichen bzw. um zumindest eine Verschlechterung zu vermeiden. Bei kaum einer anderen Krankheit ist die Diskrepanz zwischen dem medizinisch Machbaren und den tatsächlichen Behandlungsergebnissen so deutlich ausgeprägt wie bei Diabetes mellitus,[148] die Non-Compliance-Rate liegt laut Weltgesundheitsorganisation schätzungsweise bei 50 Prozent.[149] Da etwa 95 Prozent der notwendigen Maßnahmen zur

---

[148] Vgl. DiMatteo 2004, S. 204; Petermann 1998, S. 11.
[149] Vgl. World Health Organization (Hrsg.) 2003, S. 7. Die Weltgesundheitsorganisation stützt sich hierbei auf Angaben aus Studien zur Compliance chronisch Kranker.

Behandlung des Diabetes mellitus vom Patienten durchzuführen sind,[150] ist dieser hohe Wert nicht erstaunlich. So weist das Verhalten von Diabetikern oftmals gravierende Mängel im Hinblick auf eine adäquate Ernährung und auf die Regelmäßigkeit von Sport, Fußuntersuchungen sowie Blutzuckermessungen auf.[151] Dies hat ernsthafte gesundheitliche Auswirkungen, wobei Begleit- und Folgeerkrankungen unter Umständen erst nach Jahrzehnten spürbar werden. Diabetische Retinopathie (Netzhauterkrankung) ist die primäre Ursache von Erblindungen im Erwachsenenalter in Industrieländern. Überdies führt Diabetes mellitus in Deutschland jedes Jahr zu etwa 28.000 Amputationen, 27.000 Herzinfarkten, 40.000 Schlaganfällen und zu 8.000 neuen Dialysefällen.[152] Diabetes mellitus ist mit den gegenwärtig verfügbaren Therapiemethoden zwar nicht heilbar, jedoch hat das Verhalten der Betroffenen maßgeblichen Einfluss auf den Krankheitsverlauf und damit auch auf die oben genannten Begleit- und Folgeerkrankungen.[153]

Die Compliance des Patienten wird im Wesentlichen von den folgenden Faktoren bestimmt: Eine Schlüsselrolle kommt der *Beziehung* und damit auch der Kommunikation zwischen Arzt und Patient zu.[154] Hierbei sind die Interessiertheit, Offenheit und Freundlichkeit des Arztes maßgebliche Elemente.[155] Überdies tragen eine wertschätzende Grundhaltung gegenüber dem Patienten, seine aktive Einbeziehung in die Therapieplanung und die Patientenaufklärung zur Compliance bei. Verständliche, korrekte sowie widerspruchsfreie Informationen, die den Patienten weder emotional noch kognitiv überfordern, steigern die Compliance wesentlich. Ein persönliches Vertrauensverhältnis und eine kontinuierliche Betreuung des Patienten sind weitere begünstigende Faktoren. Darüber hinaus sind *Merkmale der Erkrankung* relevant. Je weniger schwerwiegend die Symptome und der Leidensdruck sind und je langwieriger die Krankheit ist, desto geringer ist die Compliance. *Merkmale der Behandlung* wirken sich ebenfalls auf die Compliance aus. Eine aufwändige und zeitintensive Therapie wie auch ein komplizierter Behandlungsplan reduzieren diese nachweislich. Einen

---

[150] Vgl. Funnell/Anderson 2000, S. 1709.
[151] Vgl. Arnold 2005, S. 63ff.
[152] Vgl. Initiativgruppe Früherkennung diabetischer Augenerkrankungen und Arbeitsgemeinschaft „Diabetes und Auge" der Deutschen Diabetes Gesellschaft (Hrsg.) 2008.
[153] Vgl. Robert Koch-Institut (Hrsg.) 2005a, S. 7 und S. 20; Vogel/Kulzer 1992, S. 59.
[154] Vgl. hierzu und im Folgenden Faller/Lang 2006, S. 173; Geisler 1992, S. 170ff.; Petermann 2004, S. 91ff.
[155] Auf diese sowie weitere Aspekte der Arzt-Patient-Beziehung (zum Beispiel Arzt als Seelsorger) wird in den Kapiteln 3.1.2 und 3.1.3 eingegangen.

weiteren Einflussfaktor stellen die *Bedingungen des Behandlungssettings* dar. Lange Wartezeiten bei Arztterminen und Zeitdruck während der Untersuchungen senken die Compliance. Zudem bestimmen auch *Einflüsse des sozialen Umfelds* die Compliance des Patienten. Diese erhöht sich durch die Unterstützung von Partner, Familie, Freunden und Kollegen. Schließlich determinieren auch *Merkmale des Patienten* seine Compliance. Während soziodemografische Faktoren nur eine marginale Rolle spielen,[156] mindern negative Erfahrungen mit vorherigen Behandlungen, geringe Erwartungen an den Behandlungserfolg, Bequemlichkeit, Vergesslichkeit und Unterschätzung des Schweregrades der Krankheit die Compliance.

In diesem Zusammenhang spielen auch Gesundheits- und Krankheitsvorstellungen des Patienten eine Rolle. Fügen sich die Empfehlungen des Arztes nicht in das Weltbild des Patienten, so wird dieser nicht compliant sein. Je stärker subjektive Krankheitstheorien des Patienten von der Auffassung des Arztes abweichen, das heißt, je weniger sie dem Patienten als „verständlich", „einleuchtend" oder „passend" erscheinen, desto geringer ist die Wahrscheinlichkeit der Compliance.[157] Vorstellungen des Patienten hinsichtlich der Ätiologie und der Beeinflussbarkeit von Krankheiten tragen ebenfalls zur Compliance bei. Je nachdem, ob eine Erkrankung im Sinne Luhmanns als „Risiko" oder „Gefahr" gesehen wird, fällt die Compliance unterschiedlich aus. Bei einem Risiko ist eine mögliche Enttäuschung auf eigenes Verhalten zurückzuführen und damit prinzipiell vermeidbar (Selbstzurechnung). Eine Gefahr hingegen kann man nicht kontrollieren, ihr ist man ausgesetzt (Fremdzurechnung).[158] Ein vergleichbares Konzept der Gestaltungskompetenz findet sich in der Psychologie unter der Bezeichnung „internale" und „externale" Kontrollüberzeugung.[159] Für beide Differenzierungen gilt: Patienten, die davon ausgehen, durch eigene Aktivität Änderungen ihrer gesundheit-

---

[156] Sowohl zum Alter als auch zum Bildungs- bzw. Sozialstatus des Patienten und deren Wirkung auf die Compliance gibt es widersprüchliche Angaben. Bei älteren (oftmals multimorbiden) Patienten und bei Personen mit niedrigerem Bildungs- bzw. Sozialstatus könnte die Compliance tendenziell niedriger ausfallen. Dies konnte jedoch empirisch nicht eindeutig belegt werden, vgl. Heuer/Heuer 1999b, S. 66; Petermann 2004, S. 92; Rychlik 1987, S. 678f.; Scheibler 2004, S. 18. Ein Konsens zeichnet sich dahingehend ab, dass den soziodemografischen Merkmalen lediglich ein geringer Einfluss zugesprochen wird. So folgert etwa Rychlik: Es ist „zu erwarten, daß die alleinige Heranziehung der Persönlichkeitsmerkmale zur Vorhersage noncomplianten Verhaltens nicht ausreicht, sondern die entsprechende Akutsituation, in die der Patient durch seine Erkrankung geraten ist (Leidensdruck), mit zur Interpretation herangezogen werden muß". Rychlik 1987, S. 679.
[157] Vgl. Verres 1986, S. 3. Siehe auch Becker 1984; Heuer/Heuer 1999b, S. 66ff.
[158] Vgl. Luhmann 2005b, S. 129ff.
[159] Siehe dazu Krampen 1987; Rotter 1966.

lichen Lage herbeiführen zu können, werden eher compliant sein als Personen mit einer eher passiven Handlungsüberzeugung.[160]

Um die Compliance des Patienten zu sichern, sind die genannten positiven Einflussfaktoren so weit wie möglich zu fördern und die negativen Einflussfaktoren zu minimieren. Zur Steigerung der Compliance wird zudem eine Umorientierung im Gesundheitswesen von einer Expertenorientierung hin zu einer Patientenorientierung gefordert, wodurch der Expertenstatus des Arztes keineswegs in Frage gestellt wird. Bei einer patientenorientierten Vorgehensweise werden über die medizinische Befundlage hinaus die Lebenssituation und Erwartungen des Patienten einbezogen. Nur wenn diese bekannt sind, kann der Arzt Motivation und Compliance auf Seiten des Patienten aufbauen. Bei einer Patientenorientierung wird überdies die Lebensqualität des Patienten zu einem zentralen Erfolgskriterium der Gesundheitsdienstleistung.[161]

Die Einflussfaktoren auf die Compliance verweisen insbesondere darauf, dass Non-Compliance kein Problem ist, das nur auf Seiten des Patienten zu suchen ist. Vielmehr ist sie ein Problem der Arzt-Patient-Beziehung. Diese wiederum ist für die Compliance des Patienten entscheidend. Patienten sind eher compliant „wenn der Arzt Empathie zeigt, auf die individuelle Situation des Patienten eingeht, verständliche und begründete Empfehlungen gibt und ihm zur Seite steht".[162] Alles in allem lässt sich die Bedeutung der Compliance wie folgt prägnant zusammenfassen: „Ohne Compliance des Patienten können Medizin und Ärzte nichts bewegen. Non-Compliance ist der Tod jeder aktiven Medizin."[163]

Zusammenfassung zur Arzt-Patient-Beziehung

Insgesamt machen die Ausführungen dieses Kapitels deutlich, dass Gesundheit ein existenzielles Gut ist, das für den Erhalt von Lebenschancen und Lebensqualität entscheidend ist und den Konsum weiterer Güter ermöglicht. Für die Sicherung der Gesundheit sind Gesundheitsdienstleistungen unverzichtbar (siehe auch Tabelle 3). Diese

---

[160] Fraglich ist, inwiefern internale bzw. externale Kontrollüberzeugungen auf die vom Patienten gewünschte Form der Arzt-Patient-Beziehung einwirken. Ergebnisse aus dem BMG-Förderschwerpunkt „Der Patient als Partner im medizinischen Entscheidungsprozess" verweisen darauf, dass Patienten mit internaler Kontrollüberzeugung (N = 114) keinen verstärkten Wunsch nach partizipativer Entscheidungsfindung aufweisen, vgl. Vordermaier et al. 2005. Um diesen Zusammenhang genauer zu untersuchen, sind weitere Studien erforderlich.
[161] Vgl. Petermann 1997b, S. 18. Ausführlicher zur Patientenorientierung siehe Kapitel 3.3.1.
[162] Geisler 1992, S. 178.
[163] Geisler 1992, S. 168.

entstehen im Idealfall innerhalb einer von Vertrauen geprägten Beziehung zwischen Arzt und Patient. Dieses Verhältnis ist asymmetrisch, insbesondere verfügt der Arzt über Experten-, Definitions- und Steuerungsmacht. Zudem hat sich der Patient im Krankenhaus in eine vorgegebene Ordnung einzufügen.

Tabelle 3: Gegenüberstellung von Dienstleistungen und Gesundheitsdienstleistungen

	Dienstleistung	Gesundheitsdienstleistung
Externer Faktor	Gegenstand oder Person	Person
Nachfrager	Kunde	Patient
Inanspruchnahme	Spanne von freiwillig bis gezwungenermaßen	In der Regel gezwungenermaßen, alternativlos
Bedeutung der Leistung	Niedrig bis hoch	Im Allgemeinen existenziell, ermöglicht die Inanspruchnahme anderer Dienstleistungen
Situation des Nachfragers	Symmetrie, Entscheidungsfreiheit, Zahlungs- und Kostenkontrolle	Asymmetrie, Unsicherheit, Hilflosigkeit
Vertrauen	In gewissem Maße notwendig	Grundlage der Arzt-Patient-Beziehung, essenziell
Bedeutung der Kommunikation	Gering bis hoch	Hoch
Bedeutung der Compliance	Gering bis hoch	Hoch

Drei Formen der Arzt-Patient-Beziehung wurden herausgestellt. Es zeigte sich, dass weder das Konsumentenmodell noch das Paternalismuskonzept, welches die älteste Form der Beziehung zwischen Arzt und Patient darstellt,[164] aus Sicht der Patienten und der Ärzte mehrheitsfähig ist. Im Praxis- und Klinikalltag ist letzteres (noch) verbreitet, verliert aber zunehmend an Bedeutung. Das – mit zahlreichen Voraussetzungen verbundene – Partnerschaftsmodell hingegen wird immer wichtiger. Zwar wird es eine symmetrische Beziehung zwischen Arzt und Patient auch in Zukunft nicht geben, jedoch agieren die Beteiligten in dem Partnerschaftsmodell in deutlich weniger ungleichrangigen Positionen als in dem Paternalismusmodell.

Für die Compliance des Patienten und das Gelingen einer Gesundheitsdienstleistung sind das Verhältnis und die Kommunikation zwischen Arzt und Patient ausschlaggebend. Zur Entwicklung der Arzt-Patient-Beziehung hält Jacob fest: „Trotz – oder

---

[164] Vgl. Dierks/Schwartz 2001b, S. 796.

vielleicht auch gerade wegen – der beeindruckenden Erfolge und der rasanten Entwicklung der Medizin in den letzten hundert Jahren ist das Verhältnis zwischen Ärzten und Patienten nicht einfacher geworden, sondern im Gegenteil eher komplizierter. Abgesehen davon, dass Arztbesuche in aller Regel unerfreuliche und unangenehme Ursachen haben und Anlass zu Verunsicherungen und Ängsten sind, welche die Arzt-Patient-Beziehung belasten, liegt der Hauptgrund für Probleme zwischen Ärzten und Patienten in differentiellen Kommunikationsformen, Erwartungshaltungen und Krankheitsvorstellungen".[165] Kommunikationsformen wurden bereits diskutiert und auch Krankheitsvorstellungen wurden angesprochen, so dass nun die Erwartungshaltung der Patienten zu untersuchen ist.[166] Dies geschieht im Rahmen der folgenden Kapitel zum Thema „Qualität".

---

[165] Jacob 2006, S. 299f.

[166] Die Erwartungshaltung der Ärzte wird nicht gesondert betrachtet, da diese sich zum einen in erster Linie an die Compliance der Patienten richtet und sich zum anderen nicht erheblich von derjenigen der Patienten unterscheidet, wie im folgenden Kapitel aufgezeigt wird.

3 Qualität von Gesundheitsdienstleistungen

Qualität stellt – neben Kosten und Effizienz – eines der wichtigsten Themen im Gesundheitswesen dar. Hier sei etwa an aktuelle Schlagworte wie Qualitätsberichte, Qualitätsindikatoren, Qualitätszirkel und nicht zuletzt Qualitätsmanagement gedacht. Ziel ist es, die Qualität der medizinischen Versorgung zu erhalten und zu fördern. Zentraler Untersuchungsgegenstand der vorliegenden Arbeit ist die Qualität von im ambulanten und stationären Sektor erbrachten ärztlichen Gesundheitsdienstleistungen. Als Grundlage für die folgenden Ausführungen wird zunächst analysiert, was Qualität ist und wie sie kategorisiert werden kann (Kapitel 3.1). In einem weiteren Kapitel wird auf gesetzliche Regelungen zur Gewährleistung der Qualität sowie auf Qualitätsmanagement im Gesundheitswesen eingegangen (Kapitel 3.2). Schließlich wird aufgezeigt, wie durch Patientenbefragungen – als Instrument des Qualitätsmanagements – Qualität gesichert und verbessert und Patientenorientierung realisiert werden kann (Kapitel 3.3).

3.1 Charakteristika von Qualität

Eine fundierte Untersuchung zum Thema Qualität im Gesundheitswesen erfordert eine Erörterung darüber, was Qualität bedeutet und welche Perspektiven und Rahmenbedingungen dabei maßgeblich sind. Zudem ist zu bestimmen, welche Dimensionen und Merkmale die Qualität von Gesundheitsdienstleistungen aufweist. Die Klärung dieser Aspekte erfolgt in dem vorliegenden Kapitel.

3.1.1 Begriff der Qualität: Perspektiven und Rahmenbedingungen

„Qualität" ist auf den lateinischen Begriff „qualitas" (Beschaffenheit, Eigenschaft) zurückzuführen, der von Cicero aus dem Griechischen übertragen wurde.[167] Allgemein anerkannt ist die Qualitätsdefinition der International Organization for Standardization (ISO), welche die Normenreihe „Deutsche Industrie-Norm (DIN) Europäische Norm (EN)" herausgibt. In der aktuell geltenden DIN EN ISO 9000 aus dem Jahr 2005 wird Qualität bestimmt als „Grad, in dem ein Satz inhärenter Merkmale Anforderungen erfüllt".[168] Bezieht man die konstitutiven Merkmale von Dienstleistungen ein,[169] ist

---

[167] Vgl. Luschei/Trube 2001, S. 195.
[168] DIN Deutsches Institut für Normung e. V. (Hrsg.) 2005, DIN EN ISO 9000: 2005, S. 18.

Qualität zu definieren als „die Fähigkeit eines Anbieters, die Beschaffenheit einer primär intangiblen und der Kundenbeteiligung bedürfenden Leistung aufgrund von Kundenerwartungen auf einem bestimmten Anforderungsniveau zu erstellen".[170] Qualität ist demnach der Grad, in dem untrennbar mit einer Einheit verbundene Eigenschaften bestimmte Erwartungen erfüllen. Nunmehr gilt es, diese inhaltlich neutrale Definition auf Gesundheitsdienstleistungen zu beziehen. Hierfür ist zu ermitteln, wessen Erwartungen im Hinblick auf Gesundheitsdienstleistungen ausschlaggebend sind und welche Anforderungen dies sind.[171]

Da in dieser Arbeit der Patient als Nachfrager von Gesundheitsdienstleistungen im Vordergrund steht, ist unzweifelhaft seinen Anforderungen zu entsprechen. Im Zusammenhang mit Gesundheitsdienstleistungen sind neben dem Patienten zahlreiche weitere Personen und Organisationen, die sich direkt oder indirekt mit Gesundheitsdienstleistungen befassen, relevant. Hierzu zählen staatliche Akteure (zum Beispiel Bundestag, Parteien, Gesundheitsministerien und Sachverständigenrat zur Begutachtung der Entwicklung im Gesundheitswesen), Verbände und Körperschaften der gemeinsamen Selbstverwaltung (Kassenärztliche Vereinigungen (KV), Krankenversicherungen, Krankenhausgesellschaften und G-BA) sowie Institutionen und Interessenvertretungen (Ärztekammern, Institut für Qualität und Wirtschaftlichkeit im Gesundheitswesen, Bundesvereinigung Deutscher Apothekerverbände und Verbände der Arzneimittelhersteller). Nicht zuletzt ist der Arzt als Erbringer von Gesundheitsdienstleistungen zu nennen. Das Handeln der Akteure im Gesundheitswesen dient letztlich dazu – sei es in finanzieller, politischer, ethischer oder pragmatischer Hinsicht – es Patienten zu ermöglichen, bei Bedarf Gesundheitsdienstleistungen in Anspruch zu nehmen. Soll der Patient – der Devise des BMG folgend –[172] tatsächlich im Mittelpunkt des Gesundheitswesens stehen, so sind *seine* Erwartungen zu erfüllen.

Jeder einzelne Nachfrager hat – mehr oder weniger genau ausgeprägte – Anforderungen an Gesundheitsdienstleistungen. Hierbei gibt es Patienten, die schwer erfüllbare Erwartungen haben, die mitunter auf einen unterschiedlichen Informationsstand bzw. eine hohe Anspruchshaltung zurückgeführt werden können. Einige Patienten gehen davon aus, dass sie sofort und mit allen Möglichkeiten der Medizin von einer führen-

---

[169] Siehe hierzu Kapitel 2.

[170] Meffert/Bruhn 1995, S. 199.

[171] Auf den Grad der Erwartungserfüllung (Vergleich von Erwartungen und Erfahrungen) wird in Kapitel 4.2.1 eingegangen.

[172] Vgl. Bundesministerium für Gesundheit (Hrsg.) 2006, S. 2.

den Kapazität auf dem jeweiligen Gebiet behandelt werden (um einen Extremfall zu skizzieren). Andere Patienten, und dies ist wohl die Mehrheit, haben zumindest weitgehend „realistische" und damit prinzipiell erfüllbare Erwartungen und sind sich der Tatsache bewusst, dass es im Gesundheitswesen gewisse Restriktionen gibt und die Ärzte in einem vorgegebenen Handlungsrahmen agieren.[173] Dieser Handlungsrahmen wird unter anderem durch gesetzliche Vorgaben (*rechtliche Rahmenbedingungen*) festgelegt. Gesundheitsdienstleistungen müssen nach § 12 SGB V „ausreichend, zweckmäßig und wirtschaftlich sein; sie dürfen das Maß des Notwendigen nicht überschreiten". Patienten sollen einen angemessenen Umfang an Leistungen erhalten, wobei diese „dem allgemein anerkannten Stand der medizinischen Erkenntnisse zu entsprechen und den medizinischen Fortschritt zu berücksichtigen" haben (§ 2). Der Gesetzestext spricht bereits weitere Aspekte an, die die Erwartungen der Patienten beeinflussen können. Dies ist zum einen der State of the Art in der Medizin als *technische Rahmenbedingung*, denn nicht alles, was wünschenswert sein mag, ist medizinisch machbar. Zum anderen wirken finanzielle Restriktionen auf das Gesundheitswesen, da nicht alle technisch realisierbaren Gesundheitsdienstleistungen auch finanziert werden können (*finanzielle Rahmenbedingungen*).

Da Gesundheitsdienstleistungen, wie in Kapitel 2 deutlich wurde, gemeinsam von Arzt und Patient erstellt werden, kann die Sichtweise des Arztes nicht unberücksichtigt bleiben. Aufgrund der Abhängigkeit des Patienten vom medizinischen Experten und aufgrund der im Idealfall engen, vertrauensvollen Zusammenarbeit der Beteiligten sind die Erwartungen des Arztes ebenfalls von Bedeutung (*arztseitige Rahmenbedingungen*). Die Ansprüche des Patienten stellen zwar den zentralen Maßstab dar, diese werden aber auch innerhalb der Arzt-Patient-Beziehung geformt. So kann der Arzt die Erwartungen des Patienten beeinflussen, er kann sie wecken, aber auch zunichte machen. Zudem verfügt der Arzt über einen eigenen Qualitätsanspruch, das heißt, er stellt an sich selbst Anforderungen, die er erfüllen möchte. Während die Erwartungen des Patienten vorwiegend an den Arzt gerichtet sind, beziehen sich dessen Ansprüche sowohl auf sich selbst als auch auf die Compliance des Patienten – wobei die Anforderungen des Arztes mitunter auch vom Patienten beeinflusst werden.

---

[173] Vgl. Staniszewska/Ahmed 1999, S. 369. Siehe hierzu auch die Studien zu den Erwartungen von Patienten in Kapitel 3.1.2.

In Abbildung 2 sind die Rahmenbedingungen, welche die Erwartungen der Patienten beeinflussen, zusammenfassend dargestellt. Auf die angegebenen Determinanten der Patientenanforderungen wird in den Kapiteln 4.2.1 und 6.5 eingegangen.

Abbildung 2: Determinanten und Rahmenbedingungen der Patientenerwartungen

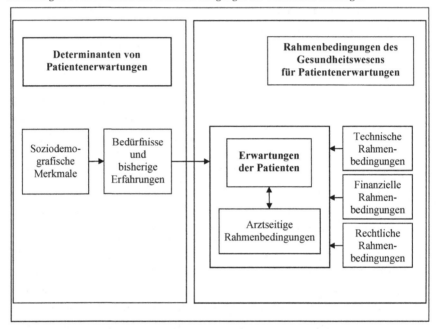

Als Zwischenfazit kann festgehalten werden, dass Qualität zum einen multiperspektivisch ist. Je nach eingenommener Perspektive können Erwartungen unterschiedlich ausfallen und kann Qualität anders definiert werden, weshalb es die Qualität auch nicht geben kann.[174] Entsprechend ist mit Qualität immer die vom Betrachter wahrgenommene Qualität gemeint. In der vorliegenden Arbeit steht die Qualität aus Sicht der Patienten im Fokus. Zum anderen wird Qualität graduell unterschiedlich wahrgenommen. Einige Patienten gehen von der idealen Qualität aus, andere hingegen von der unter den gegebenen Rahmenbedingungen möglichen. So konstatiert auch van Maanen: „quality ... is an abstraction defining the margin between desirability and reality, the ideal and the reality".[175] Für Patienten, die sich am Wünschenswerten orientieren, ist

---

[174] Vgl. hierzu auch Jordan 1998, S. 12; Schädler 2001, S. 26; Trube et al. 2001, S. 228.
[175] Van Maanen 1984, S. 15.

Qualität etwas anderes als für Patienten, die in den Qualitätsbegriff Maßstäbe von dritter Seite einbeziehen. So kann eine bestimmte Gesundheitsdienstleistung von einem Patienten mit „realistischen" Erwartungen als hochwertig und von einem Patienten mit weniger „realistischen" Anforderungen als unzureichend beurteilt werden. Dessen ungeachtet ist die Qualitätswahrnehmung jedes Patienten relevant, unabhängig davon, wie seine Erwartungen ausgeprägt sein mögen.

3.1.2 Qualitätsdimensionen von Gesundheitsdienstleistungen

Die Qualität von Dienstleistungen lässt sich in verschiedene Dimensionen unterteilen. Zunächst werden in diesem Kapitel Qualitätsdimensionen betrachtet, die bei allen Dienstleistungen – und damit auch bei Gesundheitsdienstleistungen – vorzufinden sind. Anschließend wird auf die speziellen Qualitätsdimensionen von Gesundheitsdienstleistungen eingegangen.

Ein allgemein anerkannter Ansatz, bei dem eine Einteilung in *Struktur, Prozess* und *Ergebnis* (Phasen der Dienstleistungserstellung) vorgenommen wird und der eine über den Bereich der Medizin hinausgehende Bedeutung erlangt hat, geht auf Donabedian zurück. Die Kategorie der Struktur meint die Rahmenbedingungen medizinischer Leistungen. Dazu zählen insbesondere die personelle, die apparative und die räumliche Ausstattung der Arztpraxis oder der Klinik. Unter Prozess ist die Erstellung der Leistung, also die medizinische Behandlung, zu verstehen. Auch die Arzt-Patient-Beziehung zählt zu den Prozessen. Die Ergebnisqualität legt den Fokus auf die Änderung des Gesundheitszustandes des Patienten, die auf die medizinische Behandlung zurückzuführen ist. Objektive Indikatoren wie Morbiditäts- und Mortalitätsraten, aber auch subjektive Maßstäbe wie Patientenzufriedenheit sind hier relevant.[176]

Die drei Kategorien stehen in einem kausalen Zusammenhang: Eine gute Strukturqualität bedingt eine gute Prozessqualität und diese wiederum eine gute Qualität der medizinischen Leistung und damit des Ergebnisses. Allerdings, so schränkt Donabedian ein, besteht nicht zwangsläufig eine strikte kausale Beziehung zwischen den Kate-

---

[176] Vgl. Donabedian 1980, S. 79ff.; Donabedian 2005, S. 692ff. Zur Kritik an Donabedian – unter anderem zur Abgrenzung von Prozess und Ergebnis – vgl. Schrappe 2004, S. 272f. Luschei und Trube fügen der Trias von Donabedian die Prozederequalität hinzu. Diese meint die Verfahren, Methoden und Techniken, die während des Prozesses der Leistungserstellung zum Einsatz kommen. Durch diese kann beispielsweise beurteilt werden, ob die Arbeitsweise fachlichen Standards bzw. dem State of the Art entspricht, vgl. Luschei/Trube 2001, S. 196f.

gorien. Jedoch erhöht eine gute Strukturqualität die Wahrscheinlichkeit einer höheren Prozessqualität, die wiederum die Voraussetzungen für eine gute Qualität der Ergebnisse schafft.[177] Auch wenn für Patienten insbesondere das Resultat der Behandlung wichtig ist,[178] stellen sie gleichwohl Anforderungen an die Rahmenbedingungen und Abläufe der Konsultation, wie im weiteren Verlauf dieses Kapitels ersichtlich wird. Die von Donabedian vorgenommene Kategorisierung ist vor allem im Hinblick auf die Mitarbeit des Patienten relevant: Während dieser bei der Strukturqualität keine Rolle spielt, ist seine Compliance bei der Prozessqualität[179] und Ergebnisqualität zwingend erforderlich.

Eine andere Dimensionierung wählt Grönroos, der zwischen technischer und funktionaler Qualität unterscheidet. Die *technische Kategorie* umfasst die Leistung, die der Nachfrager erhält (Was wird angeboten?), die *funktionale Kategorie* bezieht sich auf die Art und Weise der Leistungserbringung (Wie wird die Leistung angeboten?).[180] Die Einteilung von Grönroos verweist insbesondere darauf, dass neben medizinisch-fachlichen Komponenten auch der menschliche Faktor bei Dienstleistungen von Bedeutung ist. Kombiniert man die Ansätze von Donabedian und Grönroos, erhält man eine genauere Differenzierung der Struktur-, Prozess- und Ergebnisqualität nach Tech- und Touch-Dimension (siehe Tabelle 4).

---

[177] Vgl. Donabedian 1980, S. 82f.; Donabedian 2005, S. 695.
[178] Vgl. Frank 2005, S. 17; Selbmann 2004, S. 277.
[179] Ausnahme stellt hier – wie noch zu zeigen ist – die Dimension „Organisation" dar.
[180] Vgl. Grönroos 1984, S. 38f.

Tabelle 4: Dimensionen der Dienstleistungsqualität nach Donabedian und Grönroos

Qualitätsdimensionen / Teilqualitäten	Tech-Dimension (Was)	Touch-Dimension (Wie)
Strukturqualität	Gebäude- und Raumausstattung, technische Ausstattung, Ausbildung etc.	Gestaltung der materiellen Produktionsfaktoren, Persönlichkeit des Dienstleistungspersonals etc.
Prozessqualität	Technische Fertigkeiten, formaler Leistungsablauf, Zeitdauer etc.	Atmosphäre, Einstellungen und Verhalten des Personals im Umgang mit den externen Faktoren, Dienstleistungskultur etc.
Ergebnisqualität	Funktion, Nachhaltigkeit, Folgen etc.	Zufriedenheit, kommunikative Nachbetreuung, Beschwerdeverhalten etc.

Quelle: In Anlehnung an Meyer/Westerbarkey 1995, S. 88.

Weiterhin kann eine Einteilung der Dienstleistungsqualität in *Suchkomponente*, *Erfahrungskomponente* und *Vertrauenskomponente* vorgenommen werden. Mit Suchkomponente sind Aspekte gemeint, die der Nachfrager schon vor Inanspruchnahme der Leistung bewerten kann. Bei der Erfahrungskomponente ist eine Einschätzung qualitätsrelevanter Merkmale erst im Laufe oder im Anschluss an den Prozess der Leistungserstellung möglich, während mit der Vertrauenskomponente Elemente gemeint sind, die der Nachfrager nicht sicher oder sogar überhaupt nicht beurteilen kann.[181] Allgemein werden Gesundheitsdienstleistungen als Vertrauensgüter eingestuft.[182] Dies verweist wiederum auf die Bedeutung von Vertrauen als Grundlage der Arzt-Patient-Beziehung.[183] Dem Patienten stehen vor der Inanspruchnahme der Gesundheitsdienstleistung keine vollkommenen Informationen über die Qualität zur Verfügung. Auch nach der Inanspruchnahme ist ein guter Informationsstand nicht zwangsläufig gegeben, da ein Heilerfolg – oder auch dessen Ausbleiben – nicht ein-

---

[181] Vgl. Darby/Karni 1973; Nelson 1970. Die Einteilung der Qualität in Such- und Erfahrungskomponente stammt von Nelson; ergänzt wurde diese durch Darby und Karni um die Vertrauenskomponente.

[182] Vgl. Lampert/Althammer 2007, S. 298; Mörsch 2005, S. 33. Auch wenn eine Gesundheitsdienstleistung insgesamt als Vertrauensgut eingeordnet wird, sind – wie im Folgenden aufgezeigt wird – jedoch nicht sämtliche Dimensionen Vertrauenskomponenten.

[183] Siehe hierzu Kapitel 2.1.

deutig auf die medizinische Behandlung zurückzuführen sein muss. Andere Faktoren wie die Compliance des Patienten, Selbstheilungskräfte des Körpers oder Umwelteinflüsse können sich auf das Ergebnis der Behandlung auswirken.[184] Zieht man einen Vergleich zu den Dimensionen von Donabedian, so hat im Wesentlichen die Strukturqualität den Charakter einer Suchkomponente, die Prozessqualität den einer Erfahrungskomponente und die Ergebnisqualität den einer Vertrauenskomponente.

Ambulante und stationäre Gesundheitsdienstleistungen weisen neben den allgemeinen Qualitätsdimensionen von Dienstleistungen spezielle Qualitätsdimensionen auf, die wiederum verschiedene Merkmale umfassen. Untersuchungen zeigen, dass die verschiedenen Akteure im Gesundheitswesen – hiermit sind in erster Linie Ärzte und Wissenschaftler von Institutionen im Gesundheitswesen gemeint – ähnliche Dimensionen für wichtig halten wie die Patienten. Einer Studie von Laine et al. zufolge stimmen die generellen Erwartungen von Ärzten und Patienten bezüglich der ärztlichen Versorgung überein. Während die Bedeutung der Dimensionen persönlicher Umgang, Fähigkeiten des Praxispersonals und Praxisausstattung ähnlich bewertet wurden, zeichneten sich Unterschiede bei der Relevanz des Faktors Information ab, dem die Patienten eine weitaus größere Bedeutung beimaßen als die Ärzte.[185] Jung et al. stellten in einer Untersuchung ebenfalls fest, dass zwischen den Prioritäten der Patienten und denen der Ärzte hinsichtlich der hausärztlichen Versorgung große Ähnlichkeit – aber keine genaue Übereinstimmung – besteht. Weiterhin zeigte sich, dass Ärzte die Erwartungen ihrer Patienten recht gut einzuschätzen vermögen, auch wenn ihre eigenen Prioritäten durchaus von diesen abweichen können.[186]

Auch wenn sich die Qualitätsdimensionen von Ärzten und Patienten *weitgehend* entsprechen, so sollten doch unzweifelhaft auch die Patienten als direkt Betroffene zu Wort kommen. Welche Qualitätsdimensionen von Gesundheitsdienstleistungen sind den Patienten wichtig? Was macht den „guten" Arzt oder das „gute" Krankenhaus aus ihrer Sicht aus? Antworten hierauf geben Befragungen von Patienten. In entsprechenden Surveys werden in der Regel Merkmale und Dimensionen von Gesundheitsdienstleistungen vorgegeben und die Respondenten sollen diese im Hinblick auf ihre Wichtigkeit bewerten. In seltenen Fällen werden die Merkmale von den Patienten selbst festgelegt (dies wird jeweils gesondert angemerkt). Alles in allem werden – wie

---

[184] Vgl. Breyer et al. 2005, S. 182; Prinz/Vogel 2000, S. 236.
[185] Vgl. Laine et al. 1996.
[186] Vgl. Jung et al. 1997.

nachfolgend deutlich wird – in den betrachteten Befragungen im Wesentlichen die gleichen Dimensionen ausgewiesen.[187]

Indikationsunabhängige Studien aus Deutschland

Gerade die Anzahl deutscher – insbesondere indikationsunabhängiger – Studien, in denen die Dimensionen der Qualität von Gesundheitsdienstleistungen und damit die Anforderungen aus Patientensicht analysiert werden, ist überschaubar. In einer qualitativen Untersuchung (ohne Vorgaben zu Merkmalen und Dimensionen) befragten Dierks et al. (1994) 288 Patienten zu ihren Erwartungen an die ambulante ärztliche Versorgung. Die Diskussionsteilnehmer wurden unter anderem danach gefragt, was sie von ihrem Hausarzt erwarten. Folgende Dimensionen wurden ermittelt: Arzt-Patient-Interaktion, Information, Wirksamkeit der Behandlung, fachliche Kompetenz und Praxisorganisation.[188] Klingenberg et al. (1996) kamen zu ähnlichen Ergebnissen: Sie befragten 429 Patienten (dies entsprach einer Rücklaufquote von 39,5 Prozent) schriftlich zu den Erwartungen an ihren Hausarzt bezogen auf die Dimensionen medizinisch-technische Versorgung, Arzt-Patient-Beziehung, Information und Aufklärung sowie Unterstützung, Verfügbarkeit und Erreichbarkeit sowie Organisation der Praxis. Die folgenden 20 Aspekte erwiesen sich als besonders qualitätsrelevant (Einordnung als „sehr wichtig" und „besonders wichtig"):[189]

---

[187] Ohne eine Übersicht über alle Studien zu geben, werden exemplarisch einige Untersuchungen herausgegriffen. Der Fokus liegt hierbei auf deutschen Erhebungen, in denen die Spezifika des deutschen Gesundheitswesens berücksichtigt werden. Die Recherche der Studien erfolgte vorrangig mit Hilfe der Datenbank des Deutschen Instituts für Medizinische Dokumentation und Information, die nicht nur englischsprachige, sondern auch deutschsprachige Publikationen beinhaltet.

[188] Vgl. Bitzer/Dierks 1999; Dierks et al. 1994.

[189] Vgl. Klingenberg et al. 1996. Die Fragebögen wurden in den beteiligten Arztpraxen an die Patienten verteilt und von diesen in einem Freiumschlag an Klingenberg et al. zurückgesandt.

Tabelle 5: Erwartungen an den Hausarzt nach Klingenberg et al.

Ein Hausarzt sollte ...	Nennungen
Im Notfall schnell zur Hilfe sein	88,7 %
Sorgfältig sein	88,1 %
Genügend Zeit haben zum Zuhören/Reden/Erklären	87,5 %
Mir alles sagen, was ich über meine Krankheit wissen will	84,2 %
Es mir ermöglichen, offen über meine Probleme zu reden	82,4 %
Offen und ehrlich sein	81,9 %
Alle Informationen über seine Patienten vertraulich behandeln	81,7 %
Nützlichkeit von Medikamenten/Verordnungen kritisch abwägen	79,1 %
Über neueste Entwicklungen in der Medizin informiert sein	77,4 %
Zuhören können	76,1 %
Vorbeugende Maßnahmen anbieten	75,7 %
Schneller Termin sollte möglich sein	74,2 %
Untersuchung und Behandlung genau erklären	73,0 %
Ermutigen	69,5 %
Hausbesuche machen	69,4 %
Es sollte möglich sein, jedes Mal beim selben Arzt behandelt zu werden	68,8 %
Verstehen, was ich von ihm will	66,9 %
Über Fachärzte beraten	66,9 %
Meine Meinung ernst nehmen	66,9 %
Mir vertrauen	66,8 %

Quelle: In Anlehnung an Klingenberg et al. 1996, S. 183.

Patienten wünschen sich demnach Ärzte, die verfügbar sind, auf die sie sich verlassen und denen sie vertrauen können. Darüber hinaus stehen Kommunikation, Fachkompetenz, Offenheit und Ehrlichkeit sowie emotionale Unterstützung im Vordergrund. In einer bundesweiten Repräsentativerhebung im Rahmen des ZUMA-Sozialwissenschaften-BUS III/1996 wurden von Lettke et al. (1999) 2.500 Personen aus Privathaushalten, also (potenzielle) Patienten,[190] danach gefragt, was sie neben den rein medizinischen Aufgaben von ihren Ärzten erwarten. Ärzte sollten nach Meinung der Respondenten vor allem auf den Menschen als Ganzes eingehen sowie Zuversicht und Lebensfreude stärken (siehe Tabelle 6).[191] Diese Ergebnisse unterstreichen, dass die Erwartungen der Patienten über die grundlegende Aufgabe des Arztes – die Heilung von Krankheiten – hinausgehen und belegen, dass für Patienten nicht nur die Ergebnisqualität von Bedeutung ist.

Tabelle 6: Erwartungen an Ärzte nach Lettke et al.

Ärzte sollten, abgesehen von rein medizinischen Aufgaben ...	Sehr wichtig	Wichtig	Weniger wichtig	Überhaupt nicht wichtig
Auf den Menschen als Ganzes eingehen	56,1 %	38,8 %	4,3 %	0,9 %
Zuversicht und Lebensfreude stärken	42,2 %	46,2 %	9,9 %	1,8 %
Anregungen geben, über den Sinn von Krankheit nachzudenken	34,4 %	46,8 %	14,7 %	4,1 %
In schwierigen Lebenssituationen mit Rat zur Seite stehen	33,6 %	47,5 %	15,8 %	3,1 %
Trost spenden	26,7 %	45,0 %	23,2 %	5,1 %

Quelle: In Anlehnung an Lettke et al. 1999, Anhang S. 9.

In einer Studie der Universität zu Köln aus dem Jahr 2000 wurden 635 Patienten aus neun Hausarztpraxen anhand eines standardisierten Fragebogens interviewt. Von den Respondenten erwartete ein Drittel bei einem Arztbesuch Informationen und Erklärungen zur Erkrankung, Erläuterungen von Befunden und Prognosen zum Verlauf der Krankheit. Etwa genauso viele Patienten wünschten sich spezifische diagnostische bzw. therapeutische Maßnahmen und etwa ein Fünftel allgemeine Untersuchungen.[192]

Die Patientenanforderungen an stationär erbrachte Gesundheitsdienstleistungen entsprechen weitgehend denjenigen an ambulant erbrachte Leistungen: Baberg et al.

---

[190] Ausweislich des „GEK-Reports ambulant-ärztliche Versorgung 2008" suchen rund 93 Prozent der Deutschen im Laufe eines Jahres mindestens einmal einen Arzt auf, vgl. GEK-Gmünder Ersatzkasse (Hrsg.) 2008, S. 41. Somit ist beinahe jeder Bürger zumindest einmal im Jahr Patient. Wie sich zeigt, unterscheiden sich die grundsätzlichen Erwartungen von Bevölkerung und Patienten (tatsächlich Erkrankten) nicht, möglicherweise gibt es aber Unterschiede bei der Wichtigkeit der einzelnen Dimensionen. Die Relevanz variiert vermutlich auch je nach Art und Schwere der Krankheit.

[191] Vgl. Jacob et al. 1999, S. 113ff.; Lettke et al. 1999, Anhang S. 9.

[192] Vgl. Ferber 2000.

(2001) untersuchten mittels Fragebögen die Erwartungen von 510 Krankenhaus-patienten. 16 Kategorien wurden vorgegeben und konnten auf einer fünfstufigen Skala von „sehr wichtig" bis „unwichtig" bewertet werden. Die größte Bedeutung hatten das Fachwissen der behandelnden Ärzte, die medizinische Ausstattung sowie die persönli-chen Fähigkeiten des Stationsarztes. Erheblich weniger wichtig waren hingegen die Hotelleistungen der Klinik.[193]

Eine schriftliche Erhebung der Universität Trier (2002) im Auftrag der damaligen KV Trier mit fast 3.000 Patienten zeigte, dass eine vertrauensvolle Arzt-Patient-Beziehung und kommunikative Kompetenzen des Arztes neben seiner fachlichen Qualifikation von besonderer Relevanz waren. Von nachrangiger Bedeutung waren dagegen das Verschreiben von Medikamenten und ein Doktortitel (siehe Tabelle 7).[194]

Tabelle 7: Erwartungen an den Arzt nach einer Studie von Jacob und Michels

Der Arzt soll ...	Wichtig	Weniger wichtig	Unwichtig
Vorerkrankungen und Krankengeschichte genau kennen	89,4 %	9,3 %	1,3 %
Mut machen und trösten können	81,0 %	13,5 %	5,5 %
Zusätzlich zu Kassenleistungen weitere Behandlungsvorschläge machen	55,1 %	34,3 %	10,6 %
Stets die neuesten Techniken einsetzen	54,2 %	39,2 %	6,6 %
Wo immer möglich naturheilkundliche oder homöopathische Arzneien verschreiben	51,1 %	33,7 %	15,2 %
Medikamente verschreiben	37,2 %	47,4 %	15,4 %
Nach Möglichkeit auf altbewährte Formen der Behandlung zurückgreifen	30,5 %	51,4 %	18,2 %
Einen Doktortitel haben	21,5 %	44,9 %	33,0 %

Quelle: Jacob/Michels 2002, S. 50.

Eine repräsentative[195] telefonische Bevölkerungsbefragung der Kassenärztlichen Bun-desvereinigung (KBV) aus dem Jahr 2008 unter 6.114 Bundesbürgern ergab auf die Frage nach den beiden wichtigsten Aspekten beim Arztbesuch, dass – abgesehen von der Fachkompetenz – insbesondere das Kriterium „Freundlichkeit und Zuwendung"

---

[193] Vgl. Baberg et al. 2001. An der Befragung beteiligten sich 71 Prozent der im Untersuchungszeit-raum aufgenommenen Patienten.

[194] Vgl. Jacob/Michels 2002, S. 46ff.

[195] Die Repräsentativität bezieht sich auf die deutsche Wohnbevölkerung zwischen 18 und 79 Jahren. Siehe hierzu und zu weiteren Informationen in Bezug auf die Stichprobenziehung Kassenärztliche Bundesvereinigung (Hrsg.) 2008b, S. 43f.

maßgeblich ist (77 Prozent). Auch hier hat demnach wieder die menschliche Komponente Vorrang. Weniger relevant waren kurze Wartezeiten sowie eine moderne und technisch hochwertige Ausstattung mit jeweils 40 Prozent der Nennungen. Eine gute Erreichbarkeit nannten 30 Prozent der Befragten, ansprechende Räumlichkeiten wurden von fünf Prozent als wichtiger Aspekt aufgeführt.[196]

Internationale indikationsunabhängige Studien

Eine im Jahr 1995 in acht Ländern – Deutschland, Großbritannien, Norwegen, Schweden, Dänemark, Niederlande, Portugal und Israel – im Rahmen eines von der EU geförderten Forschungsprojekts durchgeführte schriftliche Untersuchung erhob die Erwartungen von 3.540 Patienten an die hausärztliche Versorgung. Basierend auf einer systematischen Literaturanalyse, den Ergebnissen qualitativer Studien und Workshop-Diskussionen zwischen Forschern aus den beteiligten Ländern wurden in die Befragung schließlich 38 Aspekte aus den fünf Dimensionen medizinisch-technische Versorgung, Arzt-Patient-Beziehung, Informationen und Unterstützung für Patienten, Verfügbarkeit und Erreichbarkeit sowie Organisation der Arztpraxis aufgenommen. Die Auswertung ergab, dass die Ansichten der Patienten aus den unterschiedlichen Ländern in vielen Punkten übereinstimmten. Priorität hatten länderübergreifend die folgenden Aspekte (Antwortkategorien „sehr wichtig" und „besonders wichtig"): schnelle Behandlung in Notfällen, ausreichend Zeit während der Konsultation, umfassende Informationen zu krankheitsbezogenen Fragen, vertraulicher Umgang mit Patienteninformationen, die Möglichkeit, offen über Probleme zu sprechen, regelmäßige Fortbildungen des Arztes sowie das Angebot von präventiven Maßnahmen.[197]

Studien aus Großbritannien und den USA zeichnen – trotz der Unterschiede zum deutschen Gesundheitssystem – ein ähnliches Bild. Exemplarisch sollen drei Untersuchungen herausgegriffen werden: Eine schriftliche Befragung von Williams et al. (1995) unter 504 britischen Patienten ergab, dass diese von ihrem Arzt vorrangig Erklärungen zu ihrem Problem erwarten. Weitere Anforderungen bezogen sich allgemein auf die Unterstützung durch den Arzt sowie auf medizinische Untersuchungen und Diagnosen.[198] In einer in den USA durchgeführten Erhebung von Kravitz et al. (1997)

---

[196] Vgl. Kassenärztliche Bundesvereinigung (Hrsg.) 2008b, S. 18.
[197] Vgl. Grol et al. 1999. Die Ergebnisse des deutschen Teils der Studie finden sich bei Klingenberg et al. 1996. Siehe hierzu auch Tabelle 5.
[198] Vgl. Williams et al. 1995.

mit 318 Patienten wurden die folgenden Dimensionen thematisiert, die im Wesentlichen das gesamte Leistungsspektrum eines Arztes umfassen: Vorbereitung des Arztes auf den Termin, Aufnahme der Anamnese, Untersuchung, Diagnose, Information und Beratung, Überweisungen sowie das Ausstellen von Rezepten.[199] Little et al. (2001) fanden in einer schriftlich durchgeführten Studie mit 824 britischen Patienten heraus, dass neben der Arzt-Patient-Kommunikation die partnerschaftliche Beziehung zum Allgemeinmediziner und die Gesundheitsförderung wichtig sind.[200]

Indikationsabhängige Studien

Zieht man ergänzend Studien hinzu, in denen Patienten mit unterschiedlichen Indikationen befragt wurden, erhält man ähnliche Merkmale und Dimensionen. Trotz verschiedener Krankheitsbilder und Therapieformen können im Wesentlichen die gleichen Erwartungen abgeleitet werden. So kam eine qualitative deutsche Studie aus dem Jahr 2001 (ohne Vorgabe von Merkmalen und Dimensionen) mit 50 gynäkoonkologischen Patientinnen zu folgenden relevanten Qualitätsdimensionen: Erwartungen richten sich an den Arzt als medizinischen Experten, als Informationsgeber, als Organisator von Diagnostik und Therapie und als psychosozialen Helfer im Bewältigungsprozess.[201] Neben dem Erfolg der Therapie waren 91 schriftlich befragten Patienten (2002) einer psychiatrischen Abteilung eines deutschen Allgemeinkrankenhauses Einfühlsamkeit und Kompetenz der Ärzte sowie die Freundlichkeit der Mitarbeiter wichtig.[202] Bei Studien, in denen Erwartungen von Patienten im Hinblick auf operative Eingriffe (Knie, Lendenwirbel, Schulter) erhoben werden, stehen ergebnisbezogene Anforderungen wie zum Beispiel Schmerzlinderung und wiederhergestellte Funktionsfähigkeit im Vordergrund. In entsprechenden Untersuchungen werden deshalb in der Regel auch nur Dimensionen der Ergebnisqualität erhoben.[203] Bei Betrachtung der ambulanten augenärztlichen Behandlung – befragt wurden 202 Patienten mittels Fragebogen (2005) – wurden Erwartungen in Bezug auf die Einbindung der Patienten in die Behandlung, den zwischenmenschlichen Umgang, Informationen

---

[199] Vgl. Kravitz et al. 1997.
[200] Vgl. Little et al. 2001.
[201] Vgl. Schuth/Kieback 2001.
[202] Vgl. Spießl et al. 2002.
[203] Vgl. beispielsweise Mancuso et al. 2001; Mancuso et al. 2002; Toyone et al. 2005.

zu Diagnose und Prognose sowie im Hinblick auf Kommunikation und klinische Kompetenz des Arztes festgestellt.[204]

Meta-Analysen

Im Rahmen von Meta-Analysen finden die bisher herausgestellten Qualitäts-dimensionen Bestätigung: Wensing et al. (1994) bewerteten 40 Studien zu den Erwar-tungen von Patienten an die hausärztliche Versorgung. Die Autoren kritisieren, dass nur in fünf der 40 Untersuchungen Patienten bei der *Auswahl* der relevanten Dimensi-onen beteiligt waren. Das heißt im Umkehrschluss, dass die Zielgruppe bei der Entwicklung der Befragungsinstrumente in den weitaus meisten Fällen unberücksich-tigt blieb. Dessen ungeachtet wurden im Großen und Ganzen in allen von Wensing et al. untersuchten Studien die gleichen Dimensionen behandelt: professionelle Kompe-tenz und Kontinuität, Verfügbarkeit sowie Empathie.[205] Demnach unterscheiden sich, wie bereits dargestellt, die Sichtweisen der Akteure im Gesundheitswesen im Hinblick auf die Qualitätsdimensionen als solche nicht wesentlich. In einer Meta-Analyse (2004), in der 62 Studien berücksichtigt wurden, ermittelten Dawn und Lee zehn zentrale Qualitätsdimensionen aus Patientensicht, welche prinzipiell die gesamte Gesundheitsdienstleistung beinhalten: medizinische Information, Medikation und Ver-schreibung, Beratung und psychosoziale Unterstützung, Diagnose, Überweisung, Untersuchung, gesundheitsbezogene Ratschläge, Ergebnis der Operation oder Behand-lung, therapeutisches Zuhören und Wartezeit.[206]

Alles in allem kann festgestellt werden, dass die Erwartungen von Patienten länder- und systemübergreifend vergleichbar sind, so dass die Frage nach den Patienten-anforderungen für den westlichen Kulturkreis mittlerweile als beantwortet gilt.[207] Mittels der gesichteten Studien und Meta-Analysen können – weitgehend unabhängig von spezifischen Erkrankungen und vom Versorgungssetting – sechs Dimensionen als qualitätsbestimmend identifiziert werden: Erreichbarkeit und Ausstattung, Organisati-on, Arzt-Patient-Beziehung, medizinisch-technische Behandlung, Behandlungs-ergebnis sowie – im Einklang mit Donabedian und Grönroos – die Zufriedenheit der

---

[204] Vgl. Dawn et al. 2005.
[205] Vgl. Wensing et al. 1994.
[206] Vgl. Dawn/Lee 2004.
[207] Vgl. Hensen 2007, S. 549; Ruprecht 2001, S. 185.

Patienten. Zieht man die Ansätze von Donabedian, Grönroos sowie Nelson, Darby und Karni hinzu, ergibt sich nachstehende Einordnung:[208]

Tabelle 8: Einordnung der Qualitätsdimensionen

Dimension	Donabedian	Grönroos	Nelson/Darby/Karni
Erreichbarkeit, Ausstattung	Strukturqualität	Tech-Dimension	Such-komponente
Organisation	Prozessqualität	Tech-Dimension	Erfahrungs-komponente
Arzt-Patient-Beziehung	Prozessqualität	Touch-Dimension	Erfahrungs-komponente
Medizinisch-technische Behandlung	Prozessqualität	Tech-Dimension	Erfahrungs-komponente bzw. Vertrauens-komponente
Behandlungsergebnis	Ergebnisqualität	Tech-Dimension	Vertrauens-komponente
Patientenzufriedenheit	Ergebnisqualität	Touch-Dimension	Erfahrungs-komponente

Insgesamt zeigt sich, dass die Sozialkompetenz der Ärzte neben ihren medizinischen Fähigkeiten von herausragender Bedeutung für die Patienten ist. Die Qualität einer Dienstleistung ist demnach auch dann unzureichend, wenn der Arzt sie zwar medizinisch-technisch korrekt erbracht hat, er aber beispielsweise nicht auf Bedenken und Sorgen des Patienten eingegangen ist. Während die medizinische Kompetenz ein unerlässliches Qualifikationsmerkmal des Arztes ist – bei dem ein Mindestniveau als gegeben vorausgesetzt wird –, macht ihn erst seine Sozialkompetenz zum „guten" Arzt. Die Funktion des Arztes ist demnach nicht allein auf diejenige des medizinischen Experten beschränkt, sondern ihm kommt darüber hinaus auch eine Funktion als Seelsorger zu. Der Psychoanalytiker Balint bezeichnet in seinem Buch „Der Arzt, sein

---

[208] Hierbei ist anzumerken, dass Patienten eine solche Einordnung in der Regel nicht bewusst ist. Wie aber bereits dargestellt, werden je nach Kategorisierung andere Aspekte hervorgehoben. Darüber hinaus wird in Kapitel 3.3.3 deutlich, dass Kategorisierungen bei der Bewertung der Qualitätsdimensionen im Rahmen von Patientenbefragungen relevant sind, da nicht jede Dimension von den Patienten gleich gut beurteilt werden kann.

Patient und die Krankheit" den Arzt in diesem Zusammenhang als „das am allerhäufigsten verwendete Heilmittel"[209] und verweist auf die Bedeutung der „Droge Arzt"[210]. Zuhören, helfen, die neue Situation mit der Krankheit zu verstehen, Unterstützung bei der Sinndeutung der Krankheit, beruhigen, Anspannung reduzieren, Mut machen und trösten zählen zu den täglichen Aufgaben eines Arztes.

Während der Patient auf Erreichbarkeit, Ausstattung sowie Organisation keinen Einfluss hat, bestimmt er die Qualität der Arzt-Patient-Beziehung, der Behandlung und des Behandlungsergebnisses maßgeblich mit. Das Ausmaß der Patientenzufriedenheit schließlich wird unzweifelhaft auch vom Arzt beeinflusst, liegt aber in erster Linie im Patienten selbst begründet.[211] So kann der Patient trotz hoher Qualität aller anderen fünf Dimensionen unzufrieden sein.

3.1.3 Merkmale der einzelnen Qualitätsdimensionen von Gesundheitsdienstleistungen

Die angeführten Studien verweisen bereits auf zahlreiche Merkmale der einzelnen Qualitätsdimensionen von Gesundheitsdienstleistungen. Diese sollen im Folgenden genauer beleuchtet werden.

1. Dimension „Erreichbarkeit und Ausstattung": Die Erreichbarkeit setzt sich aus der institutionellen, der zeitlichen und der geografischen Erreichbarkeit einer Gesundheitseinrichtung zusammen.[212] Die institutionelle Erreichbarkeit ist für GKV-Mitglieder ein relevantes Strukturmerkmal, da ohne entsprechende Zulassung Ärzte und Krankenhäuser Gesundheitsdienstleistungen für GKV-Versicherte nicht mit den Krankenkassen abrechnen dürfen.[213] Die zeitliche Erreichbarkeit betrifft die Praxisöffnungszeiten, aber auch die telefonische und persönliche Erreichbarkeit des Arztes außerhalb dieser Zeiten sowie seine Bereitschaft zu Hausbesuchen. Mit der geografischen Erreichbarkeit sind die Entfernung zum Wohnort des Patienten, die Anbindung an öffentliche Ver-

---

[209] Balint 1976, S. 15.
[210] Balint 1976, S. 164.
[211] Deshalb wird die Patientenzufriedenheit in den aufgeführten Studien auch nicht explizit berücksichtigt. Sie wird aber von Donabedian und Grönroos als Qualitätsdimension genannt. Die Patientenzufriedenheit wird in Kapitel 4.1.1 ausführlich thematisiert.
[212] Vgl. Mörsch 2005, S. 13f.
[213] Vgl. §§ 95, 108 SGB V.

kehrsmittel und die Verfügbarkeit von Parkmöglichkeiten gemeint. Die Ausstattung lässt sich in personelle, apparative und räumliche Ausstattung unterteilen. Unter qualitativen Gesichtspunkten bezieht sich die personelle Ausstattung auf die fachliche Ausbildung der Ärzte, der medizinischen Fachangestellten bzw. des Pflegepersonals. Darüber hinaus stellen deren Erfahrung und die Spezialisierung auf bestimmte Erkrankungen oder Patientengruppen Kriterien der Qualifikation dar. In quantitativem Hinblick gibt die personelle Ausstattung Aufschluss über die Arbeitsbelastung und damit über die für den einzelnen Patienten zur Verfügung stehende Zeit. Je länger diese ist, umso eher kann der Patient nicht nur in medizinischer, sondern auch in menschlicher Hinsicht versorgt werden. Die apparative Ausstattung bildet die Voraussetzung für viele Diagnose- und Therapiemaßnahmen. Stehen die notwendigen Geräte nicht zur Verfügung, muss der Patient eine weitere Gesundheitseinrichtung aufsuchen, was für ihn mit zusätzlichem Aufwand verbunden ist und zu einer Verzögerung der Weiterbehandlung führt.[214] Die räumliche Ausstattung – insbesondere des Wartebereichs und der Behandlungsräume – bildet oftmals die Grundlage für den ersten Eindruck des Patienten von der Gesundheitseinrichtung. Dies betrifft hauptsächlich Beleuchtung, Temperatur, bequeme Sitzgelegenheiten, Lesematerial und Sauberkeit der Räumlichkeiten. Zudem zählen diese Merkmale zu den „erkennbaren Aspekten des Leistungsumfeldes" und werden vom Patienten „im Sinne von Schlüsselinformationen als Indikatoren der Qualität"[215] verwendet. Der Patient schließt mitunter von sichtbaren Elementen der Strukturqualität auf die Prozess- und Ergebnisqualität. Im Krankenhaus umfasst die Dimension „Ausstattung" des Weiteren Hotelleistungen, welche die Einrichtung und den Komfort des Zimmers sowie die Mahlzeiten (Qualität der Speisen, Größe der Portionen, Auswahlmöglichkeiten) beinhalten.

2. Dimension „Organisation": Die Organisation betrifft vor allem die Wartezeiten bei der Terminvergabe und im Wartezimmer. Weiterhin sind Ankündigungen von Behandlungen und Untersuchungen sowie die Einhaltung dafür festgelegter Zeiten von Belang. Ferner sind die Abwicklung der Anmeldung bzw. Aufnahme (Zügigkeit, Strukturiertheit) und der Entlassung von Bedeutung.

---

[214] Vgl. Mörsch 2005, S. 11ff.
[215] Stauss 1992, S. 9.

3. Dimension „Arzt-Patient-Beziehung": Die Arzt-Patient-Beziehung, die – wie auch aus den betrachteten Studien hervorgeht – für Patienten einen hohen Stellenwert hat, wurde bereits in Kapitel 2 ausführlich thematisiert. An dieser Stelle werden einige zentrale Aspekte nochmals hervorgehoben und weitere Elemente ergänzt: Der Arzt steht der anspruchsvollen Aufgabe gegenüber, sich auf jeden einzelnen Patienten einzustellen, insbesondere was die Form der Arzt-Patient-Beziehung und die Beteiligung des Patienten an der Entscheidungsfindung betrifft. Dies gilt auch für die Kommunikation: Während ein Patient umfassende Erläuterungen wünscht, genügt einem anderen Patienten eine kurze Erklärung zu Diagnose und Therapie. Des Weiteren legen Patienten auf die Konsistenz der Informationen, die sie von verschiedenen Personen (von Ärzten und medizinischen Fachangestellten bzw. vom Pflegepersonal) erhalten, Wert. Diese Dimension schließt zudem die persönlichen Eigenschaften des Arztes und seine Umgangsformen sowie die Rücksichtnahme auf die Privatsphäre des Patienten (Vertraulichkeit, Diskretion) ein. Auch die Einbeziehung von Angehörigen – vor allem bei schwerwiegenden und langwierigen Erkrankungen – stellt ein Kriterium der Arzt-Patient-Beziehung dar.

4. Dimension „medizinisch-technische Behandlung": Während der Behandlung setzt der Arzt seine Kompetenzen zum Wohle des Patienten ein. Abbildung 3 zeigt den typischen Ablauf eines Behandlungsprozesses, wobei sich dem Arzt prinzipiell bei jeder Stufe fallspezifische Behandlungsmöglichkeiten eröffnen. Die Anamnese dient dem Arzt in erster Linie dazu, Informationen über die vorliegende Gesundheitsstörung und über Vorerkrankungen des Patienten zu sammeln. Anschließend erfolgt die Indikationsstellung für die Diagnostik. Hierbei beschließt der Arzt, welche Maßnahmen im Rahmen der Diagnostik durchgeführt werden sollen (zum Beispiel Röntgen, Computertomografie). Die diagnostischen Maßnahmen dienen dazu, eine gesicherte Diagnose zu erhalten. In Abhängigkeit von der Diagnose bestehen verschiedene Therapiemöglichkeiten. Welche hiervon gewählt wird, entscheiden Arzt und/oder Patient im Rahmen der Indikationsstellung für die Therapie. Die gewählte Therapie, die anschließend umgesetzt wird, umfasst alle Maßnahmen, mit denen die Gesundheit des Patienten wiederhergestellt oder zumindest verbessert werden soll.[216] In diesem

---

[216] Vgl. Mörsch 2005, S. 18f.

Zusammenhang ist zu berücksichtigen, dass ärztliche Entscheidungen grundsätzlich unter Unsicherheitsbedingungen getroffen werden.[217]

Abbildung 3: Stufen des Behandlungsprozesses

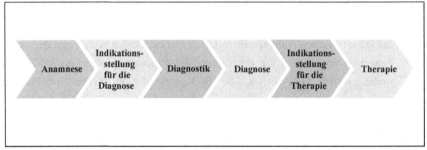

Quelle: In Anlehnung an Mörsch 2005, S. 19.

Die Einhaltung anerkannter Behandlungsleitlinien ist ein zentraler Aspekt des Behandlungsprozesses, wobei dies für den Patienten in der Regel nicht erkennbar ist.[218] Essenziell sind zudem die (interdisziplinäre) Zusammenarbeit zwischen Ärzten einerseits und zwischen Ärzten und weiterem Personal andererseits sowie die Kontinuität der Behandlung. Die Maßnahmen, welche Ärzte und Pflegepersonal zur Linderung bei auftretenden Schmerzen ergreifen, sind ebenfalls Merkmale der Behandlung.

5. Dimension „Behandlungsergebnis": Das Resultat der Gesundheitsdienstleistung betrifft die Änderung des Gesundheitszustandes des Patienten. Donabedian hält hierzu fest: „Outcomes, by and large, remain the ultimate validators of the effectiveness and quality of medical care."[219] Das Behandlungsergebnis ist, wie bereits dargestellt, nicht immer eindeutig auf die durchgeführten Maßnahmen zurückzuführen und mitunter schwierig zu definieren und zu ermitteln. Als objektive klinisch-medizinische Indikatoren bieten sich Morbiditäts- und Mortalitätsraten, Infektionsraten sowie weitere Komplikationsraten (zum Beispiel die Rate ungeplanter Rehospitalisierungen) an.[220] Darüber hinaus ist als subjek-

---

[217] Vgl. Praetorius 2005, S. 520. Hier findet sich auch eine Darstellung der ärztlichen Entscheidungsspielräume und der Regulierung ärztlicher Entscheidungen.
[218] Ausführlicher zu Behandlungsleitlinien siehe Mörsch 2005, S. 18ff.
[219] Donabedian 2005, S. 694.
[220] Vgl. Mörsch 2005, S. 26ff.

tiver Indikator das Behandlungsergebnis aus Patientensicht relevant, was Wohlbefinden und Lebensqualität des Patienten einschließt.

6. Dimension „Patientenzufriedenheit": Einen weiteren subjektiven Indikator der Ergebnisqualität stellt die Zufriedenheit des Patienten dar.[221] Nicht nur der physische, sondern auch der psychische Zustand des Patienten wird von der Behandlung beeinflusst, worauf auch die Gesundheitsdefinition der Weltgesundheitsorganisation verweist, nach der Gesundheit ein Zustand völligen körperlichen, seelischen und sozialen Wohlbefindens und nicht nur das Freisein von Krankheit und Gebrechen ist. Patientenzufriedenheit wird als Ergebnis eines Soll-Ist-Vergleichs verstanden, das heißt, Patienten stellen ihre Erwartungen an Gesundheitsdienstleistungen ihren Erfahrungen gegenüber, wie in den nachstehend beispielhaft aufgeführten Begriffsbestimmungen deutlich wird: „Patient satisfaction is essentially a subjective judgment resulting from the appraisal of the health care experience, generally involving some implicit or explicit comparison of the actual events with an individual's expectation. Patient satisfaction reflects the degree to which an individual's actual experience matches his or her preferences regarding the experience."[222] Eine weitere Definition verweist auf Patientenzufriedenheit als eine Qualitätsdimension: „Patientenzufriedenheit wird als Teil der Qualität der medizinischen und psychologischen Versorgung betrachtet. Sie stellt die subjektive Bewertung einer medizinischen Versorgungsleistung durch den Patienten dar. Grundlage dieser Bewertung ist das Ausmaß der Erfüllung a priori bestehender Erwartungen."[223]

Nachdem geklärt wurde, was Qualität aus Sicht der Patienten ist und sechs zentrale Qualitätsdimensionen von Gesundheitsdienstleistungen identifiziert und deren Merkmale herausgearbeitet wurden, wird der Frage nachgegangen, wie die Qualität von Gesundheitsdienstleistungen gesichert und verbessert werden kann.

3.2 Sicherung und Verbesserung der Qualität von Gesundheitsdienstleistungen

Zur Gewährleistung der Qualität gibt es umfangreiche gesetzliche Vorschriften, von denen sich einige auf die Einführung eines Qualitätsmanagements beziehen. Wie

---

[221] Vgl. Mörsch 2005, S. 29.
[222] Brennan 1995, S. 250f.
[223] Jacob/Bengel 2000, S. 284. Zur Patientenzufriedenheit siehe auch Kapitel 4.1.1.

Qualitätsmanagement zur Sicherung und Verbesserung der Qualität beitragen kann und wie es von Patienten und Ärzten bewertet wird, ist Gegenstand der folgenden Ausführungen.

3.2.1 Gesetzliche Regelungen zur Gewährleistung der Qualität

Der Gesetzgeber hat – insbesondere im neunten Abschnitt des vierten Kapitels des SGB V – umfangreiche Regelungen zur Gewährleistung der Qualität erlassen. So bestimmt er in § 135a SGB V, der am 1. Januar 2004 in Kraft getreten ist: „Die Leistungserbringer sind zur Sicherung und Weiterentwicklung der Qualität der von ihnen erbrachten Leistungen verpflichtet. Die Leistungen müssen dem jeweiligen Stand der wissenschaftlichen Erkenntnisse entsprechen und in der fachlich gebotenen Qualität erbracht werden." Um dies zu gewährleisten, muss die Ärzteschaft insbesondere die Vorgaben der Bundesärzteordnung, der Approbationsordnung für Ärzte sowie der Berufs-, Weiter- und Fortbildungsordnungen der Landesärztekammern erfüllen.

Sollen (neue) Untersuchungs- und Behandlungsmethoden in der ambulanten und stationären Versorgung zulasten der Krankenkassen erbracht werden, sind diese durch den G-BA als zentrale Einrichtung der gemeinsamen Selbstverwaltung im Gesundheitswesen zu bewerten (§§ 135, 137c). Der G-BA wurde 2004 als sektorübergreifendes Gremium konstituiert; er befasst sich sowohl mit der Qualitätssicherung in der ambulanten, der stationären und der zahnärztlichen Versorgung als auch mit der sektorübergreifenden Qualitätssicherung. Der G-BA sorgt für die Konkretisierung und Umsetzung der gesetzlichen Bestimmungen, legt gemäß § 92 für die vertragsärztliche Versorgung und für zugelassene Krankenhäuser verpflichtende Maßnahmen zur Gewährleistung der Qualität fest und beschließt „Kriterien für die indikationsbezogene Notwendigkeit und Qualität der durchgeführten diagnostischen und therapeutischen Leistungen ...; dabei sind auch Mindestanforderungen an die Struktur-, Prozess- und Ergebnisqualität festzulegen" (§ 137). Er ermittelt ferner den Stand der Qualitätssicherung, überprüft diesbezügliche Maßnahmen auf ihre Wirksamkeit, benennt notwendige Verbesserungen und dokumentiert den Stand der Qualitätssicherung (§ 137b).

Im Hinblick auf *vertragsärztliche Leistungen* haben die KVen diese nicht nur sicherzustellen (§ 75), sondern sie sind auch verpflichtet, die Qualität der vertragsärztlichen Versorgung zu fördern und die entsprechenden Maßnahmen zu dokumentieren. Ferner sollen sie die Qualität erbrachter Leistungen überprüfen; dies gilt auch für im Krankenhaus erstellte ambulante Leistungen (§ 136).

Nach § 108 zugelassene *Krankenhäuser* dürfen Gesundheitsdienstleistungen, bei denen die Qualität des Behandlungsergebnisses in besonderem Maße von der Menge der erbrachten Leistungen abhängt, nur anbieten, wenn vorgegebene Mindestmengen an Leistungen erfüllt werden. Darüber hinaus müssen sie alle zwei Jahre einen strukturierten Qualitätsbericht veröffentlichen (§ 137).[224] Der G-BA hält fest: „Orientiert am Nutzen für den Patienten verfolgen Maßnahmen zur Qualitätssicherung und Weiterentwicklung der Qualität von Krankenhausleistungen insbesondere folgende Ziele:

a) Durch Erkenntnisse über Qualitätsdefizite Leistungsbereiche systematisch zu identifizieren, für die Qualitätsverbesserungen erforderlich sind.

b) Unterstützung zur systematischen, kontinuierlichen und berufsgruppenübergreifenden einrichtungsinternen Qualitätssicherung (internes Qualitätsmanagement) zu geben.

c) Vergleichbarkeit von Behandlungsergebnissen – insbesondere durch die Entwicklung von Indikatoren – herzustellen.

d) Durch signifikante, valide und vergleichbare Erkenntnisse – insbesondere zu folgenden Aspekten – die Qualität von Krankenhausleistungen zu sichern: Indikationsstellung für die Leistungserbringung, Angemessenheit der Leistung, Erfüllung der strukturellen und sächlichen Voraussetzungen zur Erbringung der Leistungen, Ergebnisqualität."[225]

Eine Zusammenstellung der wichtigsten Vorschriften des SGB V zur Qualität im Gesundheitswesen findet sich in Tabelle 9.

---

[224] Ausführlicher zu Qualitätsberichten siehe Kapitel 3.2.2.
[225] Gemeinsamer Bundesausschuss (Hrsg.) 2009c, § 2. Für den ambulanten Sektor gibt es keine entsprechende Festlegung des G-BA.

Tabelle 9: Vorschriften des SGB V zur Qualität im Gesundheitswesen

Paragraf	Bezeichnung
2	Leistungen
70	Qualität, Humanität und Wirtschaftlichkeit
92	Richtlinien des G-BA
95d	Pflicht zur fachlichen Fortbildung
112	Zweiseitige Verträge und Rahmenempfehlungen über Krankenhausbehandlung (Qualitätssicherung nach Landesrecht)
113	Qualitäts- und Wirtschaftlichkeitsprüfung der Krankenhausbehandlung
135	Bewertung von Untersuchungs- und Behandlungsmethoden
135a	Verpflichtung zur Qualitätssicherung
136	Förderung der Qualität durch die KVen
137	Richtlinien und Beschlüsse zur Qualitätssicherung
137a	Umsetzung der Qualitätssicherung und Darstellung der Qualität
137b	Förderung der Qualitätssicherung in der Medizin
137c	Bewertung von Untersuchungs- und Behandlungsmethoden im Krankenhaus
137d	Qualitätssicherung bei der ambulanten und stationären Vorsorge oder Rehabilitation
137f	Strukturierte Behandlungsprogramme bei chronischen Krankheiten
139a	Institut für Qualität und Wirtschaftlichkeit im Gesundheitswesen (zur Unterstützung des G-BA)

Stand: Juli 2009.

3.2.2 Sicherung und Verbesserung der Qualität durch Qualitätsmanagement

Die Gewährleistung und Erhöhung der Qualität von Gesundheitsdienstleistungen soll unter anderem durch einrichtungsinternes Qualitätsmanagement erreicht werden.[226] „Unter Qualitätsmanagement wird eine Managementmethode verstanden, die auf die Mitwirkung aller Mitarbeiter gestützt die Qualität in den Mittelpunkt ihrer Bemühun-

---

[226] Vgl. Gemeinsamer Bundesausschuss (Hrsg.) 2005, § 2, S. 1.

gen stellt und kontinuierlich bestrebt ist, die Bedürfnisse der Patienten, Mitarbeiter, Angehörigen oder beispielsweise auch der zuweisenden Ärzte zu berücksichtigen. Besondere Bedeutung hat in diesem Zusammenhang die berufsgruppen-, hierarchie- und fachübergreifende Zusammenarbeit sowie die stetige interne, systematische Bewertung des erreichten Standes der Qualitätssicherungsanstrengungen."[227] Zum Qualitätsmanagement heißt es in § 135a SGB V: „Vertragsärzte, medizinische Versorgungszentren, zugelassene Krankenhäuser ... sind ... verpflichtet, ... einrichtungsintern ein Qualitätsmanagement einzuführen und weiterzuentwickeln."[228] Der G-BA präzisiert: „Durch die Identifikation relevanter Abläufe, deren systematische Darlegung und dadurch hergestellte Transparenz sollen Risiken erkannt und Probleme vermieden werden."[229]

Qualitätsmanagement dient neben dem Erreichen von Qualitätszielen der Erhöhung der Wirtschaftlichkeit. So sind die Akteure im Gesundheitswesen bestrebt, Rationalisierungspotenziale auszumachen und Effizienzsteigerungen zu realisieren. Die Herausforderungen, vor denen Gesundheitssysteme weltweit stehen, sind zahlreich. Hierzu zählen insbesondere der demografische Wandel, sinkende Einnahmen und steigende Ausgaben.[230] Ein Qualitätsmanagement kann durch eine klare Zielorientierung sowie gestraffte und systematisch organisierte Abläufe zu mehr Wirtschaftlichkeit und Wettbewerbsfähigkeit von Gesundheitseinrichtungen führen. Organisationen können ihre Qualitätsorientierung zudem nach außen gegenüber Patienten, Kostenträgern und einweisenden Ärzten imagefördernd darstellen. Durch eindeutige Verantwortlichkeiten, nachvollziehbare Tätigkeiten und erhöhte Transparenz kann mit Hilfe des Qualitätsmanagements ferner die Mitarbeiterzufriedenheit gesteigert werden.[231] Zufriedene Mitarbeiter sind in der Regel motivierter, engagierter und zeigen bessere Leistun-

---

[227] Deutscher Bundestag (Hrsg.) 1999, S. 86. Dieser umfassende Ansatz, bei dem alle relevanten Stakeholder einer Einrichtung einbezogen werden, wird auch als „Total Quality Management" bezeichnet, vgl. Bruhn 1995, S. 41f.

[228] Der Gesetzgeber hat die Einführung eines einrichtungsinternen Qualitätsmanagements im ambulanten Sektor in folgende Phasen eingeteilt: bis Ende 2007 Phase 1: Planung, bis Ende 2009 Phase 2: Umsetzung, bis Ende 2010 Phase 3: Überprüfung im Rahmen einer Selbstbewertung der Arztpraxis. Anschließend folgt die Phase der kontinuierlichen Weiterentwicklung des Qualitätsmanagements durch den Vertragsarzt, vgl. Gemeinsamer Bundesausschuss (Hrsg.) 2005, § 6.

[229] Gemeinsamer Bundesausschuss (Hrsg.) 2005, § 2, S. 4.

[230] An dieser Stelle sei auf die hierzu verfügbare umfassende Fachliteratur verwiesen. Siehe beispielsweise Breyer et al. 2005, S. 507ff.; Knappe 2007, S. 7ff.; Oberender et al. 2006, S. 107ff.

[231] Vgl. Frank 2005, S. 28; Knon/Ibel 2005, S. 19.

gen,[232] was sich wiederum positiv auf die Qualität auswirkt. Zusätzlich wird durch die Dokumentationspflichten, die mit Qualitätsmanagement einhergehen, mehr Rechtssicherheit für Ärzte geschaffen.[233]

Die Einführung und Weiterentwicklung des einrichtungsinternen Qualitätsmanagements im *niedergelassenen Bereich* soll dem G-BA zufolge von Qualitätsmanagement-Kommissionen bewertet werden, die durch die KVen zu organisieren sind und auch Verbände der Krankenkassen einbeziehen. Diese Kommissionen überprüfen den Einführungs- und Entwicklungsstand in Arztpraxen. Die Ergebnisse werden von den KVen an die KBV übermittelt, von dieser zusammengefasst und dem G-BA zur Verfügung gestellt. Ferner werden gemäß den Vorgaben des G-BA jährlich 2,5 Prozent der Vertragsärzte von den KVen aufgefordert, den erzielten Einführungs- und Entwicklungsstand des Qualitätsmanagements schriftlich darzulegen. Hat ein Arzt die vorgeschriebenen Zielsetzungen nicht erreicht, kann die Kommission eine Beratung anbieten. Ob es Sanktionen für Ärzte geben wird, welche die Qualitätsmanagement-Richtlinie nicht erfüllen, wurde vom G-BA noch nicht entschieden.[234]

Ab 2011 wird der G-BA begutachten, inwieweit Einführung und Weiterentwicklung des Qualitätsmanagements fortgeschritten sind und der Richtlinie entsprechen. Überdies wird er die Wirksamkeit und den Nutzen des Qualitätsmanagements hinsichtlich der Sicherstellung und Optimierung der vertragsärztlichen Versorgung untersuchen. Grundlage dafür werden die Berichte der KBV sowie wissenschaftliche Studien bilden. Anschließend wird der G-BA über die Akkreditierung von Qualitätsmanagementsystemen entscheiden,[235] das heißt, es wird eine Bestätigung der Kompetenz zur Durchführung bestimmter Konformitätsbewertungen erfolgen. Solche Bewertungen werden etwa im Rahmen von Zertifizierungen, bei denen beurteilt wird, ob festgelegte Anforderungen erfüllt sind, vorgenommen.

---

[232] Vgl. Mehmet 2007, S. 23ff.; Stock 2001, S. 17. Wird Qualitätsmanagement darüber hinaus nicht nur einrichtungsintern, sondern auch einrichtungsübergreifend eingesetzt, kann es zu Zwecken des Benchmarkings genutzt werden und damit den Qualitätswettbewerb unter Gesundheitseinrichtungen fördern. Auf einrichtungsübergreifendes Qualitätsmanagement wird in dieser Arbeit nur am Rande (zum Beispiel in Bezug auf Qualitätsberichte) eingegangen.

[233] Vgl. KV Rheinland-Pfalz (Hrsg.) 2007, S. 5.

[234] Vgl. Gemeinsamer Bundesausschuss (Hrsg.) 2005, §§ 7, 8, 9.

[235] Vgl. Gemeinsamer Bundesausschuss (Hrsg.) 2005, § 9. Nach DIN EN ISO 9000: 2005 ist ein Qualitätsmanagementsystem ein „Managementsystem zum Leiten und Lenken einer Organisation bezüglich der Qualität", wobei ein Managementsystem definiert wird als „System zum Festlegen von Politik und Zielen sowie zum Erreichen dieser Ziele", DIN Deutsches Institut für Normung e. V. (Hrsg.) 2005, DIN EN ISO 9000: 2005, S. 20.

Die Vereinbarung des G-BA für ein einrichtungsinternes Qualitätsmanagement im *stationären Bereich* enthält weniger präzise Vorgaben. Es werden grundsätzliche Anforderungen an die Ablauf- und Aufbauorganisation gestellt. Ein Beispiel im Bereich der Ablauforganisation ist die Verankerung von Qualitätsmanagement als Unternehmensziel; im Rahmen der Aufbauorganisation ist unter anderem die Position eines Beauftragten für das Qualitätsmanagement einzurichten.[236] Dokumentiert werden die Qualitätsmanagement-Aktivitäten der Krankenhäuser in den gesetzlich vorgeschriebenen Qualitätsberichten, die sich vorrangig an Patienten richten und deshalb laienverständlich zu verfassen sind. Qualitätsberichte, die im Internet zur Verfügung gestellt werden – und damit nicht allen Interessierten zugänglich sind –, sollen Patienten über die Qualität stationär erbrachter Gesundheitsdienstleistungen informieren und ihnen die Wahl einer Klinik erleichtern. Aber auch Ärzte und Krankenkassen zählen zu den Zielgruppen der Qualitätsberichte.[237] Für die Patienten hat der G-BA die Publikation „Die gesetzlichen Qualitätsberichte der Krankenhäuser lesen und verstehen" herausgegeben.[238]

Kritisch anzumerken ist, dass Qualitätsberichte einen Kompromiss zwischen den Interessen verschiedener Akteure im Gesundheitswesen darstellen und somit keine uneingeschränkte Transparenz und Offenheit gegeben ist und im Hinblick auf die Wettbewerbssituation der Kliniken auch nicht erwartet werden kann. Vor allem ist von einer ausgesprochen positiven Darstellung der ausgewiesenen Informationen auszugehen. Darüber hinaus werden in den Qualitätsberichten nicht alle für Patienten wichtige Informationen berücksichtigt, wie die nachstehenden Ausführungen zeigen. Der Qualitätsbericht besteht aus den vier Teilen Struktur- und Leistungsdaten des Krankenhauses, Struktur- und Leistungsdaten der Organisationseinheiten bzw. Fachabteilungen, Qualitätssicherung sowie Qualitätsmanagement. In den ersten beiden Teilen werden unter anderem Versorgungsschwerpunkte, Betten- und Fallzahlen, Hauptdiagnosen sowie apparative und personelle Ausstattung ausgewiesen.[239] Auf die für Patienten entscheidende Ergebnisqualität – welche insbesondere im Gegensatz zur Strukturqualität in geringerem Maße gesetzlich reglementiert ist –[240] wird in Form von Qualitätsindikatoren eingegangen, die bisher aber lediglich wenige Bereiche wie

---

[236] Vgl. Gemeinsamer Bundesausschuss (Hrsg.) 2004, §§ 2, 3.
[237] Vgl. Gemeinsamer Bundesausschuss (Hrsg.) 2009b.
[238] Vgl. Gemeinsamer Bundesausschuss (Hrsg.) 2007.
[239] Vgl. Gemeinsamer Bundesausschuss (Hrsg.) 2009a.
[240] Vgl. Bitzer/Dierks 2001, S. 151.

beispielsweise Herztransplantationen und Geburtshilfe (Anwesenheit eines Pädiaters bei Frühgeborenen, Bestimmung des Nabelarterien-pH-Wertes etc.) abdecken.[241]

3.2.3 Umsetzung von Qualitätsmanagement durch Qualitätsmanagementsysteme

Zur operativen Durchführung des Qualitätsmanagements werden verschiedene Qualitätsmanagementsysteme eingesetzt. Die Norm DIN EN ISO 9001 dient hierbei zusammen mit dem Modell der European Foundation for Quality Management (EFQM) als Orientierung für die medizinspezifischen Qualitätsmanagementsysteme, die derzeit in Deutschland zur Anwendung kommen. Beide genannten Konzepte sind allgemeingültig und können auf den Gesundheitssektor übertragen werden; dies erfordert allerdings ein hohes Maß an Interpretations- und Anpassungsleistung. Speziell für Einrichtungen des Gesundheitswesens wurden medizinspezifische Verfahren entwickelt. Hierzu zählen die Modelle „Kooperation für Transparenz und Qualität im Gesundheitswesen" (KTQ), „Qualität und Entwicklung in Praxen" (QEP), „KV-Praxis-Qualitätsmanagement" (KPQM) sowie „Europäisches Praxis-Assessment" (EPA), die sich durch einen hohen Konkretisierungsgrad auszeichnen.[242]

Eine gesetzliche Vorgabe für ein bestimmtes Konzept besteht indes derzeit nicht. Arztpraxen und Krankenhäuser können sich das Qualitätsmanagementsystem aussuchen, welches ihren Bedürfnissen am besten entspricht und bei dem Aufwand und personelle sowie strukturelle Ausstattung in einem angemessenen Verhältnis stehen; dies hat der G-BA ausdrücklich festgehalten.[243] Praxisinhaber können aus allen sechs

---

[241] Die Qualitätsindikatoren werden von der Bundesgeschäftsstelle Qualitätssicherung, die im Auftrag des G-BA tätig ist, festgelegt. Diese ermittelt seit 2001 die Behandlungsqualität stationär erbrachter Dienstleistungen. Alle Krankenhäuser in Deutschland sind gesetzlich zur Übermittlung der hierfür notwendigen Daten verpflichtet. Liegen die Werte einer Klinik außerhalb des für den jeweiligen Qualitätsindikator ermittelten Referenzbereichs, werden die auffälligen Ergebnisse einer genaueren Untersuchung unterzogen. Falls notwendig, werden mit der betroffenen Einrichtung Zielvereinbarungen zur Verbesserung des Qualitätsstandards getroffen, vgl. Bundesgeschäftsstelle Qualitätssicherung gGmbH (Hrsg.) 2009.

[242] Vgl. Karsten 2006, S. 14ff.

[243] Vgl. Gemeinsamer Bundesausschuss (Hrsg.) 2004, § 4; Gemeinsamer Bundesausschuss (Hrsg.) 2005, § 1, S. 2. Auch selbst entwickelte Modelle können eingesetzt werden; diese sind allerdings nicht zertifizierbar. Krankenhäuser können sich darüber hinaus für eine proCum Cert-Zertifizierung entscheiden, welche eine Zertifizierung nach KTQ um konfessionelle Aspekte wie beispielsweise Trägerverantwortung, Sozialkompetenz und Spiritualität ergänzt, vgl. proCum Cert GmbH Zertifizierungsgesellschaft (Hrsg.) 2008. Überdies können einzelne Bereiche der Organisation separat zertifiziert werden, so dass eine Klinik beispielsweise nach KTQ zertifiziert ist – die KTQ-GmbH zertifiziert nur das gesamte Krankenhaus, eine Zertifizierung von Teilbereichen ist nicht möglich, vgl. KTQ-GmbH (Hrsg.) 2004, S. 103 – und eine bestimmte Fachabteilung zusätzlich nach

Systemen das für sie passende auswählen, in Krankenhäusern hingegen sind nur ISO, EFQM und KTQ einsetzbar. Während KTQ ein System für den ambulanten Sektor und eines für den stationären Sektor entwickelt hat, können ISO und EFQM generell in allen Organisationen, unabhängig von Größe, Organisationsform oder Branche, angewendet werden. Tabelle 10 gibt einen Überblick zu den verschiedenen Qualitätsmanagementsystemen.

DIN EN ISO 9001. Letzteres ist insbesondere für hochtechnologische Abteilungen wie die Radiologie besser geeignet.

Tabelle 10: Qualitätsmanagementsysteme im Überblick

	ISO 9001:2008	EFQM	KTQ	QEP	KPQM 2006	EPA
Begründer	Internationale Organisation für Normung	European Foundation for Quality Management	KTQ-GmbH mit verschiedenen Gesellschaftern (Vereinigungen von Akteuren des Gesundheitswesens wie zum Beispiel Bundesärztekammer, Hartmannbund, Deutsche Krankenhausgesellschaft e. V., Verband der Angestellten Krankenkassen/Arbeiter-Ersatzkassen-Verband e. V.)	KBV, KVen	KV Westfalen-Lippe (dieses System wird auch von der KV Nordrhein unter dem Namen „qu.no" angeboten)	European Task Force for Methods of Assessment, Quality Management and Certification in Health Care, Umsetzung in Deutschland durch Institut für angewandte Qualitätsförderung und Forschung im Gesundheitswesen GmbH (AQUA-Institut)
Entstehung	1987, aktuelle Fassung: 2008	1988	2001	Beginn der Entwicklung in 2002	KPQM 2002, Revision in 2006 seitdem KPQM 2006	2000
Zielgruppe	Branchenübergreifend	Branchenübergreifend	Medizinspezifisches, sektorübergreifendes Verfahren	Branchenspezifisches Verfahren für den ambulanten Sektor des Gesundheitswesens	Branchenspezifisches Verfahren für den ambulanten Sektor des Gesundheitswesens	Branchenspezifisches Verfahren für den ambulanten Sektor des Gesundheitswesens
Berücksichtigung anderer Systeme	Hintergrund von ISO 9001:1987 insbesondere: ISO 9000 EN 29000 BS 5750 der British Standards Institution (vgl. Tricker 2005, S. 11)	Deming Prize Model (Japan) Malcolm Baldrige National Quality Award (USA)	Insbesondere: Australian Council on Healthcare Standards Joint Commission on Accreditation of Healthcare Organizations (USA) Canadian Council on Health Services Accreditation	DIN EN ISO 9001:2000 EFQM Joint Commission on Accreditation of Healthcare Organizations (USA)	DIN EN ISO 2001:2000 EFQM QEP	Insbesondere: Visitatie (Niederlande)

	ISO 9001: 2008	EFQM	KTQ	QEP	KPQM 2006	EPA
Evaluation	Revisionsprozess: Nutzerumfragen, Nutzerverifikation, Validierungsprozess (vgl. Tricker 2005, S. 16)	Pilotierung neuer Vorgehensweisen	Evaluation in Pilotphase: 25 Krankenhäuser, 15 Arztpraxen, zehn Rehabilitationskliniken, wissenschaftliche Begleitung der Entwicklung durch das Institut für Medizinische Informationsverarbeitung der Universität Tübingen	Evaluation in Pilotphase: 61 Arztpraxen, wissenschaftliche Begleitung und Evaluation der Pilotphase durch das Institut für Medizinische Informationsverarbeitung der Universität Tübingen	Evaluation in Pilot- und Reflexionsphase	Auf europäischer Ebene validiertes Verfahren (neun Länder, 273 Arztpraxen)
Aufbau des Modells	Fünf Kapitel: 1. Qualitätsmanagementsystem 2. Verantwortung der Leitung 3. Management von Ressourcen 4. Produktrealisierung 5. Messung, Analyse und Verbesserung	Neun Kriterien: 1. Führung 2. Politik und Strategie 3. Mitarbeiter 4. Partnerschaften und Ressourcen 5. Prozesse 6. Kundenbezogene Ergebnisse 7. Mitarbeiterbezogene Ergebnisse 8. Gesellschaftsbezogene Ergebnisse 9. Schlüsselergebnisse	Sechs Kategorien: 1. Patientenorientierung 2. Führung 3. Mitarbeiterorientierung 4. Sicherheit 5. Informationswesen 6. Aufbau des Qualitätsmanagements	Fünf Kapitel: 1. Patientenversorgung (Hauptkapitel) 2. Patientenrechte und Patientensicherheit 3. Mitarbeiter und Fortbildung 4. Praxisführung und Praxisorganisation 5. Qualitätsentwicklung	Drei Kernbereiche: 1. Patienten 2. Mitarbeiter 3. Praxismanagement	Fünf Domänen: 1. Infrastruktur 2. Menschen 3. Informationen 4. Finanzen 5. Qualität und Sicherheit
Besondere Merkmale	International anerkannt	International anerkannt, Wettbewerb um Qualitätspreise	Umfangreicher Kriterienkatalog	Umfangreicher Kriterienkatalog	Eher Einstiegsverfahren, kein umfassendes Qualitätsmanagementsystem	Internationales Qualitätsmanagementsystem mit nationaler Adaption, Benchmarking (Länder, Regionen, Arztpraxen)

	ISO 9001: 2008	EFQM	KTQ	QEP	KPQM 2006	EPA
Überprüfung des Qualitätsmanagements	Zertifizierung	Keine Zertifizierung möglich, Fremdbewertung im Rahmen von Qualitätspreisen	Zertifizierung	Zertifizierung	Zertifizierung	Zertifizierung
Anforderungen der Zertifizierung (auf Dokumentationspflichten wird nicht gesondert eingegangen)	Erfüllung aller (zutreffenden) Anforderungen der DIN EN ISO 9001: 2008	Entfällt	Ambulanter Sektor: mindestens 55 Prozent der adjustierten Gesamtpunktzahl über alle sechs Kategorien hinweg, mindestens 55 Prozent der Punktzahl in der Kategorie „Patientenorientierung" Stationärer Sektor: mindestens 55 Prozent der adjustierten Gesamtpunktzahl pro Kategorie, Beteiligung an allen externen verbindlichen Qualitätssicherungsmaßnahmen nach SGB V	Erfüllung aller Indikatoren der Kernziele, eine Zertifizierung wird aber ab 205 (Erstzertifizierung) bzw. 219 (Folgezertifizierung) erbrachten Nachweisen von 228 anwendbaren Kriterien der 63 Kernziele vom Visitor empfohlen	Darstellung von mindestens zehn Praxisprozessen einschließlich der vier Pflichtprozesse „Notfallmanagement", „Teambesprechungen", „Beschwerdemanagement" sowie „Kooperation und Management der Nahtstellen der Versorgung"	Durchführung aller Elemente des EPA 50 Prozent Zielerreichung über alle Indikatoren Erfüllung neun besonders sicherheitsrelevanter Kriterien

Quellen: Zu ISO 9001: 2008 vgl. DIN Deutsches Institut für Normung e. V. (Hrsg.) 2005; zu EFQM vgl. European Foundation for Quality Management (Hrsg.) 2003a; 2003b; zu KTQ vgl. KTQ-GmbH (Hrsg.) 2004; Lüthy/Dannenmaier 2006; zu QEP vgl. Diel/Gibis 2005; zu KPQM 2006 vgl. Schubert et al. 2007; zu EPA vgl. AQUA-Institut für angewandte Qualitätsförderung und Forschung im Gesundheitswesen GmbH (Hrsg.) 2008; 2009b; Stiftung Praxissiegel (Hrsg.) 2004.

Grundlage sämtlicher dargestellter Qualitätsmanagementsysteme bildet der Plan-Do-Check-Act-Zyklus. Zunächst wird eine Ist-Analyse durchgeführt, Verantwortlichkeiten werden festgelegt und Qualitätsziele bestimmt. Anschließend werden diese Ziele umgesetzt, gemessen und im Hinblick auf ihre Erfüllung bewertet. Daraufhin erfolgt eine erneute Analyse und falls notwendig Optimierung im Sinne des kontinuierlichen Verbesserungsprozesses.[244] Im Anschluss an diese Selbstbewertung kann die Organisation eine Fremdbewertung durchführen lassen, bei der Externe untersuchen, ob die Qualitätsziele erreicht wurden. Werden die – expertenseitig definierten – Ziele des jeweiligen Qualitätsmanagementsystems erfüllt, kann sich die Arztpraxis oder das Krankenhaus dies durch ein Zertifikat bestätigen lassen. Während die Einrichtung eines Qualitätsmanagements und die Selbstbewertung gesetzlich festgeschrieben sind, ist eine Zertifizierung (noch) freiwillig. Im Gegensatz zum stationären Sektor, in dem sich Zertifizierungen zunehmend als Standard etablieren – sicherlich auch aus Gründen der Außenwirkung und des Wettbewerbsdrucks –, sind Zertifizierungen im ambulanten Sektor (noch) nicht selbstverständlich.[245]

Als entscheidend für die Auswahl eines bestimmten Qualitätsmanagementsystems betrachten Praxisinhaber laut einer Studie der Stiftung Gesundheit die Eignung für die jeweilige Praxis (46 Prozent), die Kostengünstigkeit (40 Prozent), die Kompetenz des Dienstleisters (33 Prozent) und die strukturelle Eignung für die Medizin (25 Prozent).[246] Derzeit werden im ambulanten Sektor die beiden Qualitätsmanagementsysteme ISO 9001 und QEP am häufigsten eingesetzt.[247]

---

[244] Der kontinuierliche Verbesserungsprozess geht auf das japanische Konzept des Kaizen zurück. Zu Kaizen siehe Imai 2001.

[245] Zu Zielen und zur kritischen Würdigung von Zertifikaten siehe Bruhn 2006, S. 386ff.; Caster 2004, S. 125ff.

[246] Vgl. Stiftung Gesundheit (Hrsg.) 2008, S. 11. Mehrfachnennungen waren möglich. Im Rahmen einer Online-Erhebung wurden 1.260 Ärzte befragt. Aus dem Ärzteverzeichnis der Stiftung Gesundheit, das nahezu alle niedergelassenen Ärzte in Deutschland umfasst und das für etwa die Hälfte der Ärzte eine gültige E-Mail-Adresse beinhaltet, wurde eine geschichtete Zufallsstichprobe ermittelt. Diese wurde per E-Mail um Teilnahme an der Erhebung gebeten. Die Rücklaufquote lag bei 4,2 Prozent, demnach handelt es sich um eine selbstselektive Stichprobe.

[247] Vgl. Kassenärztliche Bundesvereinigung (Hrsg.) 2008a (N = 1.757); Stiftung Gesundheit (Hrsg.) 2008, S. 10.

Qualitätsmanagementsysteme aus Sicht von Patienten und Ärzten

Es stellt sich die Frage, welche Vorteile Patienten bei Gesundheitseinrichtungen, die ein Qualitätsmanagementsystem eingeführt haben und dies extern durch eine Zertifizierung bestätigen ließen, sehen. Laut dem Gesundheitsmonitor 2005 gehen Versicherte in erster Linie von einer besseren medizinischen Behandlung aus (ungefähr 60 Prozent der etwa 1.500 Befragten), von einer besser funktionierenden Organisation etwa im Hinblick auf die Wartezeiten und von besseren und verständlicheren Erklärungen über die Erkrankung und deren Behandlung im Vergleich zu nicht zertifizierten Arztpraxen und Kliniken (jeweils circa die Hälfte der Respondenten). Etwa ein Drittel vermutet bei zertifizierten Einrichtungen eine bessere Geräteausstattung als bei nicht zertifizierten Organisationen. Jedoch zeigt die Studie auch, dass mehr als ein Fünftel der Befragten nichts von einer Zertifizierung erwartet und von keinerlei Änderungen ausgeht.[248] Offen bleibt bei diesen Ergebnissen indessen, wie gut die Befragten über Zertifizierungen informiert waren – insbesondere vor dem Hintergrund, dass es zwischen den verschiedenen Zertifikaten zum Teil erhebliche inhaltliche Unterschiede gibt, die zumeist lediglich Experten im Gesundheitswesen bekannt sind.

Patienten vertrauen nicht allen Anbietern von Zertifikaten gleichermaßen: Während unabhängigen Institutionen wie etwa dem TÜV oder Stiftungen vom Großteil der Befragten (83 Prozent) Vertrauen entgegengebracht wird, sprechen nur gut die Hälfte Ärztekammern und Krankenkassen Glaubwürdigkeit zu. Dem Gesundheitsministerium (38 Prozent) und Behörden bzw. Ämtern (23 Prozent) als möglichen Anbietern von Zertifikaten vertrauen hingegen deutlich weniger Personen.[249] Dies könnte sich bei QEP und KPQM 2006, welche von der KBV bzw. den KVen angeboten werden, als Akzeptanz hemmend herausstellen.[250]

Auch Ärzte wurden im Rahmen des Gesundheitsmonitors 2005 zum Qualitätsmanagement befragt: Mehr als zwei Drittel der über 500 an der Erhebung beteiligten Praxisinhaber gehen davon aus, dass Qualitätsmanagement für den Arzt in erster Linie mehr Aufwand bedeutet, und beinahe die Hälfte sieht in diesem lediglich ein Instrument des Marketings. Etwa ein Drittel ist der Ansicht, dass Qualitätsmanagement das

---

[248] Vgl. Schnee/Kirchner 2005, S. 45f.
[249] Vgl. Schnee/Kirchner 2005, S. 47f.
[250] In diesem Zusammenhang ist zudem fraglich, inwieweit die Bewertung des Einführungs- und Entwicklungsstandes des Qualitätsmanagements durch die KBV – wie durch den G-BA bestimmt – angemessen ist, da diese selbst ein Qualitätsmanagementsystem anbietet und damit Interessenkonflikte nicht ausgeschlossen sind.

Praxispersonal zur sorgfältigen Arbeit anleiten kann, und etwa ein Viertel erwartet eine Erhöhung des Wettbewerbs unter den Ärzten durch Zertifizierungen. Lediglich ebenfalls ein Viertel glaubt, dass Zertifikate zu Verbesserungen in der Arztpraxis beitragen und genauso viele meinen, dass Zertifizierungen für Patienten relevant sind. Hierbei unterschätzen die Ärzte den Informationsbedarf der Patienten, den Zertifikate zumindest teilweise decken können, denn beinahe drei Viertel der im Rahmen des Gesundheitsmonitors befragten Versicherten wünschen sich mehr Informationen über die Qualität von Ärzten und Kliniken.[251]

Im Gegensatz zum Gesundheitsmonitor zeichnet sich in der bereits genannten Studie der Stiftung Gesundheit aus Sicht der Ärzteschaft ein positiveres Bild zum praktischen Nutzen des Qualitätsmanagements ab (siehe Tabelle 11).[252]

Tabelle 11: Nutzen des Qualitätsmanagements aus Sicht der Ärzteschaft

Qualitätsmanagement ...	Zustimmung	Neutralität	Ablehnung
Ist ein Gütesiegel nach außen hin	78 %	12 %	10 %
Strafft Arbeitsabläufe in der Praxis	72 %	16 %	12 %
Motiviert die Mitarbeiter	60 %	25 %	15 %
Verbessert die Wirtschaftlichkeit der Praxis	51 %	26 %	23 %
Fördert meine Arbeitszufriedenheit	51 %	24 %	25 %
Fördert die Patientenbindung	49 %	29 %	22 %
Fördert Behandlungsqualität und Heilerfolg	44 %	28 %	28 %
Verbessert die Wirtschaftlichkeit der Medizin	40 %	32 %	28 %
Verkürzt meine Arbeitszeit spürbar	14 %	30 %	56 %

Quelle: In Anlehnung an Stiftung Gesundheit (Hrsg.) 2008, S. 15 (N = 582).[253]

---

[251] Vgl. Schnee/Kirchner 2005, S. 44ff. Den Ärzten wurden verschiedene Items vorgegeben, zu denen sie Stellung nehmen sollten („stimme sehr zu", „stimme zu", „teils/teils", „lehne ab" und „lehne sehr ab").
[252] Zur Studie der Stiftung Gesundheit siehe auch Fußnote 246.
[253] Warum von den insgesamt 1.260 Befragten lediglich etwa die Hälfte Auskunft gegeben hat, geht aus den Studienergebnissen nicht hervor.

Die Studie zeigt aber auch, dass ein knappes Drittel der Ärzte Qualitätsmanagement als teure und überflüssige Reglementierung der ärztlichen Freiheit sieht. Im Durchschnitt kostet die Implementierung eines Qualitätsmanagementsystems (inklusive Zertifizierung) Praxisinhaber rund 6.000 Euro, hinzu kommt der Zeitaufwand für den Arzt und seine Mitarbeiter.[254]

Die insgesamt positiveren Ergebnisse der Studie der Stiftung Gesundheit im Vergleich zu den Resultaten des Gesundheitsmonitors könnten insbesondere auf zwei Aspekte zurückzuführen sein: Zum einen ist keine der beiden Studien repräsentativ. Somit ist es möglich, dass bei der Untersuchung der Stiftung Gesundheit eher Befürworter und beim Gesundheitsmonitor – mit einer kleineren Stichprobe – eher Kritiker von Qualitätsmanagement befragt wurden.[255] Zum anderen stammen die Ergebnisse des Gesundheitsmonitors bereits aus dem Jahr 2004, während die Daten der Stiftung Gesundheit im Jahr 2008 erhoben wurden. In diesem Zeitraum könnte sich die Meinung vieler Ärzte zum Qualitätsmanagement tatsächlich gebessert haben – möglicherweise auch aufgrund der zahlreichen Änderungen, die in den vergangenen Jahren an den Qualitätsmanagementsystemen vorgenommen wurden.

Bedeutung der Prozessqualität in Qualitätsmanagementsystemen

Der Fokus von Qualitätsmanagement und damit auch von Qualitätsmanagementsystemen ist – auch den gesetzlichen Bestimmungen nach –[256] auf die Prozessqualität gerichtet. Im Rahmen der Prozessqualität wird jedoch nicht der gesamte Prozess betrachtet, sondern der Blickpunkt richtet sich (zwangsläufig) ausschließlich auf Elemente, die im Handlungs- und Verantwortungsbereich der Organisation liegen – folglich wird (und kann) der Patient als Koproduzent der Gesundheitsdienstleistung nicht einbezogen (werden). Insofern wird in Qualitätsmanagementsystemen eine eigene Realität von Qualität im Sinne der *organisationsinternen Prozessqualität* konstruiert.[257] Gute organisationsinterne Prozessqualität steht entsprechend für gute Qualität.

---

[254] Vgl. Stiftung Gesundheit (Hrsg.) 2008, S. 13f.
[255] Zur Methodik des Gesundheitsmonitors siehe Güther 2006. Zur Methodik der Studie der Stiftung Gesundheit siehe Stiftung Gesundheit (Hrsg.) 2008, S. 4ff.
[256] Vgl. Gemeinsamer Bundesausschuss (Hrsg.) 2004, § 1, Abs. 1, 2.
[257] In Analogie zu Berger und Luckmann, denen zufolge Alltag eine „gesellschaftliche Konstruktion der Wirklichkeit" ist (vgl. Berger/Luckmann 1972), kann Qualität in Qualitätsmanagementsystemen als Realität, die durch die Anbieter der Qualitätsmanagementverfahren geschaffen wird, gesehen werden. Zur sozialen Konstruktion von Wirklichkeit siehe auch Jacob 1995, S. 55ff.

Eine gute Prozessqualität ist grundsätzlich zwar eine Voraussetzung für eine gute Ergebnisqualität, muss aber nicht zwangsläufig zu einer solchen führen.[258] Dennoch ist die Wahrscheinlichkeit, dass eine Einrichtung mit guter Prozessqualität auch eine hohe Ergebnisqualität aufweist, ungleich höher als bei Einrichtungen, in denen keine gute Prozessqualität gegeben ist. Diese ist somit zwar eine notwendige, aber keine hinreichende Bedingung für eine hohe Ergebnisqualität.

Angesichts dieser Beschränkung auf die Prozessqualität sei ausdrücklich darauf hingewiesen, dass Qualitätsmanagement nur *eine* Maßnahme zur Sicherung der Qualität darstellt. Qualitätsmanagement ist – auch wenn es Gefahr läuft, als solches gesehen zu werden – kein Allheilmittel, das sämtliche im Gesundheitswesen bestehenden Qualitätsdefizite zu beheben vermag.[259] Gleichwohl ist die Einführung eines Qualitätsmanagementsystems im Sinne einer Selbstreflexion bestehender Prozesse positiv zu bewerten. Qualitätsmanagement kann insbesondere zu einer Verbesserung der Organisation (Effizienz, klare Strukturen) führen, zum Beispiel beim Termin- und Wartezeitenmanagement.[260] Zudem *kann* eine bessere Prozessqualität eine bessere Ergebnisqualität bewirken. In diesem Kontext ist zu berücksichtigen, dass Qualitätsmanagementsysteme im Sinne des kontinuierlichen Verbesserungsprozesses ständig überarbeitet und den wachsenden (gesetzlichen) Anforderungen angepasst werden.

3.3 Patientenbefragungen als Instrument des Qualitätsmanagements

Um die Erwartungen der Patienten erfüllen zu können und damit eine hohe Qualität von Gesundheitsdienstleistungen aus Patientensicht zu erzielen, müssen die Anforderungen der Patienten zunächst einmal bekannt sein. Diese können mit Hilfe von

---

[258] Insbesondere kann keine hohe Ergebnisqualität erzielt werden, wenn der Patient als Koproduzent der Gesundheitsdienstleistung nicht compliant ist. Auf die Ausgestaltung der Prozessqualität wird an dieser Stelle nicht näher eingegangen, da diese in den einzelnen Qualitätsmanagementsystemen unterschiedlich operationalisiert wird. In den medizinspezifischen Verfahren finden sich neben Vorgaben zur Organisation auch Anforderungen an die Patientenversorgung. Kriterien bei KTQ sind beispielsweise „Durchführung einer hochwertigen und umfassenden Behandlung", „Kooperation mit allen Beteiligten der Patientenversorgung" und „Anwendung von Leitlinien", vgl. KTQ-GmbH (Hrsg.) 2004, S. 189. Bei dem Qualitätsmanagementsystem KPQM 2006, bei dem generell nur wenige Vorgaben bestehen, wird die Patientenversorgung etwa im Rahmen der Prozesse „Notfallmanagement" und „Kooperation und Management der Nahtstellen der Versorgung" untersucht, vgl. Schubert et al. 2007, S. 49.

[259] Vgl. KV Rheinland-Pfalz (Hrsg.) 2007, S. 2.

[260] Wie sich im weiteren Verlauf dieser Arbeit noch zeigen wird, stellt das Wartezeitenmanagement einen Hauptkritikpunkt der Patienten dar.

Patientenbefragungen in Erfahrung gebracht werden. Patientenbefragungen sind ein Instrument des Qualitätsmanagements, zudem wird mit ihnen mehr Patienten-orientierung im Gesundheitswesen angestrebt, wie die nachstehenden Ausführungen zeigen.

3.3.1 Einordnung und Ziele von Patientenbefragungen

Laut § 4 der „Qualitätsmanagement-Richtlinie vertragsärztliche Versorgung" des G-BA sind Patientenbefragungen als Maßnahme des Qualitätsmanagements zu nut-zen.[261] Bestimmte Erhebungsinstrumente sind dabei nicht festgelegt, die Auswahl bleibt dem Praxisinhaber überlassen. Die Befragungen sind „nach Möglichkeit mit validierten Instrumenten" durchzuführen. Da Validität neben Reliabilität „das zentrale Gütekriterium einer Messung"[262] ist, sollte der Einsatz validierter Instrumente nicht optional, sondern verpflichtend sein. In der Vereinbarung zum einrichtungsinternen Qualitätsmanagement des G-BA für den stationären Sektor werden Patienten-befragungen nicht thematisiert. Gleichwohl gelten Patientensurveys im Krankenhaus-bereich mittlerweile als unverzichtbares Instrument des Qualitätsmanagements und werden ausweislich der Qualitätsberichte in der Mehrheit der Kliniken bereits durch-geführt.

Die für eine Patientenbefragung erforderlichen Fragebögen kann die Gesundheits-einrichtung selbst entwickeln und auch die Auswertung der Ergebnisse kann sie selbst vornehmen. KTQ und QEP bieten als Unterstützung bei der Fragebogenentwicklung Musterfragebögen an. KTQ hat ferner einen Leitfaden zur Patientenbefragung entwi-ckelt.[263] Die Gesundheitseinrichtung kann sich aber auch dafür entscheiden, externe Anbieter – wie das Picker Institut Deutschland gGmbH oder die Forschungsgruppe Metrik-Damm Deringer & Zinn GbR – mit der Patientenbefragung zu beauftragen.[264]

---

[261] Vgl. Gemeinsamer Bundesausschuss (Hrsg.) 2005, § 4. Als weitere Instrumente eines einrichtungs-internen Qualitätsmanagements werden dort genannt: Festlegung von Qualitätszielen, Umsetzung von Maßnahmen, systematische Überprüfung der Zielerreichung und falls notwendig Anpassung der Maßnahmen, Teambesprechungen, Prozess- und Ablaufbeschreibungen, Beschwerdemanage-ment, Organigramm und Checklisten, Erkennen und Nutzen von (Beinahe-)Fehlern, Notfallmana-gement sowie Dokumentation.

[262] Schnell et al. 1999, S. 148.

[263] Siehe KTQ-GmbH (Hrsg.) 2000.

[264] Die Beauftragung eines Unternehmens mit Expertise auf dem Gebiet der Patientenbefragungen ist vorzuziehen, da nur so sichergestellt ist, dass bei der Entwicklung der Fragebögen Erkenntnisse der kognitiven Survey-Forschung herangezogen werden und bei der Datenauswertung statistisches

Eine Ausnahme stellt hier das Qualitätsmanagementsystem EPA dar: Strebt eine Arztpraxis eine Zertifizierung nach EPA an, muss sie Patientenbefragungen mit einem vorgegebenen validierten Fragebogen durchführen. Die Auswertung der Ergebnisse erfolgt durch das AQUA-Institut. Das Erhebungsinstrument, welches auch im Rahmen anderer Qualitätsmanagementsysteme eingesetzt werden kann, umfasst 23 Fragen zu den Dimensionen Arzt-Patient-Beziehung, medizinisch-technische Versorgung, Arzthelferinnen, Praxisorganisation und Gesamtzufriedenheit.[265]

Der G-BA hält in seiner Richtlinie zum Qualitätsmanagement für die ambulante Versorgung ausdrücklich fest, dass Qualitätsmanagement eine „systematische Patientenorientierung" erfordert und hebt die Bedeutung der Patientenorientierung als ein „Grundelement" des Qualitätsmanagements hervor.[266] In der Richtlinie für Krankenhäuser heißt es: „Qualitätsmanagement ist ein Instrument der Organisationsentwicklung und kommt damit in erster Linie dem Patienten zu Gute" und „Prioritäres Ziel des Qualitätsmanagements ist die patientenorientierte Prozessoptimierung."[267]

Erwähnt sei, dass die Patientenorientierung nicht nur auf der Mikroebene, sondern auch auf der Mesoebene und der Makroebene des Gesundheitswesens zunehmend stärker betont und umgesetzt wird:

– Neben dem Wunsch von Arzt und Patient nach einer stärkeren Patientenpartizipation (*Mikroebene*),[268] bewirken Strukturreformen im Gesundheitswesen eine aktivere Beteiligung – und damit einhergehend auch eine höhere Verantwortung – der Patienten bzw. Versicherten. Hierzu zählen etwa Änderungen des Leistungskatalogs der GKV, verstärkte Selbstbeteiligungen und vermehrte Wahlmöglichkeiten unter anderem zwischen zahlreichen Krankenkassen, Tarifen und Leistungen.

– Auf der *Mesoebene* (institutioneller Bereich) wird Patientenorientierung durch die Schaffung von Einrichtungen, die die Patientenbeteiligung fördern, unterstützt.

Know-how eingesetzt wird. Ausführlicher zum Picker Institut und zur Forschungsgruppe Metrik siehe Kapitel 4.1.2.

[265] Vgl. AQUA-Institut für angewandte Qualitätsförderung und Forschung im Gesundheitswesen GmbH (Hrsg.) 2009a. Es gibt vier verschiedene Versionen des Fragebogens: für Hausärzte, Zahnärzte, Kinder- und Jugendärzte und einen Fragebogen für weitere Facharztgruppen. Die Ergebnisse einer Befragung mit dem Instrument für Hausärzte werden in Kapitel 6.1 diskutiert.

[266] Vgl. Gemeinsamer Bundesausschuss (Hrsg.) 2005, § 2, S. 2, § 3.

[267] Gemeinsamer Bundesausschuss (Hrsg.) 2004, § 1, Abs. 1, 2.

[268] Siehe Kapitel 2.3.

Dazu gehören das Institut für Qualität und Wirtschaftlichkeit im Gesundheitswesen und das Ärztliche Zentrum für Qualität in der Medizin. An der Medizinischen Hochschule Hannover wurde eine Patientenuniversität eingerichtet, an der Patienten anhand von Informationsmaterial und Schulungen Gesundheitskompetenz vermittelt werden soll.[269] Auch die Stärkung von Selbsthilfeorganisationen und der Ausbau von Beratungsstellen für Patienten begünstigen die Patientenorientierung.

- Auf der *Makroebene* (gesetzliche Strukturen) werden Patientenvertreter in Planungs- und Entscheidungsgremien des Gesundheitswesens wie etwa in das BMG, den G-BA, die Bundesärztekammer und die Landesärztekammern entsendet. Darüber hinaus wurde die Position eines Patientenbeauftragten der Bundesregierung geschaffen. Der Schutz der Patienten und die Stärkung ihrer Rechte, die in der Patientencharta „Patientenrechte in Deutschland" zusammengefasst sind,[270] stellen ebenfalls Ansätze zu mehr Patientenorientierung dar, wobei die Wirksamkeit der genannten Maßnahmen im Hinblick auf das Ziel „Patientenorientierung" noch nicht erwiesen ist.

3.3.2 Historie von Patientenbefragungen

Systematische Patientenbefragungen kamen im Wesentlichen in den USA in den 1960er Jahren, mit Vorläufern in den 1950er Jahren, auf.[271] Damals ging es insbesondere um die Erforschung der Compliance, genauer gesagt um Ursachen der Non-Compliance. Im Zuge breit angelegter Befragungen zeigte sich, dass Patienten den Anweisungen ihres Arztes umso eher folgten, je zufriedener sie mit der Beziehung zu ihm waren. Im darauffolgenden Jahrzehnt verschob sich der Fokus der Befragungen im Rahmen der Gesundheits- bzw. Konsumentenbewegung auf die Patientenzufriedenheit. Die Bedürfnisse der Patienten, auch in seelischer und sozialer Hinsicht, wurden genauer untersucht; die „Ganzheitlichkeit" des Patienten wurde verstärkt thematisiert. Überdies wurden die Rechte des Patienten auf Aufklärung und Beteiligung herausgestellt. In den 1980er Jahren lag der Fokus auf der Kosten- und Wettbewerbssituation im Gesundheitswesen. Mittels Patientenbefragungen sollten die Gründe

---

[269] Vgl. Arbeitsgruppe Patientenbeteiligung und Patientenorientierung Freiburg (Hrsg.) 2009; Robert Koch-Institut (Hrsg.) 2006a, S. 8ff. Das Robert Koch-Institut weist darüber hinaus detaillierte Beteiligungsmöglichkeiten von Patientenvertretern in Gremien des deutschen Gesundheitswesens aus.
[270] Vgl. Bundesministerium für Gesundheit und Bundesministerium der Justiz (Hrsg.) 2007.
[271] Vgl. hierzu und im Folgenden Blum et al. 2001, S. 27f.; Satzinger 1998, S. 101f.; Strodtholz/Badura 2006, S. 448ff.

für „Kundentreue" untersucht werden; Patientensurveys dienten mitunter als Marketinginstrument. In den 1990er Jahren stellte Qualitätsmanagement das Leitmotiv vieler Patientenbefragungen dar, welche schließlich auch in Deutschland Verbreitung fanden und sämtliche vorgenannten Aspekte umfassten. Dabei wurde die Rolle des Patienten als Kunde ebenso behandelt wie seine Funktion als am Versorgungsprozess aktiv Beteiligter. Erstmals wurde dem Patienten auch die Aufgabe des Beobachters und Berichterstatters über die Behandlung zugesprochen. Dieser Trend ist bis heute ungebrochen: Patientenbefragungen werden in aller Regel im Rahmen des Qualitätsmanagements eingesetzt und erheben Erwartungen, Erfahrungen sowie Bewertungen der Patienten – im Gegensatz zum Beschwerdemanagement[272] – umfassend und systematisch.

3.3.3 Aussagekraft von Patientenbefragungen

Patientenbefragungen stellen als Instrument des Qualitätsmanagements „kontinuierlich eingesetzte Prozesse zur Messung und Verbesserung der Qualität"[273] dar. Gleichwohl finden sich – auch wenn Patientenbefragungen, wie in Kapitel 1 erwähnt, mittlerweile anerkannt sind – vereinzelt Argumente, die den Sinn und die Aussagekraft von Patientenbefragungen in Zweifel ziehen. Insbesondere wird argumentiert, dass den Patienten im Regelfall das medizinische Fachwissen und -verständnis fehle, um Gesundheitsdienstleistungen umfassend beurteilen zu können. Außerdem wird den Patienten die Fähigkeit abgesprochen, Gesundheitsdienstleistungen sachlich, distanziert und damit objektiv zu betrachten.[274] Dass Urteile von Patienten gewissen Beschränkungen unterliegen, ist unstrittig. Patienten können nicht alle Qualitätsdimensionen und -merkmale von Gesundheitsdienstleistungen (gleichermaßen) gut bewerten, wie nachstehend aufgezeigt wird. Dennoch sind Patientenbefragungen sinnvoll, aussagekräftig und zudem notwendig, wie die folgenden sechs Argumente belegen.

Erstens kann es ohne Patientenbefragungen keine Patientenorientierung geben; dazu müssen die Erwartungen sowie die Stärken und die Schwächen einer Gesundheitseinrichtung aus Patientensicht bekannt sein. Zweitens trägt der Wandel der Arzt-Patient-Beziehung zur Entkräftung der genannten Argumente bei. Denn im Rahmen der

---

[272] Zum Beschwerdemanagement allgemein siehe beispielsweise Stauss/Seidel 2007, zum Beschwerdemanagement im Gesundheitswesen siehe beispielsweise Kranich 2003.
[273] Gemeinsamer Bundesausschuss (Hrsg.) 2009a, S. 45.
[274] Vgl. Trojan 1998, S. 24f.; Vuori 1987, S. 106.

vermehrt gewünschten und verbreiteten partizipativen Entscheidungsfindung ist die Erhebung der Patientenmeinung der nächste konsequente Schritt. Der Patient entscheidet nicht nur bei der Behandlung mit, sondern er beurteilt diese auch mit. Drittens steht die zunehmende Informiertheit der Patienten im Widerspruch zu dem Argument des mangelnden Fachwissens. So sind etwa chronisch Kranke in Bezug auf ihr Leiden und auf Therapiemöglichkeiten oftmals sachkundig. Aber auch andere Patienten greifen verstärkt auf Gesundheitsinformationen zurück. Viertens ist es gerade ein Ziel von Patientenbefragungen, die „objektive" Betrachtungsweise der Experten im Gesundheitswesen durch einen subjektiven Blickwinkel zu ergänzen. Da der Patient von den Handlungen (oder auch unterlassenen Handlungen) der Ärzte direkt betroffen ist, sollte es selbstverständlich sein, seine Meinung zu erheben. Blum stellt in diesem Kontext treffend fest: „Wer, wenn nicht der Patient, soll valide beurteilen, ob die Behandlung belastend und schmerzhaft war, ob der Heilungsverlauf langwierig und komplikativ verlief, ob das Behandlungsergebnis seinen Erwartungen entsprach oder nicht."[275]

Überdies ist der Patient auch die einzige Informationsquelle, die „in doppelter Weise über eine privilegierte Sicht auf das Gesundheitswesen" verfügt, da er nicht nur authentischer „Experte in eigener Sache"[276] ist, sondern im Gegensatz zu den Ärzten den gesamten Behandlungsprozess überblickt. Diese besondere Stellung ermöglicht es dem Patienten, nicht nur einen Teilbereich der Behandlung in der Arztpraxis oder im Krankenhaus zu beurteilen, sondern den gesamten Prozess vom Anfang bis zum Ende und dies gegebenenfalls auch sektorübergreifend. Gerade an den Sektorgrenzen ist die Kontinuität der medizinischen Behandlung der Patienten oftmals unterbrochen, weshalb zahlreiche Maßnahmen und Initiativen auf die Verbesserung der sektorübergreifenden Zusammenarbeit der Ärzte abzielen. So soll unter anderem mit Hilfe der elektronischen Gesundheitskarte bzw. der elektronischen Patientenakte die sektorübergreifende Koordination und Kommunikation gefördert werden.[277]

Patientenbefragungen ergänzen zudem die professionelle Sichtweise, insbesondere vor dem Hintergrund, dass die Perspektive des Patienten von derjenigen des Arztes abweichen kann. Mögliche Differenzen können hier auf einen Klärungs- oder auch Handlungsbedarf verweisen.[278] Darüber hinaus beurteilt der Patient auch Aspekte von Gesundheitsdienstleistungen, die „einer professionellen Betrachtungsweise aufgrund

---

[275] Blum 1995, S. 53.
[276] Dierks 2005, S. 28.
[277] Siehe hierzu Heinz 2009.
[278] Vgl. Blum 1997, S. 232.

der Einbindung in den täglichen Routinebetrieb und der spezifischen professionellen Sozialisation nicht oder nicht ohne weiteres auffallen".[279] Fünftens weisen einige der Qualitätsdimensionen kaum einen oder keinen fachlichen Bezug auf (wie das zwischenmenschliche Verhalten des Arztes). Allerdings können Patienten tatsächlich nicht alle Qualitätsdimensionen und -merkmale von Gesundheitsdienstleistungen (gleich) gut bewerten, wie nachstehend aufgezeigt wird.

- Strukturqualität: Die *Erreichbarkeit* einer Gesundheiteinrichtung kann vom Patienten ohne Schwierigkeiten eingeschätzt werden; so kann er ermessen, ob etwa die Öffnungszeiten seinen Vorstellungen entsprechen oder nicht. Die Quantität der *personellen Ausstattung* kann er ebenfalls gut beurteilen, wohingegen sich dies bei der Qualität wesentlich problematischer gestaltet. Informationen zur Qualifikation des behandelnden Arztes sind zumeist nur aufwändig und lediglich den Behandlungsschwerpunkt betreffend über das Branchen- oder Telefonbuch, das Praxisschild oder über die Website der Arztpraxis bzw. des Krankenhauses erhältlich. Die Qualitätsberichte der Krankenhäuser geben Hinweise auf Erfahrungen mit bestimmten Behandlungen, jedoch ohne Bezug zu einzelnen Ärzten. Weitergehende Informationen, etwa über Ausbildung oder Fortbildungen des Arztes, sind vor Aufsuchen einer Einrichtung selten verfügbar. Mitunter finden sich in den Räumlichkeiten vor Ort ausgehängte Zertifikate von (gesetzlich vorgegebenen) Fortbildungsmaßnahmen; weitere Informationen sind für den Patienten nur auf Nachfrage erhältlich. Liegen diese Informationen vor, stellt sich die Frage, inwieweit sich der Patient über die ärztliche Qualifikation eine fundierte Meinung bilden kann. Dies gilt gleichermaßen für die *apparative Ausstattung* der Gesundheitseinrichtung. Auch wenn dem Patienten bekannt ist, welche medizinischen Geräte zur Verfügung stehen, wird ihm dies in der Regel wenig hilfreich sein. Höchstens die Information, ob es sich um neue Geräte handelt, wird ihm einen Erkenntnisgewinn bringen. Eine moderne technische Ausstattung signalisiert, dass der Arzt Neuerungen gegenüber aufgeschlossen ist, über den State of the Art informiert ist und diesen umsetzt. Ob die apparative Ausstattung aber hochwertig ist, erschließt sich dem Patienten aufgrund seiner im Allgemeinen mangelnden Fachkompetenz nicht – wobei eine Beurteilung nach (mit Aufwand verbundenem) Hinzuziehen der relevanten

---

[279] Blum 1997, S. 232.

Informationen immerhin möglich wäre. Im Gegensatz zur apparativen Ausstattung kann der Patient die *räumliche Ausstattung* mühelos bewerten.

– Prozessqualität: Die Prozessqualität bildet nicht nur im Qualitätsmanagement, sondern auch in Patientenbefragungen den Schwerpunkt. Sowohl die *Organisation* als auch die *Arzt-Patient-Beziehung* können vom Patienten evaluiert werden, wobei er an letzterer selbst maßgeblich beteiligt ist. Hier entfalten sich auch die unter viertens genannten spezifischen Kompetenzen des Patienten. Inwieweit der Arzt im Rahmen der *medizinischen Behandlung* seine fachlichen Fähigkeiten anwendet und nach dem allgemein anerkannten Stand der medizinischen Erkenntnisse handelt, kann jedoch nur von wenigen Patienten zuverlässig beurteilt werden.

– Ergebnisqualität: In Bezug auf das *Behandlungsergebnis* kann der Patient feststellen, ob es ihm nach der Behandlung besser oder schlechter geht oder ob sich sein Gesundheitszustand durch die Behandlung nicht geändert hat. Nimmt ein Patient eine Gesundheitsdienstleistung wiederholt in Anspruch, kann er zudem die Behandlungsergebnisse miteinander vergleichen. Die *Zufriedenheit* kann einzig vom Patienten qualifiziert bewertet werden.[280]

Schließlich widerlegt sechstens das Thomas-Theorem („If men define situations as real, they are real in their consequences"[281]) die Kritik an Patientenbefragungen und untermauert deren Sinn und Notwendigkeit. Patienten beurteilen die Qualität von Gesundheitsdienstleistungen und dies unabhängig davon, ob ihnen die entsprechenden Kompetenzen zugesprochen werden oder nicht und ob sie nach ihrer Einschätzung gefragt werden oder nicht. Inwieweit diese Bewertungen mit oder ohne Fachkenntnis entstehen, ist nicht relevant. Wichtiger sind die Auswirkungen der Urteile: Ein Patient wird eine Gesundheitseinrichtung, deren Leistungen nicht seinen Erwartungen entsprachen, nicht noch einmal aufsuchen – sofern (nach eigener Einschätzung) Alternativen bestehen, ansonsten erfolgt eine Rationalisierung –[282] und auch nicht weiterempfehlen bzw. anderen Personen möglicherweise davon abraten, diese Einrichtung aufzusuchen. Dies schafft somit für die betroffene Arztpraxis bzw. das betroffene Krankenhaus faktisch Konsequenzen. Um derartigen negativen Folgen entgegenzuwirken, sind die Gründe für etwaige Kritik auf Seiten der Patienten mittels Befragungen zu ergründen und anschließend zu beseitigen.

---

[280] Auf die Patientenzufriedenheit wird in Kapitel 4.1.1 genauer eingegangen.

[281] Thomas/Thomas 1928, S. 572.

[282] Siehe hierzu Festingers Theorie der kognitiven Dissonanz in Kapitel 4.1.1.

Als Fazit bleibt festzuhalten: Patientenbefragungen stellen keineswegs die alleinige Grundlage für Erkenntnisse der Qualitätssicherung und -verbesserung dar und dienen nicht als Ersatz, sondern vielmehr als Ergänzung zur Sicht anderer Akteure im Gesundheitswesen. Für die Umsetzung des Qualitätsmanagements und der Patientenorientierung sind sie unabdingbar. Mit Hilfe der Patienten können sowohl Stärken als auch Schwächen im Hinblick auf die Qualität von Gesundheitsdienstleistungen erkannt und gezielt ausgebaut bzw. behoben werden. Patienten können in anonymen schriftlichen Befragungen Kritik angeben, die sie im direkten persönlichen Kontakt mit dem Arzt nicht äußern würden. Der Arzt erhält dadurch weitergehende Informationen zur Qualität der von ihm erbrachten Leistungen. Zudem bietet sich ihm die Möglichkeit, gegebenenfalls notwendige Verbesserungen vorzunehmen, bevor der Patient die Einrichtung nicht wieder aufsucht (Alternativen vorausgesetzt) und dem Arzt somit die Möglichkeit genommen wird, die Motive für die „Abstimmung mit den Füßen" seitens der Patienten zu erfahren. Beurteilungen von Patienten stellen damit eine unverzichtbare Ressource zur Sicherung und Verbesserung der Qualität von Gesundheitsdienstleistungen dar und sind als „Grundlage für patientenorientierte Verbesserungen und wichtiges Element des Qualitätsmanagements zweifellos anerkannt".[283] Wie Qualitätsurteile von Patienten im Rahmen von Befragungen erhoben werden, ist Gegenstand des nächsten Kapitels.

---

[283] Leber/Hildebrandt 2001, S. 195.

4 Qualität aus Patientensicht: Patientenurteil

In Patientenbefragungen geht es um Zufriedenheit, Qualitätsurteile, Bewertungen, Berichte, Erwartungen und Wahrnehmungen von Patienten. Wie diese Elemente zueinander in Beziehung stehen und welchen Beitrag sie zur Sicherung und Verbesserung der Qualität leisten können, wird nachfolgend diskutiert. Hierbei wird zunächst untersucht, in welcher Form Qualitätsurteile von Patienten in Bezug auf Gesundheitsdienstleistungen – hiernach auch Patientenurteile genannt – erhoben werden (Kapitel 4.1). Anschließend wird beschrieben, wie diese Patientenurteile entstehen und welche verhaltenswissenschaftlichen Implikationen aus ihnen resultieren (Kapitel 4.2).

4.1 Von Patientenzufriedenheit zum Patientenurteil

Die Sichtweise der Patienten im Hinblick auf die Qualität von Gesundheitsdienstleistungen wird in Befragungen oftmals in Form der Patientenzufriedenheit erhoben.[284] Da sowohl in Arztpraxen als auch in Kliniken immer häufiger Patientenbefragungen durchgeführt werden, hat auch die Patientenzufriedenheit an Bedeutung gewonnen und stellt mittlerweile ein zentrales Thema der medizinischen Versorgung dar. So finden sich in der Datenbank des Deutschen Instituts für Medizinische Dokumentation und Information zu diesem Stichwort derzeit mehr als 5.000 Veröffentlichungen.[285]

4.1.1 Patientenzufriedenheit als Indikator für Qualität aus Patientensicht?

Trotz der großen Verbreitung von Zufriedenheitsstudien im Gesundheitswesen stellt sich die Frage, ob Patientenzufriedenheit tatsächlich geeignet ist, die vom Patienten wahrgenommene Qualität von Gesundheitsdienstleistungen abzubilden. Mehrere Gründe sprechen dafür, dass diese Frage zu verneinen ist: Zunächst einmal stellt Patientenzufriedenheit nur *eine* von sechs Qualitätsdimensionen dar.[286] Zusammen mit der

---

[284] Vgl. Aspinal et al. 2003, S. 324ff.; Calnan 1998, S. 25; Haddad et al. 2000, S. 22; Hensen 2007, S. 549f.; Klein 2004, S. 12; Williams 1994, S. 509.

[285] In die Datenbank wurde am 01.07.2009 der Suchbegriff „patient satisfaction" als Titelstichwort eingegeben. Insgesamt wurden, einschließlich deutschsprachiger Publikationen, 5.101 Treffer ab dem Erscheinungsjahr 2000 ausgewiesen.

[286] Weitere Qualitätsdimensionen sind die Erreichbarkeit und Ausstattung, die Organisation, die Arzt-Patient-Beziehung, die medizinisch-technische Behandlung sowie das Behandlungsergebnis. Siehe hierzu Kapitel 3.1.2.

Dimension „Behandlungsergebnis" begründet sie die Ergebnisqualität und umfasst die Zufriedenheit des Patienten mit den verschiedenen Merkmalen einer Gesundheitsdienstleistung. Damit ist die Aussagekraft von Untersuchungen zur Patientenzufriedenheit lediglich auf eine Qualitätsdimension begrenzt und entsprechend ist nach Patientenzufriedenheit nur dann zu fragen, wenn ebendiese Dimension analysiert werden soll.

Darüber hinaus finden sich regelmäßig Ausführungen zu theoretischen und methodischen Defiziten von Patientenzufriedenheit, die gegen die Verwendung dieses Konstrukts als Indikator für die Qualität aus Patientensicht sprechen.[287] Als Kritikpunkte werden vor allem Unklarheit und Dissens bei der Definition von Patientenzufriedenheit genannt, weshalb in der Literatur nicht von einem einheitlichen Begriffsverständnis ausgegangen werden kann. Leimkühler und Müller konstatieren zudem – und dies gilt bis heute –, dass in vielen Abhandlungen zum Thema „Patientenzufriedenheit" eine Diskussion oder eine Analyse dieses Konstrukts gar nicht oder nur in sehr begrenztem Ausmaß stattfindet.[288]

Grundsätzlich ist zu unterscheiden zwischen *Zufriedenheit im engeren Sinne*, mit der die Dimension „Patientenzufriedenheit" abgebildet wird und die einzig durch wortwörtliche Fragen nach Zufriedenheit – zum Beispiel „Wie zufrieden waren Sie mit den Wartezeiten?" – erfasst werden kann,[289] und *Zufriedenheit im weiteren Sinne*, mit der jegliche Art von Bewertung (einschließlich der Zufriedenheit im engeren Sinne) gemeint ist. Dem Verständnis von Zufriedenheit im engeren Sinne folgend, wird nicht in allen Studien, in denen vorgeblich Patientenzufriedenheit gemessen wird, auch tatsächlich Zufriedenheit erhoben. Als Beispiel sei eine Studie von Ware und Hays angeführt, in der Patientenzufriedenheit mit Fragen wie „How would you rate the technical quality of this visit?" erfasst wird.[290] Hierbei wird nicht die Zufriedenheit, sondern vielmehr eine Qualitätsbewertung der Patienten ermittelt, auf die im weiteren Verlauf dieses Kapitels genauer eingegangen wird.

---

[287] Vgl. Aspinal et al. 2003; Aust 1994, S. 33ff.; Jacob 2002, S. 77ff.; Jacob/Bengel 2000; Leimkühler/Müller 1996; Ruprecht 2001, S. 181ff.; Sitzia 1999; Williams et al. 1998. In einer aktuellen Studie der Weltgesundheitsorganisation wird ebenfalls Kritik an der Aussagekraft von Patientenzufriedenheit geäußert, vgl. Bleich et al. 2009. Diese Erhebung bezieht sich allerdings auf Gesundheitssysteme allgemein und nicht auf spezifische Gesundheitsdienstleistungen und wird deswegen – wie auch andere Befragungen zur Bewertung von Gesundheitssystemen – nicht weiter thematisiert.
[288] Vgl. Leimkühler/Müller 1996, S. 766.
[289] Siehe hierzu auch Hribek 1999, S. 122.
[290] Vgl. Ware/Hays 1988.

Vielen Studien zur Patientenzufriedenheit liegen zwei ungeprüfte Annahmen zugrunde: „1. daß eine objektiv gute Realität auch als solche wahrgenommen wird und Zufriedenheit produziert [und eine schlechte Realität entsprechend Unzufriedenheit] und 2. daß Zufriedenheitsangaben von Patienten tatsächlich auf subjektive Zufriedenheit schließen lassen".[291] Diese Annahmen sind jedoch nicht (immer) zutreffend. Einerseits gibt es durchaus Patienten, die trotz objektiv widriger Umstände zufrieden sind. Andererseits gibt es Personen, die auch bei hochwertigen Gesundheitsdienstleistungen klagen.[292] Letztere Gruppe ist zahlenmäßig eher klein, erstere hingegen bedeutsam, da sich in Untersuchungen selten weniger als 90 Prozent der Respondenten als „sehr zufrieden" oder „zufrieden" bezeichnen.[293] Demgemäß sind Zufriedenheitsanteile deutlich unter 90 Prozent als problematische Ergebnisse einzustufen. In diesem Zusammenhang ist eine Normierung zu erwägen, bei der Zufriedenheitsanteile unter 90 Prozent in einer Gesundheitseinrichtung außerhalb des Normbereichs liegen und damit auffällig sind.

Als Analogie zu den vorstehenden Darlegungen kann der Zusammenhang zwischen objektiven Lebensbedingungen und Lebensqualität herangezogen werden. Denn objektive Lebensbedingungen können subjektiv unterschiedlich beurteilt werden. Zumeist gehen objektiv gute Lebensumstände mit hoher und objektiv schlechte Umstände mit niedriger Lebensqualität einher. Diese konsistenten Konstellationen werden von Zapf „Well-being" und „Deprivation" genannt.[294] Jedoch es ist auch möglich, „daß durchaus gute Lebensbedingungen mit einer als schlecht wahrgenommenen Lebensqualität zusammengehen können (Unzufriedenheitsdilemma) und schlechte Lebensbedingungen mit positiven Bewertungen (Zufriedenheitsparadox)".[295] Diese Konstellationen sind inkonsistent und werden von Zapf als „Dissonanz" und „Adaptation" bezeichnet. Letztere ist die Situation, die sich bei Befragungen nach Zufriedenheit zeigt.

---

[291] Leimkühler/Müller 1996, S. 767.
[292] Vgl. Cleary 1998, S. 35f.; Ruprecht 2001, S. 182.
[293] Vgl. Lebow 1983, S. 217; Picker Institut Deutschland gGmbH (Hrsg.) 2008b; Williams 1994, S. 513.
[294] Vgl. Zapf 1984, S. 24f. Siehe auch Zapf et al. 1987, S. 44ff.
[295] Zapf 1984, S. 25.

Tabelle 12: Objektive Lebensbedingungen und Lebensqualität

Objektive Lebensbedingungen \ Lebensqualität	Gut	Schlecht
Gut	Well-being	Dissonanz
Schlecht	Adaptation	Deprivation

Quelle: In Anlehnung an Zapf 1984, S. 25.

Ungeachtet der hohen Anteile Zufriedener in Befragungen gibt es im Gesundheitswesen durchaus Qualitätsdefizite und damit Potenzial zur Verbesserung der Qualität von Gesundheitsdienstleistungen. Dieses spiegelt sich in den Ergebnissen von Zufriedenheitsbefragungen jedoch nicht wider. Nicht ohne Grund befasst sich der Gesetzgeber im SGB V ausführlich mit dieser Thematik und erlässt umfangreiche Vorgaben zur Sicherung und Verbesserung der Qualität.[296] Überdies beschäftigen sich zahlreiche Akteure im Gesundheitswesen wie der Sachverständigenrat zur Begutachtung der Entwicklung im Gesundheitswesen, der G-BA, das Institut für Qualität und Wirtschaftlichkeit im Gesundheitswesen, Ärztekammern, die KBV und KVen, ärztliche Berufsverbände – auf die bereits in Kapitel 3.1.1 verwiesen wurde – sowie Verbraucherorganisationen mit der Qualität der medizinischen Versorgung. Dass Qualitätsdefizite kein unwesentliches Problem darstellen, zeigt im Übrigen die Diskussion zu Fehlversorgungen aller Art. Mit dieser Thematik hat sich der Sachverständigenrat im dritten Band seines Sondergutachtens aus dem Jahr 2002 „Bedarfsgerechtigkeit und Wirtschaftlichkeit" auseinandergesetzt. Der Rat kommt zu dem Ergebnis, dass die Versorgung der Bundesdeutschen oftmals nicht bedarfsgerecht erfolgt, sondern vielmehr durch Über-, Unter- und Fehlversorgung gekennzeichnet ist.[297] Indiz für Qualitätsmängel sind auch Beschwerden von Patienten vor Gutachterkommissionen und Schlichtungsstellen aufgrund von (möglichen) Behandlungsfehlern.[298] Zudem kann der Zuspruch zu alternativen Behandlungsformen als Ausdruck von Kritik an der

---

[296] Siehe hierzu Kapitel 3.2.1.

[297] Vgl. Sachverständigenrat für die Konzertierte Aktion im Gesundheitswesen (Hrsg.) 2001b.

[298] Vgl. Bundesärztekammer (Hrsg.) 2009. Behandlungsfehler sind auch Gegenstand von über 1.300 Publikationen. Die Datenbank des Deutschen Instituts für Medizinische Dokumentation und Information wies am 01.07.2009 1.326 Veröffentlichungen mit dem Titelstichwort „medical errors" ab dem Erscheinungsjahr 2000 aus.

Schulmedizin, das heißt an GKV-finanzierten Gesundheitsdienstleistungen, gewertet werden.

Des Weiteren ist aus qualitativen Interviews mit Patienten bekannt, dass verbalisierte Zufriedenheit nicht zwangsläufig für hohe Qualität steht. Im Gegensatz zu quantitativen Erhebungen mittels Fragebogen, die im Fokus der vorliegenden Arbeit stehen,[299] zeigt sich hier, dass Patienten sehr wohl Kritik an der Qualität von Gesundheitsdienstleistungen üben.[300] Calnan führt hierfür folgende Erklärung an: „The quantitative survey method may discourage the identification of critical comments through its use of structured questions that give little scope for articulation of ambivalence or critical thought."[301] Je mehr Möglichkeiten den Patienten geboten werden, von ihren Erfahrungen zu berichten, desto eher zeichnen sich Qualitätsdefizite ab. In schriftlichen Erhebungen kommt dies allenfalls in offenen Fragen zu Kritik und Verbesserungsvorschlägen zum Ausdruck. In diesem Zusammenhang ist indes zu berücksichtigen, dass in der Regel global nach Zufriedenheit gefragt wird und dass solche Globalbewertungen zumeist positiver ausfallen als Detailbewertungen.[302]

Für ein positiv verzerrtes Antwortverhalten bei quantitativen Erhebungen zur Zufriedenheit gibt es verschiedene Erklärungsansätze. Zu nennen sind hier etwa Dankbarkeitseffekte. Da sich Ärzte und Mitarbeiter in Arztpraxen und Krankenhäusern in medizinischer und auch menschlicher Hinsicht um ihre Patienten kümmern und diese Bemühungen von den Patienten wertgeschätzt werden, erweisen diese ihre Dankbarkeit, indem sie in Befragungen auch realiter ungerechtfertigte positive Rückmeldungen geben.[303] Auch sozial erwünschtes Antwortverhalten, das heißt, der Wunsch des Patienten so zu antworten, wie es eine subjektiv maßgebliche Öffentlichkeit erwartet, kann hier eine Rolle spielen. Insbesondere in einer paternalistischen Arzt-Patient-Beziehung werden Patienten Kritik an ihrem Arzt als unangemessen empfinden und deshalb generell Zufriedenheit äußern.[304] Weiterhin kann die Befürchtung vor persönlichen

---

[299] Zur schriftlichen Befragungsmethode als Mittel der Wahl bei Patientenbefragungen siehe Freise 2003, S. 50ff.; Neugebauer/Porst 2001, S. 15f.
[300] Vgl. Calnan 1998, S. 28; Williams et al. 1998, S. 1356.
[301] Calnan 1998, S. 28.
[302] Siehe hierzu den Abschnitt „Nachteile von Rating-Fragen" in Kapitel 4.1.2.
[303] Vgl. Sitzia/Wood 1997, S. 1836.
[304] Vgl. Hopp 2000, S. 78f.; Jacob 2002, S. 79. Zur Arzt-Patient-Beziehung siehe Kapitel 2. Bei rollenkonformem Antwortverhalten handelt es sich um kulturelle soziale Erwünschtheit, im Gegensatz zur situationalen sozialen Erwünschtheit, die auf spezifischen Stimuli der jeweiligen Untersuchungssituation beruht, vgl. Schnell et al. 1999, S. 332f.

Nachteilen bei der Äußerung von Kritik zu positiven Antworten führen. Dies bedeutet auch, dass der befragte Patient den Zusicherungen der Anonymität und Vertraulichkeit der Daten – dies entspricht wissenschaftlichen Standards – keinen Glauben schenkt. Da eine Abhängigkeit des Patienten vom Arzt besteht, soll durch strategisches Antwortverhalten verhindert werden, dass negative Meinungsäußerungen möglicherweise zum Unmut des Arztes und gegebenenfalls zu einer schlechteren medizinischen Behandlung führen.[305]

Einen weiteren Erklärungsansatz für ein positiv verzerrtes Antwortverhalten bietet die Theorie der kognitiven Dissonanz von Festinger, derzufolge bei Spannungen (Dissonanz) zwischen Soll- und Ist-Zustand Individuen danach streben, Einklang (Konsonanz) herzustellen. Dies geschieht, indem dissonante Kognitionen subtrahiert werden (zum Beispiel Ignorieren, Vergessen, Verdrängen), neue konsonante Kognitionen addiert werden oder Kognitionen durch eine Kombination vorgenannter Strategien substituiert werden. So kann ein Patient etwa nachträglich sein Anspruchsniveau senken (Subtraktion), er kann verstärkt auf weitere positive Aspekte der erhaltenen Gesundheitsdienstleistung achten (Addition) oder er kann beide Verhaltensweisen gleichzeitig einsetzen (Substitution). Damit führen selbst unbefriedigende Situationen letztlich zu (resignativer) Zufriedenheit. Müsste sich ein unzureichend versorgter Patient eingestehen, dass nicht alles getan wurde, um ihm zu helfen, wäre dies für ihn unter Umständen unerträglich. So wird er eine Strategie entwickeln, um ein Gleichgewicht seines kognitiven Systems herzustellen. Insbesondere wenn keine Alternative besteht, das heißt ein Wechsel des Arztes bzw. des Krankenhauses nicht möglich ist, wird der Patient eine Rationalisierung vornehmen.[306] Überdies können auch soziodemografische Merkmale des Patienten seine Zufriedenheit bestimmen; so äußern sich beispielsweise ältere Patienten zufriedener als jüngere.[307] Ferner sind die spezifischen Präferenzen und Erwartungen eines Patienten für den Grad der Zufriedenheit mitentscheidend, und auch die inhaltliche Bedeutungsvarianz und entsprechende Interpretationsfähigkeit der Kategorie „zufrieden" ist zu berücksichtigen.[308]

---

[305] Vgl. Aust 1994, S. 34. Neuberger hat die Sorge vor negativen Konsequenzen bei der Äußerung von Kritik auch in der Forschung zur Arbeitszufriedenheit nachgewiesen, vgl. Neuberger 1985, S. 179f.

[306] Vgl. Festinger 1978, S. 15ff. Siehe auch Erzberger et al. 1989, S. 143ff.; Frey 1978, S. 243ff. Zu resignativer Zufriedenheit siehe Bruggemann 1974, S. 282f. Festinger versteht unter Kognition eine „Kenntnis, Meinung oder Überzeugung von der Umwelt, von sich selbst oder von dem eigenen Verhalten", Festinger 1978, S. 17.

[307] Zum Einfluss soziodemografischer Merkmale siehe Kapitel 6.5.

[308] Zu Erwartungen siehe Kapitel 4.2.1.1.

Die vorangegangenen Ausführungen leiten zu dem Schluss, dass unter dem Begriff „Zufriedenheit" schließlich ganz verschiedene Bedeutungen subsumiert werden können, die gute Qualität (hohe Zufriedenheit wegen hoher Qualität), aber auch schlechte Qualität (hohe Zufriedenheit trotz niedriger Qualität) umfassen können. Es bleibt demnach den Vermutungen und den Interpretationen derjenigen, die die Befragungsergebnisse auswerten, überlassen zu beurteilen, was der Patient nun tatsächlich meint, wenn er „Zufriedenheit" bekundet. Die zahlreichen Gründe für inhaltsunabhängiges positives Antwortverhalten sprechen dafür, dass, wenn Patienten doch einmal Unzufriedenheit äußern, ihr Leidensdruck außerordentlich groß sein muss und *erhebliche* Qualitätsdefizite vorliegen.[309] Im Umkehrschluss würde „Zufriedenheit" nur bedeuten, dass nichts „ausnehmend Schlimmes" vorgefallen ist.[310] Befragungen zur Patientenzufriedenheit sind deshalb nicht geeignet, Beurteilungen der Qualität von Gesundheitsdienstleistungen abzubilden und Stärken sowie Schwächen einer Arztpraxis oder einer Klinik aus Sicht der Patienten aufzuzeigen. Sie werden ihrer Aufgabe als Instrument des Qualitätsmanagements nicht gerecht und bringen den Initiatoren von Patientensurveys kaum nennenswerte, geschweige denn nutzbringende Erkenntnisse im Hinblick auf die Qualität von Gesundheitsdienstleistungen. Denn „das Konstrukt Patientenzufriedenheit weist ... theoretisch und empirisch große Lücken auf. Seine Validität als Ausdruck der Bewertung durch Patienten sowie als Mittel zur Qualitätssicherung ist fragwürdig."[311] Ein Nutzen kann Zufriedenheitsfragen nur dann zugesprochen werden, wenn mit ihnen die Qualitätsdimension „Patientenzufriedenheit" erfasst wird. Wie bereits herausgestellt, kann Zufriedenheit nur mit direkten Zufriedenheitsfragen erhoben werden. In Bezug auf diese Qualitätsdimension sind Zufriedenheitsfragen demnach alternativlos. Wie aber die Perspektive des Patienten im Hinblick auf die Qualität von Gesundheitsdienstleistungen sinnvoll und handlungsrelevant erhoben werden kann, ist Gegenstand des nächsten Abschnitts.

4.1.2 Patientenurteil statt Patientenzufriedenheit

Eine fundiertere Grundlage zur Sicherung und Verbesserung der Qualität von Gesundheitsdienstleistungen bieten Qualitätsurteile von Patienten. Diese Patientenurteile werden mittels Rating-Fragen (Bewertungsfragen) und Report-Fragen (Berichtsfragen)

---

[309] Vgl. Jacob/Michels 2001, S. 110; Raspe 1983, S. 51f.; Williams 1994, S. 513.
[310] Vgl. Sitzia/Wood 1997, S. 1840.
[311] Jacob/Bengel 2000, S. 297.

erhoben. In *Rating-Fragen* unterzieht der Patient seine Erlebnisse einer persönlichen Einschätzung. Eine mögliche Frage lautet: „Wie bewerten Sie die Freundlichkeit des Arztes, der Sie behandelt hat?" und der Patient wählt aus den vorgegebenen Antwortkategorien (beispielsweise „sehr gut/gut/mittelmäßig/schlecht") die für ihn zutreffende. Häufig verwendete Antwortskalen für Rating-Fragen sind neben Schulnoten „stimmt völlig" bis „stimmt gar nicht" und „absolut zutreffend" bis „überhaupt nicht zutreffend". Soll die Qualitätsdimension „Patientenzufriedenheit" erfasst werden, könnte die Antwortskala von „sehr zufrieden" bis „überhaupt nicht zufrieden" reichen.[312] An dieser Stelle sei nochmals angemerkt: Ungeachtet der aufgeführten Kritik am Konstrukt der Patientenzufriedenheit stellt dieses eine wichtige Qualitätsdimension von Gesundheitsdienstleistungen dar und ist als solches neben der Heilung des Patienten ein legitimes und wichtiges Ziel der ärztlichen Behandlung. Zu kritisieren ist jedoch die Verwendung von Patientenzufriedenheit als *Indikator für die Qualität von Gesundheitsdienstleistungen*.

Mit *Report-Fragen* werden spezifische Erfahrungen von Patienten erfasst. Zu unterscheiden ist zwischen Report-Fragen, die allein Fakten erheben (faktenorientiert) und Report-Fragen, aus deren Antwort darüber hinaus eine Bewertung hervorgeht (bewertungsorientiert). Mit der Frage „Hatten Sie Schmerzen? Ja/Nein" wird eine – individuell erlebte und interpretierte – Tatsache erfasst. Auch die Frage „Wie lange mussten Sie warten, bis Sie untersucht wurden?" erhebt ein Faktum, das objektiv überprüft, aber individuell unterschiedlich erfahren werden kann. Häufiger werden mit Report-Fragen aber auch Bewertungen ermittelt. Die Antwort auf die Frage „War ein Arzt für Sie da, wenn Sie einen brauchten? Ja, immer/Ja, meistens/Ja, selten/Nein, so gut wie nie" zeigt, ob die Verfügbarkeit der Ärzte optimal war oder ob Grund zur Beschwerde bestand. Verbesserungsbedarf ist gegeben, wenn der Respondent die Kategorie „ja, selten" oder „nein, so gut wie nie" gewählt hat. Auch die Antwort „ja, meistens" kann als Anlass zur Überprüfung der ärztlichen Anwesenheit gewertet werden.

Die faktenorientierte Report-Frage wird zur Erhöhung ihrer Aussagekraft im Allgemeinen durch eine bewertungsorientierte Report-Frage oder eine Rating-Frage ergänzt. Im Anschluss an die Frage „Hatten Sie Schmerzen?" könnte ermittelt werden „Wurde Ihrer Meinung nach alles getan, um Ihre Schmerzen zu lindern?" (bewertungs-

---

[312] Zufriedenheitsfragen stellen demnach eine bestimmte Form von Rating-Fragen dar, mit denen ausschließlich die Qualitätsdimension „Patientenzufriedenheit" untersucht wird.

orientierte Report-Frage) oder „Wie beurteilen Sie den Umgang mit Ihren Schmerzen?" (Rating-Frage). Anknüpfend an die Frage nach der Länge der Wartezeit könnte
erhoben werden, wie der Patient diese einstuft, also etwa als kurz, angemessen oder zu
lang. Mit Hilfe beider Fragen wird deutlich, welche Wartezeit wie bewertet wird.
Würde nur die Frage nach der Dauer der Wartezeit gestellt, wäre die Antwort wenig
aufschlussreich, da keine Kenntnis darüber vorläge, wie der Patient diese Wartezeit
empfunden hat. Würde nur die Frage nach der Bewertung der Wartezeit gestellt, wäre
nicht ersichtlich, ob es sich etwa um einen ungeduldigen oder unter Zeitdruck stehenden Patienten handelt, der bereits eine Wartezeit von 15 Minuten als zu lang empfindet
oder um einen Patienten, der erst ab einer Wartezeit von zum Beispiel einer Stunde die
Kategorie „zu lang" auswählt. Im ersten Fall ist eine Optimierung der Wartezeit nicht
notwendig, während dies im zweiten Fall durchaus erwägenswert ist.

Rating-Fragen und bewertungsorientierte Report-Fragen verfügen über spezifische
Vor- und Nachteile, die bei der Auswahl der jeweiligen Frageform im Rahmen der
Entwicklung eines Befragungsinstruments zu berücksichtigen sind. Aus faktenorientierten Report-Fragen geht kein Patientenurteil hervor, weswegen im Folgenden
lediglich auf bewertungsorientierte Report-Fragen Bezug genommen wird. Zu faktenorientierten Report-Fragen sei an dieser Stelle angemerkt, dass diese in der Regel
durch eine Rating-Frage oder eine bewertungsorientierte Report-Frage ergänzt werden,
wodurch der Fragebogen an Umfang gewinnt – mit den möglichen Folgen einer geringeren Rücklaufquote bzw. nicht beantworteten Fragen, wenn der Patient das Erhebungsinstrument als zu lang befindet.

Vorteile von Rating-Fragen

Rating-Fragen erfassen die individuellen Bewertungen der Patienten, deren Ermittlung ein Ziel von Patientenbefragungen ist. Mit Rating-Fragen werden zumeist umfassende Themengebiete untersucht,[313] so dass nur wenige Fragen erforderlich sind, um eine Qualitätsdimension abzudecken (beispielsweise „Wie beurteilen Sie die fachliche Kompetenz des behandelnden Arztes?"). Deshalb kann der Patient die gestellten Fragen auch nach dem Praxis- oder Krankenhausbesuch gut beantworten, ohne dass sein Erinnerungsvermögen überfordert wird. Grundsätzlich sind Befragungen, die im Anschluss an einen Aufenthalt in einer Arztpraxis oder in einer Klinik vorgenommen werden, gegenüber Erhebungen, die während des Besuchs durchgeführt werden, methodisch vorzuziehen, da der Patient nur so den gesamten Aufenthalt einschließlich der Entlassungsmodalitäten sowie der Behandlungsergebnisse beurteilen kann. Überdies können auf diese Weise auch mögliche Beschwerden oder Probleme, die nach der Entlassung aufgetreten sind, erfasst werden. Ein zeitlicher Abstand zu der Behandlung ermöglicht ferner ausgewogenere und von kurzfristigen Gefühlen weniger oder nicht beeinflusste Einschätzungen – schließlich sind Arztbesuche und Klinikaufenthalte, wie in Kapitel 2.2 aufgezeigt, emotional belastend. Inhouse-Befragungen implizieren zudem, aufgrund der bestehenden bzw. empfundenen Abhängigkeit vom Krankenhauspersonal und der daraus resultierenden Befürchtung vor persönlichen Nachteilen bei kritischen Äußerungen, das Risiko positiver Antworten. Die Zusicherung einer vollständig anonymen Auswertung ist bei einer postalischen Befragung zudem glaubwürdiger.[314]

Nachteile von Rating-Fragen

Bei Rating-Fragen besteht eine mögliche Tendenz zu positiven Befragungsergebnissen.[315] Die im vorhergehenden Abschnitt aufgeführten Erklärungen für hohe Zufriedenheitswerte (Dankbarkeitseffekte, sozial wünschenswertes Antwortverhalten etc.) gelten in Ansätzen auch für Resultate aus Rating-Fragen. Aufgrund der größeren Sachlichkeit und geringeren Emotionalität sowie aufgrund der anderen Position, in die der Befragte versetzt wird – Urteilender statt (Un-)Zufriedener –, ist diese Antwort-

---

[313] Vgl. Zinn 2001, S. 170.
[314] Eine Übersicht mit Vor- und Nachteilen verschiedener Befragungszeitpunkte findet sich bei Neugebauer und Porst, vgl. Neugebauer/Porst 2001, S. 17ff.
[315] Vgl. Satzinger/Raspe 2001, S. 70f.; Zinn 2001, S. 170.

tendenz jedoch wesentlich geringer ausgeprägt als bei Fragen zur Zufriedenheit.[316] Dies wurde unter anderem in einer Studie von Ware und Hays belegt. In dieser wurde die Skala „very satisfied" bis „very dissatisfied" mit der Skala „excellent" bis „poor" verglichen. Letztere führte zu einer besseren Verteilung der Antworten und korrelierte stärker mit dem intendierten Verhalten der Befragten, den Arzt erneut zu konsultieren, ihn weiterzuempfehlen und compliant zu sein.[317] Dessen ungeachtet ist, in Analogie zu Fragen nach der Zufriedenheit, nicht auszuschließen, dass Patienten trotz unzureichender Qualität positive Bewertungen vornehmen und dass sie (in seltenen Fällen) trotz hoher Qualität Kritik äußern.

Vorteile von bewertungsorientierten Report-Fragen

Report-Fragen führen zu einem differenzierten Bild im Hinblick auf die Qualität von Gesundheitsdienstleistungen und decken bestehende Defizite aus dem Blickwinkel der Patienten auf.[318] Da sich in Befragungen trotz positiver Globalbewertung oftmals gleichzeitig Detailkritik zeigt,[319] ist es erforderlich, genau auf einzelne Merkmale der Gesundheitsdienstleistung einzugehen. Dies kann mit Hilfe von Report-Fragen geschehen, so dass ein „kritisch-realistisches" Bild der Versorgungsqualität aus Patientensicht entsteht. Die Antworten auf die präzisen Fragestellungen wiederum geben dem Praxisinhaber bzw. der Klinikleitung konkrete Verbesserungs- und Handlungshinweise. Ferner werden bewertungsorientierte Report-Fragen prinzipiell weniger stark von persönlichen Maßstäben und soziodemografischen Merkmalen des einzelnen Patienten sowie von allgemeinen Tendenzen zur Beantwortung von Fragen (Dankbarkeitseffekte etc.) beeinflusst, als dies bei Rating-Fragen der Fall ist.[320] Jedoch sind weitergehende empirische Prüfungen erforderlich, um diesbezüglich valide Aussagen treffen zu können.

---

[316] Vgl. Satzinger/Raspe 2001, S. 71ff.

[317] Vgl. Ware/Hays 1988.

[318] Vgl. Bruster et al. 1994; Cleary et al. 1993; Hargraves et al. 2001; Jenkinson et al. 2002b.

[319] Vgl. Epstein et al. 1996, S. 77; Erzberger et al. 1989, S. 141f.; Jenkinson et al. 2002b; Möller-Leimkühler 2008, S. 294; Raspe 1983, S. 51; Williams/Calnan 1991. Zum Gesamturteil, welches im Allgemeinen mittels Rating-Fragen erhoben wird, siehe Kapitel 4.2.3.

[320] Vgl. Cleary et al. 1993, S. 32; Satzinger/Raspe 2001, S. 71; Wüthrich-Schneider 2000, S. 1116f.

Nachteile von bewertungsorientierten Report-Fragen

Um mittels bewertungsorientierter Report-Fragen ein hinlänglich genaues Bild von den Erfahrungen der Patienten zu erhalten, muss jede Qualitätsdimension in eine Vielzahl von Fragen bzw. Statements zu einzelnen Sachverhalten und Ereignissen zerlegt werden.[321] Dies kann am Beispiel der Patientenaufnahme verdeutlicht werden: „Die Schwester begrüßte mich innerhalb von 2 Minuten. Sie gab mir bei der Begrüßung die Hand. Sie stellte sich persönlich mit Namen und Funktion vor. Sie lächelte bei der Begrüßung."[322] Diese Liste ließe sich ohne Weiteres fortführen, so dass die diffizile Aufgabe besteht, die für die jeweilige Befragung relevanten Aspekte zu bestimmen.[323] Dieser Grad an Genauigkeit kann insbesondere bei postambulant bzw. poststationär durchgeführten Befragungen zu Schwierigkeiten führen, da hier ein gutes Erinnerungsvermögen der Patienten erforderlich ist.

Des Weiteren ist bei bewertungsorientierten Report-Fragen besonders darauf zu achten, dass bei der Festlegung, welche Antwort als unproblematisch und welche als problematisch und damit verbesserungswürdig einzuordnen ist, die Perspektive des Patienten und nicht diejenige des Experten im Vordergrund steht. Voraussetzung für die Verwendung von bewertungsorientierten Report-Fragen sind Kenntnisse – etwa durch qualitative Interviews oder Fokusgruppen – darüber, welche Sachverhalte oder Ereignisse aus Patientensicht als negativ einzustufen sind.[324] So warnen Satzinger und Raspe: „Wenn aber die Wertung der gelieferten Daten nur Sache der Auswerter ist, kann Wesentliches verloren gehen: nämlich die Patientenperspektive".[325] Rubin formuliert schärfer: „Reports require us to impose our view that a reported event was high or low quality, and do not allow patients with different points of view about an event to use their own values to judge care."[326]

Fazit: Aufgrund der jeweiligen Vor- und Nachteile erfordert eine aussagekräftige und der Qualität dienliche Patientenbefragung eine ausgewogene Zusammenstellung von Rating-Fragen, faktenorientierten Report-Fragen und bewertungsorientierten Report-

---

[321] Vgl. Satzinger/Raspe 2001, S. 71; Zinn 2001, S. 170.
[322] Zinn 2001, S. 170.
[323] Vgl. Zinn 2001, S. 170.
[324] Vgl. Ruprecht 2001, S. 186. Die Sicht der Patienten ist während des gesamten Prozesses der Fragebogenentwicklung entscheidend, kann aber gerade bei bewertungsorientierten Report-Fragen leicht in den Hintergrund rücken.
[325] Satzinger/Raspe 2001, S. 71.
[326] Rubin 1990, S. 299.

Fragen. Die Konkretisierung dieser Zusammenstellung hängt von dem Erkenntnisziel der jeweiligen Arztpraxis bzw. Klinik ab. Im Rahmen einer Erstbefragung bieten sich vor allem Rating-Fragen an, um Problemfelder zu identifizieren. Sollen (anschließend) einzelne Aspekte genauer untersucht werden, können verstärkt Report-Fragen eingesetzt werden. Auch um den Fragebogen für den Patienten interessant zu gestalten, ist ein Wechsel zwischen den verschiedenen Frageformen – ohne den Patienten zu überfordern – empfehlenswert.

Die Verwendung von Report- und Rating-Fragen wird auch von den beiden größten Anbietern von Patientenbefragungen in Deutschland befürwortet, auf deren Arbeit im Folgenden näher eingegangen wird.[327]

Anbieter von Befragungen zu Patientenurteilen

Einer der wichtigsten Anbieter von Patientenbefragungen in Deutschland ist das Picker Institut Deutschland gGmbH. Dieses ist eine Tochtergesellschaft des Picker Institute Inc. in Boston, welches 1986 gegründet wurde und Forschung zur Patientensicht auf die Qualität von Gesundheitsdienstleistungen betreibt. Die Einrichtung ist zudem in der Schweiz und in England, mit Anbindung an die Universität Oxford, tätig. Weltweit wurden bisher über 3,5 Millionen Patienten vom Picker Institut befragt, in Deutschland wurden Erhebungen in mehr als 250 Krankenhäusern realisiert.[328] Um zu erfahren, welche Sachverhalte von Patienten als problematisch eingestuft werden, nimmt das Picker Institut Literatursichtungen vor, organisiert Fokusgruppen und führt Tiefeninterviews mit Patienten durch.[329] In den Fragebögen werden etwa 20 Prozent Rating-Fragen und circa 80 Prozent bewertungsorientierte Report-Fragen eingesetzt, die vom Picker Institut als „ereignisorientierte Fragen" bezeichnet werden.[330]

Das Institut bietet neben einem Erhebungsinstrument für die stationäre Versorgung allgemein auch spezielle Fragebögen an, etwa für die Geburtshilfe, für ambulante Behandlungen im Krankenhaus und für die stationäre Altenpflege. Die Erhebungsinstrumente sind nicht öffentlich zugänglich, da die Befragungen und deren Auswertung

---

[327] Diese unterscheiden jedoch nicht zwischen fakten- und bewertungsorientierten Report-Fragen. In der Regel beziehen sie sich auf letztere.

[328] Vgl. Picker Institut Deutschland gGmbH (Hrsg.) 2008b.

[329] Vgl. Jenkinson et al. 2002a, S. 354. Zur Entwicklung der Picker-Instrumente siehe auch Gerteis et al. 1993; Jenkinson et al. 2002b.

[330] Vgl. Picker Institut Deutschland gGmbH (Hrsg.) 2008b.

– inklusive internem Benchmarking (stationsbezogener Ergebnisvergleich) und externem Benchmarking (Vergleich mit anderen Einrichtungen) – vom Picker Institut als kostenpflichtige Dienstleistung offeriert werden.[331] Nach eigenen Angaben entsprechen die Picker-Instrumente „in jeder Hinsicht den Anforderungen des KTQ-Katalogs sowie den Kriterien des EFQM-Modells"[332] und sind überdies reliabel und valide.[333]

Neben dem Picker Institut zählt die Forschungsgruppe Metrik-Damm Deringer & Zinn GbR zu den bekanntesten Anbietern von Patientenbefragungen (inklusive Auswertung und Benchmarking) in Deutschland. In etwa 520 Krankenhäusern wurden mehr als 530.000 Patienten im somatischen Bereich befragt.[334] Das Unternehmen bietet neben einem KTQ-kompatiblen Standardfragebogen für stationäre Patienten unter anderem Erhebungsinstrumente für die Psychiatrie, die Geburtshilfe, die Ambulanz sowie die Rehabilitation an. Zur Entwicklung der Fragebögen wird Literatur gesichtet, werden Fokusgruppen gebildet sowie Patienten und Experten interviewt. Die Forschungsgruppe Metrik setzt ebenfalls Report- und Rating-Fragen ein, verwendet aber im Gegensatz zum Picker Institut hauptsächlich letztere und führt – anders als das Picker Institut – Inhouse-Befragungen durch.[335] Nach eigenen Angaben sind die Befragungsinstrumente der Forschungsgruppe Metrik reliabel und valide.[336]

Das Picker Institut favorisiert bewertungsorientierte Report-Fragen, die Forschungsgruppe Metrik bevorzugt Rating-Fragen. Satzinger und Raspe führen diese beiden Auffassungen zusammen und kommen zu dem Schluss: „Die geringe Ergiebigkeit direkter Fragen nach der ‚Zufriedenheit' von Patienten hat dazu geführt, diese nun bevorzugt ihre Beobachtungen von Zuständen oder Ereignissen berichten (anstatt sie

---

[331] Vgl. Picker Institut Deutschland gGmbH (Hrsg.) 2008b.

[332] Picker Institut Deutschland gGmbH (Hrsg.) 2008b. Die Aussage zum EFQM-Modell bezieht sich auf die Modell-Kriterien 6a und 6b, die kundenbezogene Ergebnisse des Qualitätsmanagementsystems betreffen. Zu Qualitätsmanagementsystemen siehe Kapitel 3.2.3.

[333] Vgl. Picker Institut Deutschland gGmbH (Hrsg.) 2008a, S. 8. Für die verschiedenen Faktoren der Picker-Fragebögen werden als Reliabilitätsmaß für die interne Konsistenz Cronbachs Alpha-Werte zwischen 0,6 und 0,9 angegeben.

[334] Schriftliche Auskunft der Forschungsgruppe Metrik vom 15.04.2009.

[335] Vgl. Forschungsgruppe Metrik (Hrsg.) 2009. Sowohl vom Picker Institut als auch von der Forschungsgruppe Metrik wurden bereits Publikationen angeführt. Eine Verbindung zum Picker Institut besteht bei Bruster, Cleary, Gerteis, Jenkinson und Ruprecht; Zinn ist Mitbegründer der Forschungsgruppe Metrik. Aus dem Umfeld des Picker Instituts werden eher Argumente für bewertungsorientierte Report-Fragen genannt, aus dem der Forschungsgruppe Metrik eher für Rating-Fragen, wobei die jeweiligen Ausführungen durch wissenschaftliche Forschungsarbeiten gestützt werden.

[336] Vgl. Zinn 2001, S. 171. Für den Standardfragebogen zur stationären Versorgung gibt Zinn eine „sehr zufriedenstellende" Konstruktvalidität – weitere Informationen sind hierzu nicht verfügbar – und ein Cronbachs Alpha von über 0,8 an.

bewerten) zu lassen – so genanntes reporting; so werden quasi objektive Daten zur externen Einschätzung der Versorgungsqualität erhoben. Doch ein reines Reporting-Konzept für Patientenbefragungen ist weder fragetechnisch konsequent durchzuhalten noch befragungsstrategisch sinnvoll – schließlich soll ja auch die subjektive Sicht der Befragten, ihre persönliche Beurteilung (das ‚rating') ihrer Behandlungserfahrungen ermittelt werden."[337] Die vorhergehenden Erörterungen zur Erhebung des Patientenurteils stützen diese Folgerung. Aufgrund der spezifischen Vor- und Nachteile ist in Patientenbefragungen eine Mischung aus Report- und Rating-Fragen – nach dem aktuellen Stand der Forschung – als „Goldstandard" zu sehen. Bevor in den Kapiteln 5 und 6 auf empirische Befunde aus Patientenbefragungen eingegangen wird, wird das Qualitätsurteil zunächst theoretisch fundiert.

4.2 Theoretische Fundierung des Patientenurteils

Patienten gelangen durch einen Vergleich ihrer Erwartungen (Soll-Komponente) mit der wahrgenommenen Leistung (Ist-Komponente) zu einem Qualitätsurteil.[338] Dieser Vergleich, der auch Confirmation/Disconfirmation-Paradigma genannt wird und auf Oliver zurückgeht,[339] gilt gleichermaßen für die Qualitätsdimension „Patientenzufriedenheit".[340] Qualitätsurteil und Zufriedenheit sind zumeist gleichgerichtet.[341] Beide basieren auf einem Vergleich von Soll- und Ist-Komponente und bei beiden handelt es sich um nicht beobachtbare, hypothetische Konstrukte, über die interindividuell unterschiedlich (genau) ausgeprägte Auffassungen bestehen. Und schließlich stehen sie für Evaluationen, sind multiattributiv und haben kognitiven, affektiven sowie verhaltenswirksamen Charakter.[342] Der entscheidende Unterschied besteht darin,

---

[337] Satzinger/Raspe 2001, S. 73. Zu diesem Schluss kommt auch Cleary: „Satisfaction ratings are not sufficient for evaluating the quality of medical care, newer methods of eliciting both reports and ratings from consumers ... provide reliable, valid, interpretable, and actionable data about selected aspects of health care." Cleary 1998, S. 37. Die KTQ-GmbH befürwortet in ihrem Leitfaden zur Patientenbefragung ebenfalls den Einsatz von Report- und Rating-Fragen, vgl. KTQ-GmbH (Hrsg.) 2000, S. 23f.

[338] Vgl. Haller 2005, S. 36; Parasuraman et al. 1985, S. 48ff. und die Begriffsbestimmung von Qualität in Kapitel 3.1.1.

[339] Vgl. Oliver 1980.

[340] Vgl. Haller 2005, S. 36 und die Definitionen von Patientenzufriedenheit in Kapitel 3.1.3.

[341] Vgl. Haller 2005, S. 40; Kaiser 2004, S. 45.

[342] Vgl. Runow 1982, S. 72; Schütze 1992, S. 124ff. Trotz der in Kapitel 4.1.1 genannten Kritikpunkte, die sich indes einzig auf die Verwendung von Patientenzufriedenheit als Indikator für die Qualität von Gesundheitsdienstleistungen aus Patientensicht beziehen, kann deshalb im Folgenden auch auf Literatur zur Zufriedenheit zurückgegriffen werden.

dass Patientenzufriedenheit einen subjektiven Indikator der Ergebnisqualität darstellt und stärker affektiv ausgeprägt ist.[343] Zuweilen wird Zufriedenheit auch ausschließlich als Emotion betrachtet.[344]

4.2.1 Qualitätsurteil als Ergebnis eines Soll-Ist-Vergleichs

In diesem Kapitel werden zunächst die einzelnen Komponenten des Soll-Ist-Vergleichs separat betrachtet, anschließend wird das Qualitätsurteil als Ergebnis dieses Vergleichs diskutiert.

4.2.1.1 Soll-Komponente des Soll-Ist-Vergleichs

Erwartungen dienen als Vergleichsstandard, an dem die aus Patientensicht erhaltene Leistung gemessen wird. Individuen verfügen in der Regel nicht über eine punktgenaue Erwartung, sondern über ein Erwartungsintervall. Dieses wird nach unten durch Mindesterwartungen und nach oben durch Idealerwartungen begrenzt.[345] Insbesondere Personen, die in der Vergangenheit negative Erfahrungen gemacht haben, pessimistisch oder unsicher sind, werden sich an den Mindesterwartungen orientieren, um möglichst nicht nochmals enttäuscht zu werden.[346] Ideale Erwartungen beziehen sich auf die aus Patientensicht bestmögliche Qualität. Sie richten sich nicht notwendigerweise an der tatsächlich realisierbaren Qualität von Leistungen aus, sondern stellen unter Umständen unerreichbare Wünsche oder „Fantasievorstellungen" dar.[347]

Im Allgemeinen bilden Patienten nicht für die gesamte Gesundheitsdienstleistung ein Erwartungsintervall, sondern eines für jedes relevante Merkmal einer Leistung.[348]

---

[343] Vgl. Kaiser 2005, S. 28. Zur Ergebnisqualität siehe Kapitel 3.1.2.

[344] Vgl. Hribek 1999, S. 105; Oliver 1981, S. 27; Runow 1982, S. 82.

[345] Vgl. Haller 2005, S. 34; Parasuraman et al. 1991, S. 42f. In der Literatur finden sich unterschiedliche Arten von Erwartungen, wie „gerechte" oder „normale" Erwartungen. So unterscheidet Miller insgesamt zwischen vier Arten von Erwartungen, Schütze weist sogar acht verschiedene Formen aus, vgl. Miller 1977, S. 75ff.; Schütze 1992, S. 157ff. Insbesondere steht dem in dieser Arbeit verwendeten normativen Erwartungsbegriff ein prädiktives Verständnis von Erwartungen (Vorhersage, Antizipation, Wahrscheinlichkeit) gegenüber, vgl. Bruhn 2006, S. 227. Darüber hinausgehende Differenzierungen haben jedoch mehr einen analytischen als einen praktischen Wert und führen zu keinem weiteren Erkenntnisfortschritt in Bezug auf die hier behandelte Thematik, siehe auch Holtz 2000, S. 58. Zu prädiktiven Erwartungen sei lediglich angemerkt, dass Erwartungen, deren Erfüllung als unwahrscheinlich angenommen wird und die „wider Erwarten" befriedigt werden, verstärkt positiv aufgefasst werden, siehe auch Schütze 1992, S. 181.

[346] Vgl. Schütze 1992, S. 157f.

[347] Vgl. Richter 2005, S. 42.

[348] Vgl. Haller 2005, S. 34.

Dessen Lage und Umfang fällt je nach Bedeutsamkeit des Attributs unterschiedlich aus: Die Bereitschaft des Patienten, negative Schwankungen der Qualität zu akzeptieren, ist bei wichtigen Aspekten wie etwa dem Behandlungsergebnis geringer ausgeprägt als bei weniger relevanten Faktoren wie beispielsweise der räumlichen Ausstattung einer Gesundheitseinrichtung. Je wichtiger ein Aspekt ist, umso schmaler wird das Erwartungsintervall demnach ausfallen und umso höher werden die Erwartungen zudem tendenziell liegen (siehe Abbildung 4).[349]

Abbildung 4: Erwartungsintervalle für unterschiedlich wichtige Faktoren

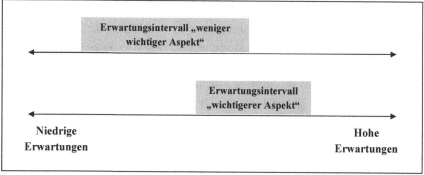

Quelle: In Anlehnung an Parasuraman et al. 1991, S. 43.

Bei der Bildung von Erwartungen kommen neben den bereits in Kapitel 3.1.1 erwähnten Rahmenbedingungen des Gesundheitswesens im Sinne objektiver Gegebenheiten insbesondere persönliche Bedürfnisse und frühere Erfahrungen zum Tragen,[350] wobei diese wiederum durch soziodemografische Merkmale determiniert werden.[351] Gesundheitsdienstleistungen stillen *Bedürfnisse* – als Ausdruck psychologischer und physiologischer Mangelzustände –[352] nach der Verbesserung bzw. Wiederherstellung von Gesundheit. Ein Kranker wird eine medizinische Leistung nur dann in Anspruch

---

[349] Vgl. Ommen 2005, S. 21; Parasuraman et al. 1991, S. 42f.; Richter 2005, S. 53.

[350] Vgl. Parasuraman et al. 1985. Zu dem dritten dort aufgeführten Einflussfaktor „Mund-zu-Mund-Kommunikation" siehe Fußnote 356.

[351] Auf Persönlichkeitsmerkmale wie zum Beispiel Emotionen, Einstellungen, Werte sowie auf Gesundheits- und Krankheitsvorstellungen wird an dieser Stelle aus Gründen der Komplexitätsreduktion und des geringfügigen Erkenntnisgewinns für das Erklärungsmodell zur Entstehung von Patientenurteilen nicht gesondert eingegangen. Diese (schwer messbaren) Einflussfaktoren werden zudem – im Gegensatz zu soziodemografischen Merkmalen – im Allgemeinen in Befragungen nicht erfasst. Siehe auch Pikkemaat 2004, S. 103. Zu soziodemografischen Merkmalen siehe Kapitel 6.5.

[352] Vgl. Kotler et al. 2007, S. 12.

nehmen, wenn er davon ausgeht, dass diese bestimmte gesundheitliche Bedürfnisse auch tatsächlich befriedigen kann.

Auch *bisherige Erfahrungen* des Patienten fließen in seine Erwartungsbildung ein. Hierbei sind auch Erlebnisse außerhalb des medizinischen Sektors maßgeblich: Bei Merkmalen, die dem Patienten aus anderen Dienstleistungsbereichen bekannt sind, wird der Patient diese auf Gesundheitsdienstleistungen übertragen.[353] So wird er die Hotelleistungen der Klinik möglicherweise mit denjenigen eines Hotels vergleichen. Prinzipiell wird das Erwartungsintervall bei der erstmaligen Inanspruchnahme einer Behandlung eher breit und diffus ausfallen.[354] Dies gilt ebenso für medizinisch-fachliche Aspekte von Gesundheitsdienstleistungen, von denen der Patient mitunter keine klare Vorstellung hat. Während negative Erfahrungen tendenziell zu einer Reduzierung der Erwartungen führen, können positive Erfahrungen ein gesteigertes Anspruchsniveau begründen, so dass eine ursprünglich hochwertige Leistung schließlich als selbstverständlich gilt und nicht mehr als „hochwertig" eingeschätzt wird (Anspruchsspirale).[355] Je mehr gleichbleibende Erfahrungen ein Patient mit einer bestimmten Leistung gemacht hat, umso schmaler wird sich das Erwartungsintervall darstellen. Bei qualitativ sehr unterschiedlichen Leistungen hingegen wird der Umfang des Intervalls größer sein.[356]

Erwartungen variieren aufgrund der genannten Faktoren sowohl inter- als auch intra-individuell. Sie sind vielschichtig und komplex. Zudem sind sich Patienten ihrer Erwartungen nicht immer (genau) bewusst. In einem solchen Fall handelt es sich um passive Erwartungen, die im Gegensatz zu aktiven Erwartungen kognitiv nicht präsent sind. Der Patient wird ihrer erst dann gewahr, wenn sie enttäuscht werden.[357] Generell werden Patienten sich ihrer Erwartungen umso eher bewusst sein, je wichtiger sie ihnen sind.

---

[353] Vgl. Hribek 1999, S. 70.

[354] Vgl. Haller 2005, S. 35.

[355] Vgl. Haller 2005, S. 35; Holtz 2000, S. 60; Schütze 1992, S. 156.

[356] Vgl. Haller 1998, S. 40. Erfahrungen von Familienangehörigen, Freunden und Bekannten, die durch informelle Kommunikation übertragen werden, fließen ebenfalls in die Erwartungsbildung ein. Auch durch Medien (formale Kommunikation) erhält der Patient Informationen, die in seine Erwartungsbildung eingehen. Da Kommunikation allgegenwärtig ist – soziale Systeme operieren durch Kommunikation und stellen gleichsam Kommunikationssysteme dar, vgl. Luhmann 1994, S. 192; Luhmann 2005a, S. 56ff. –, wird sie hier nicht als gesonderter Einflussfaktor ausgewiesen. Lediglich die Kommunikation zwischen Arzt und Patient (siehe Kapitel 2.2.4) ist bei Gesundheits-dienstleistungen von besonderem Interesse. Im Hinblick auf die Erwartungsentstehung wird diese in Form der „arztseitigen Rahmenbedingungen" einbezogen (siehe Kapitel 3.1.1).

[357] Vgl. Kahneman/Tversky 1982, S. 144f.; Oliver/Winer 1987, S. 471f.

4.2.1.2 Ist-Komponente des Soll-Ist-Vergleichs

Die Ist-Komponente des Qualitätsurteils stellt die vom Patienten individuell erfahrene Realität bzw. seine persönlich erlebte Situation dar. Die Wahrnehmung des Patienten ist ein subjektiver und selektiver Prozess, das heißt, objektiv gleiche Reize werden interindividuell unterschiedlich perzipiert. Reize bzw. Informationen werden nicht in ihrer Gesamtheit aufgenommen, sondern zunächst gefiltert und stufenweise verarbeitet. Aufgrund der begrenzten Kapazität zur Informationsverarbeitung und dem menschlichen Streben nach Vermeidung kognitiver Dissonanz entstehen Wahrnehmungsverzerrungen.[358] „Dissonante Informationen, die dem eigenen Selbstbild oder dem Bild der Umwelt des Individuums widersprechen, werden hierbei im Sinne eines Abwehrmechanismus gefiltert, umgedeutet, verdrängt oder überhaupt nicht wahrgenommen."[359] Das Individuum entwickelt eine eigene Auffassung der Realität, die unter anderem von Ausstrahlungseffekten und, unter Einfluss der Soll-Komponente, von Assimilations-Kontrast-Effekten geformt wird. Diese Effekte werden im Weiteren genauer betrachtet.

Drei Arten von *Ausstrahlungseffekten* lassen sich unterscheiden: Schluss von einer einzelnen Erfahrung auf das Gesamturteil, von einer einzelnen Erfahrung auf eine andere Erfahrung sowie vom Gesamturteil auf einzelne Erfahrungen.[360]

– Bei der Übertragung von einer Erfahrung auf das Gesamturteil werden bestimmte Schlüsselmerkmale zur Urteilsbildung herangezogen. Auf die Berücksichtigung weiterer Leistungsmerkmale wird weitgehend verzichtet. Ein klassisches Beispiel ist der Schluss von einem hohen Preis auf eine hohe Qualität.

– Bei der Folgerung von einer Erfahrung auf eine andere ist zwischen logisch nachvollziehbaren (induktive Schlüsse) und logisch nicht begründbaren Verknüpfungen von Erfahrungen (Irradiationen) zu differenzieren. Ein induktiver Schluss liegt zum Beispiel vor, wenn der Patient einem Oberarzt aufgrund dieser Bezeichnung ein höheres Maß an Fachkompetenz zuspricht als einem Assistenzarzt. Eine Irradiation

---

[358] Vgl. Holtz 2000, S. 59; Kroeber-Riel/Weinberg 2003, S. 268ff.; Staehle 1999, S. 197ff. Ausführlicher zu Festingers Theorie der kognitiven Dissonanz siehe Kapitel 4.1.1.
[359] Holtz 2000, S. 59. Siehe hierzu auch Staehle 1999, S. 202.
[360] Vgl. hierzu und im Folgenden Hribek 1999, S. 91; Kroeber-Riel/Weinberg 2003, S. 303ff.; Schütze 1992, S. 162ff. Mit den hier thematisierten Erfahrungen sind *aktuelle* Erfahrungen (Ist-Komponente) und nicht *ehemalige* Erfahrungen gemeint, wobei aktuelle Erfahrungen durch ein neues Erlebnis zu ehemaligen Erfahrungen werden. Kommen zu bestehenden Erfahrungen neue hinzu, verändern sich die Erwartungen entsprechend.

ist etwa gegeben, wenn der Patient von der Freundlichkeit des Arztes auf seine medizinisch-technische Kompetenz schließt. Irradiationen kommen insbesondere dann zum Tragen, wenn die Folgerung Vertrauenseigenschaften betrifft.

– Schließlich ist ein Schluss von dem Gesamturteil auf einzelne Erfahrungen möglich. Hierbei führt eine positive (negative) Gesamtbewertung zu einer ebenfalls positiven (negativen) Einzelbewertung.

Neben den Ausstrahlungseffekten kann die Reihenfolge der Reizwahrnehmung zu Verzerrungen der Wahrnehmung führen, dies wird Primacy-Recency-Effekt genannt. Beim Primacy-Effekt überlagert der erste Eindruck die nachfolgenden Eindrücke, während beim Recency-Effekt der zuletzt gemachte Eindruck das Gesamturteil nachhaltig bestimmt,[361] weswegen sich auch das Qualitätsurteil zur Aufnahme bzw. zur Entlassung entscheidend auswirken kann.

4.2.1.3 Soll-Ist-Vergleich

Aus dem Vergleich der Erwartungen und der Wahrnehmung des Patienten resultiert das Qualitätsurteil. Hierzu gibt Abbildung 5 einen Überblick. Wie der Pfeil zwischen Soll- und Ist-Komponente verdeutlicht, können sich diese aufgrund von *Assimilations-Kontrast-Effekten* gegenseitig beeinflussen. Die Assimilations-Kontrast-Theorie geht davon aus, dass die Höhe der Diskrepanz zwischen wahrgenommener Leistung und Erwartungen vorgibt, ob ein Mechanismus ausgelöst wird, der zu einer Verringerung (Assimilationseffekt) oder einer Erhöhung (Kontrasteffekt) der Abweichung führt. Besteht zwischen Erwartungen und wahrgenommener Realität lediglich eine unerhebliche Differenz, wird der Patient seine Erwartungen bzw. seine Wahrnehmung möglicherweise nachträglich anpassen. Liegt die Qualität der wahrgenommenen Gesundheitsdienstleistung etwa geringfügig unterhalb der erwarteten – was ein negatives Qualitätsurteil zur Konsequenz hätte –, kann aufgrund des Assimilationseffekts dennoch ein neutrales Qualitätsurteil entstehen. Übersteigt die Differenz hingegen ein bestimmtes (akzeptables) Ausmaß, kommt der Kontrasteffekt zum Tragen: Aufgrund eines ausgelösten Überraschungseffekts wird die Abweichung zwischen Soll- und Ist-Komponente erhöht und es folgt ein verstärkt negatives oder positives Qualitätsurteil.[362]

---

[361] Vgl. Staehle 1999, S. 203f.
[362] Vgl. Homburg/Stock-Homburg 2008, S. 24ff.; Hovland et al. 1957; Meyers-Levy/Tybout 1997.

Abbildung 5: Soll-Ist-Vergleich

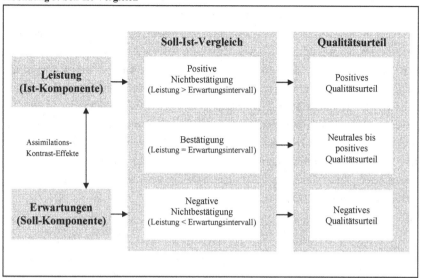

Quelle: In Anlehnung an Anderson/Sullivan 1993, S. 127; Homburg/Stock-Homburg 2008, S. 21; Hoyer/MacInnis 2004, S. 283; Oliver 1980; 1981.[363]

Das Qualitätsurteil entsteht, unabhängig von Assimilations-Kontrast-Effekten, folgendermaßen: Überschreitet die wahrgenommene Gesundheitsdienstleistung die Obergrenze des Erwartungsintervalls, ergibt sich hieraus ein überaus positives Urteil des Patienten. Ideale Erwartungen werden etwa dann übertroffen, wenn Leistungen

---

[363] Möglicherweise besteht darüber hinaus ein direkter Einfluss der Soll-Komponente oder der Ist-Komponente – das heißt ohne Soll-Ist-Vergleich – auf das Qualitätsurteil. Die diesbezügliche Erkenntnislage ist jedoch uneinheitlich, vgl. Anderson/Sullivan 1993; Bolton/Drew 1991; Churchill/Suprenant 1982; Homburg/Stock-Homburg 2008, S. 20f.; Szymanski/Henard 2001; Tse/Wilton 1988. Ein direkter Einfluss der Ist-Komponente ist bei neuen Produkten denkbar, da bei diesen keine Erfahrungswerte vorliegen, die zum Vergleich herangezogen werden können. Für Dienstleistungen gilt dies jedoch nur bedingt, da völlig neu geartete Dienstleistungen, die keine bekannten Elemente enthalten (wie Räumlichkeiten, Freundlichkeit), kaum vorstellbar sind. Denkbar ist auch ein Gewöhnungseffekt, so dass bei langer Dauer der Inanspruchnahme – etwa bei chronisch kranken Patienten, die regelmäßig einen Arzt konsultieren müssen – die Soll-Komponente zur Ist-Komponente wird. Ein direkter Einfluss der Erwartungen ist möglicherweise gegeben, wenn der Patient davon ausgeht, dass seine Erwartungen ohnehin nicht erfüllt werden können und deswegen kein Abgleich mit der wahrgenommenen Leistung erfolgt. Alles in allem stellt der direkte Einfluss der Soll-Komponente oder der Ist-Komponente auf das Qualitätsurteil wohl die Ausnahme und der Soll-Ist-Vergleich den Regelfall dar.

erbracht werden, die nicht im Vorstellungsvermögen des Patienten lagen.[364] Wenn
etwa aufgrund des medizinisch-technischen Fortschritts statt eines invasiven Eingriffs
ein nicht-invasiver Eingriff vorgenommen werden kann, dem Patienten die neue Behandlungsmethode aber nicht bekannt war, kann dies zu einem ausgesprochen positiven Qualitätsurteil führen. Liegt die wahrgenommene Leistung im Bereich zwischen
Mindest- und Idealerwartungen – dieses Erwartungsintervall wird auch Toleranzzone
genannt –,[365] resultiert hieraus ein neutrales bis positives Qualitätsurteil. Liegt die
Leistung näher an den Mindesterwartungen, wird das Urteil eher neutral ausfallen,
liegt sie näher bei den Idealerwartungen, wird sich das Patientenurteil positiver darstellen. Unterschreitet die wahrgenommene medizinische Leistung die Mindesterwartungen, führt dies zu einer negativen Nichtbestätigung der Erwartungen und
damit einem negativen Qualitätsurteil.[366]

Die Bildung eines Qualitätsurteils soll beispielhaft anhand der Wartezeit in einer Arztpraxis aufgezeigt werden. So mag die Toleranzzone eines Patienten, der erfahrungs-
gemäß immer Wartezeiten in Kauf nehmen muss, bezogen auf dieses Attribut
zwischen einer Wartedauer von fünf Minuten (Idealerwartungen) und 30 Minuten
(Mindesterwartungen) liegen. Beträgt die Wartezeit nun 15 Minuten, bildet sich ein
positives Qualitätsurteil. Bei fünf Minuten würde das Qualitätsurteil ebenfalls positiv
ausfallen. Da die Idealerwartung in diesem Fall eher getroffen wird als bei einer Wartezeit von 15 Minuten, würde der Patient die kürzere Wartedauer jedoch positiver beurteilen. Muss der Patient erst gar nicht im Wartezimmer Platz nehmen, sondern wird
direkt in das Behandlungszimmer geführt, wird ein überaus positives Qualitätsurteil
entstehen. Bei einer Wartezeit von 60 Minuten erfolgt eine negative Nichtbestätigung
der Erwartungen und damit ein negatives Urteil. Dieses kann sich dann auch auf die
Urteile zu anderen Merkmalen der Gesundheitsdienstleistung und auf das Gesamturteil
auswirken. Nicht immer können die Erwartungen des Patienten jedoch so präzise sein
wie in diesem Beispiel. Im Hinblick auf den Aspekt „Verständlichkeit der Diagnoseer-
klärung" könnte die Untergrenze des Erwartungsintervalls „prinzipiell verständlich"
und die Obergrenze „sehr verständlich", das heißt, die Erklärung konnte im Detail

---

[364] Vgl. Haller 1998, S. 42.
[365] Vgl. Haller 1998, S. 38; Parasuraman et al. 1991, S. 42.
[366] In das dargestellte Modell des Soll-Ist-Vergleichs lassen sich weitere Theorien – wie zum Beispiel
die Attributionstheorie (Zuschreibung von Ursachen auf eigenes oder fremdes Verhalten) oder die
Equity-Theorie (Gerechtigkeit von Austauschbeziehungen) – integrieren. Zu einer Übersicht von
Theorien siehe Homburg/Stock-Homburg 2008, S. 23ff.; Schütze 1992, S. 133ff.

nachvollzogen werden, lauten. Dass der Patient hierbei eine Vielzahl von Abstufungen vornimmt, ist unwahrscheinlich.

Zu dem hier beschriebenen Modell der Bildung eines Qualitätsurteils gibt es jedoch einige Ausnahmefälle. Ein Beispiel ist der Umfang an Informationen, die der Patient erhält. Entspricht dieser Umfang den Erwartungen, entsteht ein neutrales bis positives Qualitätsurteil. Aber sowohl ein Weniger (der Patient fühlt sich unzureichend informiert) als auch ein Mehr an Informationen (der Patient sieht sich einer Informationsflut ausgesetzt) führt zu einem negativen Urteil. Dies gilt auch für die Verweildauer in Krankenhäusern: Einen zu kurzen Aufenthalt könnte der Patient als „Drehtürmedizin" empfinden, einen zu langen Aufenthalt hingegen als unnötig ausgedehnt. Bei diesen Ausnahmen gilt der im Regelfall bestehende Zusammenhang „je weniger, desto besser" (Wartezeit) bzw. „je mehr, desto besser" (Freundlichkeit des Arztes) nicht. Der Soll-Ist-Vergleich kann demnach entweder zu einer Bestätigung oder zu einer negativen Nichtbestätigung führen, eine positive Nichtbestätigung ist hingegen nicht möglich.[367]

Sowohl in theoretischer als auch in praktischer Hinsicht hat der Soll-Ist-Vergleich Bestätigung und Verbreitung gefunden.[368] Notwendigerweise handelt es sich dabei um eine starke Vereinfachung, denn es ist „durchaus fraglich, ob ein solch mechanistisch-mathematischer Prozeß von einem sozialen Lebewesen tatsächlich auf diese einfache Art und Weise nachvollzogen wird".[369] Dessen ungeachtet dienen die vorherigen Ausführungen dazu, ein tiefer gehendes Verständnis von der Entstehung eines Patientenurteils zu vermitteln. Dies ist die Voraussetzung, um Patientenurteile in Befragungen überlegt anzuwenden und um aus den Ergebnissen die „richtigen" Schlüsse zu ziehen.

4.2.2 Messung des Patientenurteils in Patientenbefragungen

Im Rahmen von Patientenbefragungen können Soll- und Ist-Komponente entweder separat (indirekte Messung)[370] oder als Resultat des Soll-Ist-Vergleichs (direkte Mes-

---

[367] Vgl. Hribek 1999, S. 82f. und S. 93f.

[368] Vgl. Churchill/Suprenant 1982, S. 491; Homburg/Stock-Homburg 2008, S. 19 und die dort angegebene Literaturübersicht; Schütze 1992, S. 178; Siefke 1998, S. 65.

[369] Holtz 2000, S. 65.

[370] Die indirekte Erfassung orientiert sich an dem aus der Messung der Dienstleistungsqualität bekannten Service Quality Model von Parasuraman et al., in dem der erwartete Service mit dem wahrgenommenen Service verglichen wird, vgl. Parasuraman et al. 1985.

sung) erfasst werden. Eine getrennte Ermittlung der Soll-Komponente *vor* der Behandlung und der Ist-Komponente *nach* der Behandlung ist mit zahlreichen Schwierigkeiten verbunden: Erwartungen unterliegen während der Inanspruchnahme einer Gesundheitsdienstleistung einem dynamischen Veränderungsprozess, womit die Validität
einer ex ante-Messung von Erwartungen grundsätzlich anzuzweifeln ist. Denn ausschlaggebend für das Qualitätsurteil sind nicht die ursprünglichen, sondern vielmehr
die situativen Erwartungen, welche möglicherweise angepasst wurden.[371] Da sich Erwartungen und wahrgenommene Leistung zudem durch Assimilations-Kontrast-
Effekte gegenseitig beeinflussen können, ist fraglich, ob eine getrennte Erhebung unter
Validitätsgesichtspunkten überhaupt vertretbar ist – insbesondere, da der Abwägungs-
und Vergleichsprozess von Soll- und Ist-Komponente nicht exakt erforscht ist.[372]

Zudem würde eine separate Erfassung von Soll- und Ist-Komponente zu einer Erhöhung des Fragebogenumfangs führen, wodurch der Raum für andere relevante Fragen
eingeschränkt wäre.[373] Des Weiteren wäre infolge der zweifachen Befragung (vor und
nach der Behandlung) eine erhöhte Kooperationsbereitschaft der Patienten erforderlich.[374] Aufgrund der genannten Schwierigkeiten wird auf eine getrennte Messung der
beiden Komponenten verzichtet und stattdessen eine direkte Erhebung des Resultats
des Soll-Ist-Vergleichs befürwortet.[375]

4.2.3 Patientenurteile zu einzelnen Merkmalen und Gesamturteil

Grundsätzlich führt der Patient für jedes Merkmal einer Gesundheitsdienstleistung
einen Soll-Ist-Vergleich durch. Über die Qualitätsurteile zu den einzelnen Attributen
hinaus ist aber auch das Gesamturteil im Hinblick auf die erhaltene Gesundheitsdienstleistung von Interesse, da dieses sich maßgeblich auf das Verhalten des Patienten

---

[371] Vgl. Hribek 1999, S. 117; Schütze 1992, S. 186f.; Siefke 1998, S. 110.

[372] Vgl. Holtz 2000, S. 54ff. und S. 171; Hribek 1999, S. 66ff. und Fußnote 363.

[373] Vgl. Beutin 2008, S. 133.

[374] Vgl. Siefke 1998, S. 110. Sowohl diese Problematik als auch diejenige der möglichen Anpassung
von Erwartungen ließen sich durch eine ex post-Erhebung der Erwartungen lösen. Diese Vorgehensweise stellt aber zum einen hohe Anforderungen an die kognitiven Fähigkeiten der Befragten,
da diese sich ihre Erwartungen nachträglich ins Gedächtnis rufen müssten. Zum anderen würde dies
vermutlich dazu führen, dass die Erwartungen durch die wahrgenommene Leistung überlagert werden.

[375] Vgl. Beutin 2008, S. 132; Hentschel 1992, S. 115ff. und S. 124f.; Homburg/Werner 1996, S. 94;
Hribek 1999, S. 122.

auswirkt.[376] Um zu einem Gesamturteil zu gelangen, aggregiert der Patient seine Einzelurteile zu den verschiedenen Attributen.[377] Hierbei wird zwischen kompensatorischen und nicht-kompensatorischen Merkmalen unterschieden: Bei kompensatorischen Merkmalen kann ein negatives Einzelurteil durch ein positives Einzelurteil eines anderen Merkmals ausgeglichen werden. Bei nicht-kompensatorischen Merkmalen ist dies nicht möglich – mit der Folge eines negative(re)n Gesamturteils.[378] Da etwa die fachbezogenen Fähigkeiten des Arztes für den Patienten grundsätzlich besonders wichtig sind, ist davon auszugehen, dass ein diesbezügliches Defizit – das heißt, die Mindesterwartungen des Patienten werden nicht erfüllt – nicht durch beispielsweise besondere Freundlichkeit des Arztes ausgeglichen werden kann.

Bei dem kompensatorischen Modell ist die Bedeutungsgewichtung entscheidend, die der jeweilige Patient den verschiedenen Merkmalen zuspricht.[379] Einige Attribute können für ihn wenig Relevanz haben und sind für das Gesamturteil entsprechend unbedeutsam. Andere Merkmale hingegen können dem befragten Patienten besonders wichtig sein und das Gesamturteil nachhaltig beeinflussen. Beispielsweise legen multimorbide Patienten in der Regel auf die Zusammenarbeit der beteiligten Ärzte mehr Wert als Patienten, die lediglich von einer einzigen Erkrankung betroffen sind.[380] Die Bedeutungsgewichtung der einzelnen Merkmale variiert demnach inter- und intraindividuell.[381]

Insgesamt kann festgehalten werden, dass es sich bei dem Gesamturteil des Patienten zur Qualität von Gesundheitsdienstleistungen – wie auch bei der Qualität selbst – um ein multiattributives Konstrukt handelt. Es hängt dabei von dem jeweiligen Patienten

---

[376] Vgl. Boulding et al. 1993, S. 25ff.; Knop 2002, S. 159; Schütze 1992, S. 171ff. Zum Verhalten des Patienten siehe Kapitel 4.2.4.

[377] Vgl. Hentschel 1992, S. 114ff.; Kroeber-Riel/Weinberg 2003, S. 310ff. In diesem Kontext stellt sich die Frage, welche Attribute der Patient hierbei berücksichtigt. Die Antwort hierauf hängt vor allem davon ab, wann das Patientenurteil gebildet wird: Entsteht es nach der Inanspruchnahme einer Gesundheitsdienstleistung und wird in der Befragungssituation aus dem Gedächtnis abgerufen, hat die Erhebung keinen Effekt – oder lediglich einen geringen Einfluss, wenn die Befragung die Erinnerung beeinflusst – auf das Urteil. Wird das Patientenurteil hingegen erst in der Befragungssituation gebildet, werden vermutlich die in dem Survey thematisierten Merkmale bei der Generierung des Gesamturteils verstärkt berücksichtigt, da die Aufmerksamkeit des Befragten auf diese gelenkt wird, siehe auch Neuberger 1985, S. 191. Zur Generierung des Urteils trägt die kognitive Verfügbarkeit von Informationen maßgeblich bei. Es ist davon auszugehen, dass Urteile mit Hilfe leicht verfügbarer Informationen gebildet werden, siehe hierzu Hopp 2000, S. 124ff.

[378] Vgl. Kroeber-Riel/Weinberg 2003, S. 312.

[379] Nicht-kompensatorische Attribute sind definitionsgemäß alle wichtig.

[380] Vgl. Mörsch 2005, S. 35.

[381] Vgl. Haller 1998, S. 39.

ab, welche Attribute in welchem Maße in das Gesamturteil eingehen.[382] Hierbei „ist anzunehmen, dass die wichtigen Qualitätsattribute die unwichtigen überlagern und bei gleichwertigen die neuen Informationen die alten verdrängen".[383] Darüber hinaus können die bereits aufgezeigten Ausstrahlungseffekte bei der Bildung eines Gesamturteils eine Rolle spielen. Da es sich bei diesem um ein komplexes Konstrukt handelt, ist es zudem möglich, dass der Patient hierfür den Behandlungserfolg oder seine aktuelle Befindlichkeit als Proxi verwendet.[384]

Wie die vorherigen Darlegungen zeigen, bilden Patienten ihr Gesamturteil jeweils unterschiedlich. Nur der Patient selbst weiß, wie wichtig ihm einzelne Attribute der Gesundheitsdienstleistung sind. Deshalb sollte das Gesamturteil in Patienten-befragungen explizit erhoben und nicht aus der Summe der Einzelurteile generiert werden. Ein solches analytisch bestimmtes Gesamturteil würde mit großer Wahr-scheinlichkeit (deutlich) vom Gesamturteil des Patienten abweichen. Von einer Erhe-bung der Bedeutungsgewichtung je Merkmal (direkte Wichtigkeitsbestimmung) und der anschließenden Generierung des Gesamturteils aus jeweiliger Gewichtung und Einzelurteil ist überdies aus zwei Gründen abzuraten: Zum einen werden in Patienten-befragungen grundsätzlich relevante Aspekte von Gesundheitsdienstleistungen thema-tisiert, so dass es zu einer Anspruchsinflation – alle Merkmale werden als „sehr wichtig" oder „wichtig" eingestuft – kommen kann. Zum anderen ist die Bedeutungs-gewichtung über die Lage und den Umfang des Erwartungsintervalls (so liegen die Mindesterwartungen bei wichtigen Attributen höher) bereits implizit im Einzelurteil erfasst.[385] Wird eine Bedeutungsgewichtung gewünscht – damit Praxisinhaber oder Klinikleitung konkrete Hinweise zu aus Patientensicht zentralen Aspekten der Ge-sundheitsdienstleistung erhalten –, können statistische Verfahren eingesetzt werden (indirekte Wichtigkeitsbestimmung). Mit Hilfe einer multiplen Regressionsanalyse kann ermittelt werden, wie stark die Urteile zu den einzelnen Merkmalen (unabhängi-ge Variablen) das separat erhobene Gesamturteil (abhängige Variable) beeinflussen.[386]

---

[382] Zu einer Übersicht von Multiattributmodellen und zu ungeklärten Fragen bei der Bildung des Ge-samturteils siehe Haller 1998, S. 20ff.; Schütze 1992, S. 171ff.

[383] Pikkemaat 2004, S. 101. Der letztgenannte Aspekt ist insbesondere bei stationär erbrachten Gesundheitsdienstleistungen relevant, da sich der Dienstleistungsprozess oftmals über mehrere Ta-ge erstreckt und der Patient im Hinblick auf die verschiedenen Merkmale mehrere Erfahrungen gemacht haben kann.

[384] Vgl. Hopp 2000, S. 75.

[385] Ausführlicher zur Problematik der direkten Wichtigkeitsbestimmung im Rahmen von Befragungen siehe Homburg/Werner 1998, S. 89; Hribek 1999, S. 101ff.

[386] Vgl. Homburg/Klarmann 2008, S. 210; Hribek 1999, S. 102.

Das Gesamturteil kann zum Beispiel mit der Rating-Frage „Alles in allem: Wie bewerten Sie die Klinik?" erfasst werden. Eine indirekte Wichtigkeitsbestimmung wird in Kapitel 5.5 anhand einer binären logistischen Regression vorgenommen.

4.2.4 Verhaltenswissenschaftliche Implikationen von Patientenurteilen

Qualitätsurteile wirken sich in dreierlei Hinsicht auf das Verhalten des Patienten aus: Erstens determinieren sie die *Inanspruchnahme von Gesundheitsdienstleistungen*, das heißt die Bereitschaft eines Kranken, im Bedarfsfall ärztliche Hilfe in Anspruch zu nehmen. Negative Patientenurteile führen gegebenenfalls zu einer verzögerten Nutzung von weiteren medizinischen Leistungen oder sogar zu einem gänzlichen Verzicht auf professionelle medizinische Unterstützung.[387] Dies kann nicht nur gravierende Konsequenzen für die Gesundheit des einzelnen Patienten haben, sondern auch für die Gesundheit der übrigen Bevölkerung, etwa bei einer ansteckenden Erkrankung. Zweitens begünstigen positive Qualitätsurteile die – bereits in Kapitel 2.5 thematisierte – *Compliance* des Patienten.[388] Drittens beeinflussen Qualitätsurteile das *reaktive Verhalten* des Patienten. Hierzu zählen bei positiven Urteilen Loyalität und die Bereitschaft, den Arzt weiterzuempfehlen (Patienten als Multiplikatoren). Negative Urteile hingegen können zu einem Wechsel des Arztes, zu negativer Mund-zu-Mund-Propaganda und zu Beschwerden bzw. rechtlichen Schritten bei medizinischen Behandlungsfehlern führen.[389] Da negative Urteile in der Regel stärker in das Bewusstsein dringen als positive,[390] sind sie eher verhaltenswirksam. Dies zeigt sich zum Beispiel daran, dass positive Erfahrungen im Durchschnitt drei anderen Personen mitgeteilt werden – wobei zu berücksichtigen ist, dass Ärzte in der Regel nur auf Nachfrage empfohlen werden –, negative demgegenüber sogar bis zu elf Personen.[391]

Insgesamt können die Auswirkungen von Patientenurteilen in ihrer Bedeutung kaum überschätzt werden. Dies gilt in erster Linie für die Betroffenen und ihre Gesundheit. Darüber hinaus wird auch das professionelle Interesse der Ärzte an der Gesundheit ihrer Patienten hiervon berührt. Denn Ärzte erbringen Gesundheitsdienstleistungen mit dem Ziel, dass ihre Patienten gesund werden bzw. sich ihr Gesundheitszustand nicht

---

[387] Vgl. Blum 1995, S. 42ff.; Ware/Davies 1983, S. 291ff.
[388] Vgl. Arnold-Wörner et al. 2008; Bartlett et al. 1984; Blum 1995, S. 42ff.; Hirsh et al. 2005.
[389] Vgl. Ware/Davies 1983, S. 291f.
[390] Vgl. Schütze 1992, S. 131.
[391] Vgl. Kotler et al. 2003, S. 331.

verschlechtert. Dieses Ziel kann ohne die Compliance der Patienten nicht erreicht werden. Zudem können die aufgeführten Verhaltensweisen bei negativen Qualitätsurteilen den Ruf und das Einkommen der Ärzte schädigen. Ferner erleidet die Gemeinschaft der Versicherten Nachteile, wenn eine wünschenswerte Nachfrage nach Gesundheitsdienstleistungen ausbleibt bzw. wenn ein Patient sich non-compliant verhält, da die Gemeinschaft letztlich die wirtschaftlichen Schäden zu tragen hat. So sind die Konsequenzen mangelnder Therapietreue, die jedoch nicht ausschließlich auf negative Qualitätsurteile zurückzuführen ist, aus ökonomischer Sicht gravierend: Allein die Kosten der Non-Compliance summieren sich in Deutschland auf schätzungsweise zehn Prozent der Ausgaben im Gesundheitswesen.[392] Dieser Betrag setzt sich vor allem zusammen aus direkten Kosten für vermeidbare Arztbesuche, Krankenhausaufenthalte und Pflegeleistungen sowie für nicht eingenommene Medikamente. Indirekte Kosten entstehen insbesondere durch den Verlust an Produktivität und Arbeitseinkommen.[393]

Nachdem das Patientenurteil, welches im Rahmen des Soll-Ist-Vergleichs individuell unterschiedlich gebildet wird, theoretisch fundiert wurde, erfolgt im nächsten Kapitel exemplarisch seine empirische Überprüfung anhand einer Befragung von Patienten nach einem Klinikaufenthalt.

---

[392] Vgl. Petermann 2004, S. 89.
[393] Vgl. Sullivan et al. 1990, S. 29.

5 Erhebung der Qualitätsurteile von Krankenhauspatienten (QPRR-Befragung)

Im Rahmen der vorliegenden Befragung wurden 1.501 Patienten eines Belegkrankenhauses anhand des Fragebogens „Qualitätsurteile von Patienten mittels Report & Rating" (QPRR) zu ihren Urteilen im Hinblick auf die dort erhaltenen Gesundheitsdienstleistungen befragt.[394]

5.1 Design der Erhebung

Da es in dem Krankenhaus der Maximalversorgung bislang keine systematische Patientenbefragung gab, wurde die Erhebung als Baseline-Studie zur Generierung von Referenzwerten für eine langfristig angelegte kontinuierliche Befragung in einem Turnus von ein bis zwei Jahren konzipiert. Im Hinblick auf die vorhergehenden theoretischen Ausführungen zu den Dimensionen und Merkmalen der Qualität von Gesundheitsdienstleistungen sei angemerkt, dass nicht alle, aber ein Großteil der dort behandelten Aspekte – unter Berücksichtigung der Gegebenheiten der speziellen Klinik – in dem QPRR-Fragebogen Verwendung finden. Insbesondere ist hervorzuheben, dass es sich um ein Belegkrankenhaus handelt; auf die hieraus für die Befragung resultierenden Konsequenzen wird an entsprechender Stelle eingegangen. Über die bisher in dieser Arbeit thematisierten Qualitätsdimensionen und -merkmale hinaus enthält das Erhebungsinstrument Fragen zum Beschwerdemanagement der Klinik. Insgesamt werden 37 Fragen gestellt – zwei davon in offener Form, um den Patienten Gelegenheit zu geben, Lob, Kritik und Verbesserungsvorschläge mit eigenen Worten zu formulieren.[395]

Die Patienten erhielten bei der Entlassung den Fragebogen mit der Bitte, diesen zu Hause auszufüllen.[396] Dadurch, dass die Mitarbeiter des Krankenhauses die Fragebögen austeilten, war zum einen die Möglichkeit gegeben, diese in die Befragung einzubinden, zum anderen konnte das Personal den Patienten das Ziel und die Wichtigkeit der Erhebung erläutern. Für den Rücklauf wurde ein an die Klinik adressierter Freium-

---

[394] Weitergehende Informationen zu dem Krankenhaus, das den Fragebogen zur Verfügung gestellt hat, werden aus Gründen der Vertraulichkeit nicht aufgeführt, sind den Gutachtern aber bekannt.

[395] Der Fragebogen mit den Randauszählungen ist in Anhang A dokumentiert.

[396] Zu den Vorteilen der schriftlichen Befragungsmethode siehe, wie bereits in Fußnote 299 erwähnt, Freise 2003, S. 50ff.; Neugebauer/Porst 2001, S. 15f. Zu den Vorzügen von ex post-Befragungen siehe S. 98 der vorliegenden Arbeit.

schlag beigelegt. Auf die Wahrung ihrer Anonymität wurden die Patienten in einem Anschreiben hingewiesen, das dem Fragebogen beigefügt war.[397] Dort wurden auch die Ziele der Befragung herausgestellt – Qualitätssicherung und -verbesserung – und des Weiteren Kontaktmöglichkeiten für Rückfragen genannt.

Die Befragung wurde in allen Stationen der Akutbehandlung durchgeführt. Festgelegt wurde eine Netto-Stichprobengröße von 1.500 Personen über 18 Jahren, um zumindest auf der univariaten Ebene statistisch belastbare Zahlen für alle beteiligten Stationen zu erhalten.[398] Die Feldarbeit mit der Ausgabe der ersten Fragebögen begann am 1. Juni 2008 und wurde am 1. Oktober 2008 abgeschlossen, als ein Rücklauf von 1.501 erreicht war.

5.2   Struktur der Stichprobe

Das Verhältnis der Geschlechter ist, wie Tabelle 13 zeigt, weitgehend ausgewogen.[399]

Tabelle 13: Geschlecht der Befragten

	N	%
Frauen	686	49,0
Männer	714	51,0
Gesamt	1.400	

Die Mehrzahl der Befragten ist über 50 Jahre alt. Die anteilig größte Gruppe stellen die Patienten über 70 Jahren. Das Durchschnittsalter liegt bei 54,1 Jahren.

---

[397] Das Anschreiben ist in Anhang A aufgeführt.

[398] Auf einzelne Stationen wird im Folgenden nicht weiter eingegangen. Zur Rücklaufquote können keine Angaben gemacht werden, da die Anzahl der ausgeteilten Fragebögen im Nachhinein nicht mehr nachvollzogen werden konnte.

[399] Wenn in der folgenden Auswertung die Addition der Prozentwerte nicht hundert ergibt, so kann dies an möglichen Mehrfachantworten oder Rundungsfehlern liegen. Die Prozentwerte im Text wurden generell gerundet.

Tabelle 14: Alter der Befragten

	N	%
18-29 Jahre	138	10,2
30-39 Jahre	170	12,6
40-49 Jahre	254	18,9
50-59 Jahre	253	18,8
60-69 Jahre	207	15,4
70 Jahre oder älter	325	24,1
Gesamt	1.347	

Die Patienten sind mehrheitlich verheiratet oder leben mit einem Partner zusammen. Alleinstehend sind rund 30 Prozent (siehe Tabelle 16).

Tabelle 15: Familienstand

	N	%
Verheiratet	793	58,2
Getrennt lebend	31	2,3
Ledig	245	18,0
Geschieden	126	9,3
Verwitwet	167	12,3
Gesamt	1.362	

Tabelle 16: Partner[400]

	N	%
Ja	941	70,2
Nein	399	29,8
Gesamt	1.340	

Entsprechend dem Alter in der untersuchten Population hat lediglich ein gutes Fünftel der Befragten Kinder unter 14 Jahren.[401]

---

[400] Alle Personen, die – verheiratet oder ohne Trauschein – mit einem Partner zusammenleben.
[401] Der Bildungsstatus der Befragten wurde nicht erhoben, so dass der potenzielle Einfluss dieser in den Sozialwissenschaften wichtigen Determinante nicht überprüft werden kann.

Tabelle 17: Kinder unter 14 Jahren

	N	%
Ja	295	22,4
Nein	1.024	77,6
Gesamt	1.319	

5.3 Ergebnisse der Qualitätsdimensionen

Zusätzlich zu den vorgenannten demografischen Angaben wurden nachstehende Dimensionen anhand von Report- und Rating-Fragen erhoben: Ausstattung (mit Fokus auf den Hotelleistungen), Organisation, Beziehung zum Personal, Behandlung und Behandlungserfolg, Patientenzufriedenheit sowie die abschließende Einschätzung der Patienten zu ihrem Krankenhausaufenthalt. Im Folgenden werden die Ergebnisse der jeweiligen Dimensionen vorgestellt. Danach wird eine Analyse der Faktoren vorgenommen, die einen Einfluss auf die Urteile der Patienten haben. Schließlich wird aufgezeigt, welche Aspekte des stationären Aufenthalts für die Gesamtbewertung der Einrichtung besonders wichtig sind.

Reliabilitätstest durch Faktorenanalyse

Es wurden alle Einzelfragen (Items) aus den acht Frageblöcken 5, 6, 12, 16, 17, 18, 19 und 20 des QPRR-Fragebogens mit Hilfe einer Faktorenanalyse (genau: einer Hauptkomponentenanalyse) analysiert und verdichtet.[402] Mit dieser Analyse können die den Fragen zugrunde liegenden Einstellungen (oder „Faktoren") ermittelt werden.[403] Wenn Items zu einem Faktor gehören und eine bestimmte Einstellung repräsentieren, dann sollten sie auf den jeweiligen Faktor „laden", das heißt hoch mit ihm korrelieren und Werte nahe bei 1 oder -1 aufweisen und überdies nicht auf andere Faktoren laden. Wenn dies – so wie in Tabelle 18 – gegeben ist, handelt es sich um eine „Einfachstruktur" der Komponentenmatrix.[404]

---

[402] Bei allen Frageblöcken handelt es sich um Rating-Fragen mit Vierer-Antwortskala. Ausführlicher zur Faktorenanalyse siehe Backhaus et al. 2003, S. 259ff.

[403] Rangskalierte Merkmale erfüllen messtheoretisch nicht die für das metrische Messniveau erforderliche Voraussetzung der Äquidistanz der einzelnen Messpunkte. Untersuchungen haben aber gezeigt, dass die Analyse solcher Variablen auch mit Verfahren, die ein metrisches Messniveau erfordern (wie die Faktorenanalyse), kaum zu Verzerrungen der Resultate führt, vgl. Allerbeck 1978; Diehl/Kohr 1987, S. 374.

[404] Vgl. Backhaus et al. 2003, S. 299.

Der anschließend durchgeführte „Bartlett-Test auf Sphärizität" prüft auf Grundlage der Korrelationskoeffizienten in der Stichprobe die Hypothese, dass die Werte der Korrelationskoeffizienten in der Grundgesamtheit gleich 0 sind und kein Zusammenhang zwischen den Items besteht.[405] Da der Wert mit 0,000 hoch signifikant ist, kann von einem Zusammenhang zwischen den Items der jeweiligen Faktoren ausgegangen werden. Der Wert für das „Maß der Stichprobeneignung nach Kaiser-Meyer-Olkin" gibt an, wie gut die Korrelationsmatrix für eine Faktorenanalyse geeignet ist. Dieses Maß kann Werte von 0 bis 1 annehmen, wobei Werte ab 0,5 als brauchbar für eine Faktorenanalyse gelten. Der vorliegende Wert von 0,936 ist den geltenden Konventionen nach als „erstaunlich" anzusehen.[406] Lediglich die beiden Items „Ausstattung und Komfort meines Zimmers waren gut" und „Ich wurde ausreichend mit Getränken versorgt" konnten keinem der Faktoren zugeordnet werden. Die Analyse hat entsprechend den Untersuchungsdimensionen acht deutlich getrennte Faktoren identifiziert. Die verwendeten Fragen sind damit als reliable Indikatoren für die jeweiligen Dimensionen zu bezeichnen.

---

[405] Vgl. Bühl 2006, S. 515.
[406] Vgl. Backhaus et al. 2003, S. 276f. Zur Beurteilung der Kaiser-Meyer-Olkin-Werte siehe auch Kaiser/Rice 1974, S. 112.

Tabelle 18: Rotierte Komponentenmatrix

	Faktor							
	1	2	3	4	5	6	7	8
Pflegepersonal: Menschliche Zuwendung	,862							
Pflegepersonal: Respekt	,833							
Pflegepersonal: Zeit	,821							
Pflegepersonal: Freundlichkeit	,816							
Pflegepersonal: Schnelligkeit der Hilfe	,803							
Pflegepersonal: Eingehen auf persönliche Wünsche	,778							
Pflegepersonal: Fachliche Kompetenz	,736							
Behandelnder Arzt: Menschliche Zuwendung		,803						
Behandelnder Arzt: Respekt		,801						
Behandelnder Arzt: Freundlichkeit		,784						
Behandelnder Arzt: Zeit		,736						
Behandelnder Arzt: Fachliche Kompetenz		,709						
Behandelnder Arzt: Schnelligkeit der Hilfe		,694						
Untersuchungsergebnisse wurden mir verständlich erklärt			,775					
Ich wurde über das Vorgehen nach meiner Entlassung informiert			,746					
Ich wurde über den Behandlungsablauf informiert			,738					
Ich erhielt Informationen über (Neben-)Wirkungen von Medikamenten			,719					
Ich wusste stets, an wen ich mich wenden konnte			,693					
Ärzte und Pfleger haben gut zusammengearbeitet			,649					
Das Essen war abwechslungsreich				,797				
Das Essen war sehr gut				,789				
Meine Essenswünsche wurden berücksichtigt				,734				
Die Temperatur der Mahlzeiten war genau richtig				,724				
Die Essenszeiten passten gut in den Tagesablauf				,715				
Das Essen wurde ansprechend serviert				,674				
Sauberkeit/Hygiene: Flure					,850			
Sauberkeit/Hygiene: Gemeinschaftsräume					,825			
Sauberkeit/Hygiene: Sanitäre Anlagen					,811			
Sauberkeit/Hygiene: Zimmer					,806			
Abläufe: Einhaltung der Zeiten						,794		
Abläufe: Ankündigung von Untersuchungen und Behandlungen						,729		
Abläufe: Vorbereitung der Entlassung						,651		
Nachts Störung durch Lärm und Unruhe							,749	
Tagsüber Störung durch Lärm und Unruhe							,739	
Mein Zimmer war zu kühl							,662	
Mein Zimmer war zu warm							,598	
Ärzte: Wahrung der Privatsphäre								,755
Pflegepersonal: Wahrung der Privatsphäre								,737

Maß der Stichprobeneignung nach Kaiser-Meyer-Olkin		,936
Bartlett-Test auf Sphärizität	Ungefähres Chi-Quadrat	22730,919
	Df	703
	Signifikanz nach Bartlett	,000
Erklärung Gesamtvarianz	68 Prozent	

Extraktionsmethode: Hauptkomponentenanalyse, Rotationsmethode: Varimax mit Kaiser-Normalisierung, Faktoren mit Eigenwert > 1 wurden ausgewählt, Koeffizienten < ,50 wurden unterdrückt.

Die Codewerte der Fragen (zum Beispiel 1 = „sehr gut" bis 4 = „schlecht"), die zu einem Faktor gehören, wurden für die weitere Auswertung addiert, durch die Zahl der Items dividiert und gerundet. Die so erzeugten Skalenwerte haben damit die gleiche Skalierung wie die sie konstituierenden Items[407] und bilden als verdichtete Information die jeweilige Beurteilung der Patienten besser ab als Einzelmessungen. Wenn im Weiteren von „Faktoren" oder in den Tabellen vom Wert „gesamt" die Rede ist, sind diese verdichteten Informationen gemeint, wobei für die einzelnen Faktoren nachstehende Bezeichnungen gewählt wurden:

- Faktor 1 = Pflegepersonal (Frageblock 6)

- Faktor 2 = Arzt (Frageblock 5)

- Faktor 3 = Information (Frageblock 12)

- Faktor 4 = Mahlzeiten (Frageblock 18)

- Faktor 5 = Hygiene (Frageblock 17)

- Faktor 6 = Abläufe (Frageblock 19)

- Faktor 7 = Unterbringung (Frageblock 16)

- Faktor 8 = Wahrung der Privatsphäre (Frageblock 20)

Die Gliederung dieses Kapitels folgt den in Kapitel 3.1.2 erarbeiteten Qualitätsdimensionen.[408] Die durch die Analyse ermittelten Faktoren und weitere in der Befragung behandelte Merkmale werden diesen Qualitätsdimensionen zugeordnet (siehe Abbildung 6). Bei den Ergebnissen werden die relativen Häufigkeiten ausgewiesen. Bei Ratingskalen von „sehr gut" bis „schlecht" werden zudem die Mittelwerte (arithmetisches Mittel) dokumentiert, die sich als Durchschnittsnoten interpretieren lassen und als Referenzwerte für künftige Untersuchungen verwendet werden können. Bei dichotomen Fragen werden die Anteile der Patienten, die die Frage bejaht haben, tabellarisch dargestellt.

---

[407] „Sehr gut", „gut", „mittelmäßig" und „schlecht" bzw. „trifft voll und ganz zu", „trifft eher zu", „trifft eher nicht zu" und „trifft überhaupt nicht zu".

[408] Folgende Qualitätsdimensionen wurden im Rahmen dieser Arbeit ermittelt: Erreichbarkeit und Ausstattung, Organisation, Arzt-Patient-Beziehung, medizinisch-technische Behandlung, Behandlungsergebnis und Patientenzufriedenheit.

Abbildung 6: Gliederung der Analyse

Qualitätsdimension	
Faktoren	**Weitere Merkmale**
Ausstattung (Kapitel 5.3.1)	
Unterbringung, Mahlzeiten, Hygiene	Zimmerbelegung und Konflikte mit dem Zimmernachbarn
Organisation (Kapitel 5.3.2)	
Abläufe	Aufnahme, Beschwerden und Beschwerde-management
Beziehung zum Personal (Kapitel 5.3.3)	
Arzt, Pflegepersonal, Information, Privatsphäre	Präsenz und Auskünfte des Personals
Behandlung und Behandlungsergebnis (Kapitel 5.3.4)	
	Schmerzen, Behandlungsergebnis
Patientenzufriedenheit und abschließende Einschätzung (Kapitel 5.3.5)	
	Zufriedenheit mit der Behandlung, Bereitschaft zur erneuten Behandlung bei Bedarf, Bereitschaft zur Weiterempfehlung, Gesamtbewertung der Klinik

5.3.1 Qualitätsdimension „Ausstattung"

In Bezug auf die Ausstattung lag der Fokus auf den Hotelleistungen, insbesondere auf der Ausstattung der Zimmer sowie der Qualität und Quantität der Mahlzeiten. Patienten haben in Krankenhäusern sehr viel Zeit, sich intensiv mit diesen Themen zu befassen, da ihnen ansonsten wenig Möglichkeiten der Betätigung und Abwechslung bleiben und sie zudem Vergleichsmöglichkeiten mit echten Gastronomiebetrieben haben. Dementsprechend fallen die Beurteilungen vergleichsweise schlecht aus, wie nachstehend aufgezeigt wird.

5.3.1.1 Faktor „Unterbringung"

In Frage 16 wurde nach Merkmalen der Unterbringung gefragt. In Tabelle 19 werden unter anderem die Anteile der Patienten ausgewiesen, die dem jeweiligen Item vorbehaltlos zugestimmt haben und damit keinen Verbesserungsbedarf signalisieren. Insgesamt sind dies knapp 40 Prozent. Mehrheitlich wird zwar durchaus der Komfort der Zimmer und die Einhaltung der Nachtruhe gelobt, mithin gibt es aber große Gruppen von Patienten, die mehr oder weniger deutliche Kritik üben. Dass viele Patienten über zu warme Zimmer klagen, ist in Anbetracht der Feldzeit – die Befragung fand größtenteils während der Sommermonate statt –, nicht verwunderlich.

Tabelle 19: Unterbringung: Items und Faktor „Unterbringung" insgesamt

	Trifft voll und ganz zu	Trifft eher zu	Trifft eher nicht zu	Trifft überhaupt nicht zu
Ausstattung und Komfort meines Zimmers waren gut[409]	57,8 %	35,3 %	6,0 %	0,8 %
Mein Zimmer war zu warm	15,7 %	25,7 %	28,9 %	29,7 %
Tagsüber fühlte ich mich durch Lärm und Unruhe gestört	12,5 %	14,7 %	24,3 %	48,6 %
Nachts fühlte ich mich durch Lärm und Unruhe gestört	7,2 %	9,5 %	22,4 %	60,9 %
Mein Zimmer war zu kühl	4,1 %	8,6 %	34,6 %	52,7 %
Gesamt: Gute Unterbringung	39,5 %	44,6 %	12,2 %	3,2 %

Die teilweise nicht optimalen Verhältnisse bei der Unterbringung finden sich auch in den Kommentaren der Patienten wieder (Fragen 36 und 37). Insbesondere wurden die Sanitäranlagen kritisiert: „Ich denke, dass ein Zimmer der ersten Klasse ein WC und eine Dusche im Zimmer haben sollte". In Bezug auf die Unterbringung gab es vereinzelt aber auch Lob: „Moderne Ausstattung der Zimmer in angenehmen Farben, nicht die berüchtigte trostlose Krankenhausatmosphäre" und „Schöne Lage".

---

[409] Dieses Item lud in der Faktorenanalyse nicht auf den Faktor „Unterbringung" hoch und ist entsprechend nicht Bestandteil des Faktors.

5.3.1.2 Zimmerbelegung und Konflikte mit dem Zimmernachbarn

Die Mehrheit der Patienten (79 Prozent) hatte ein Doppelzimmer. Davon hat ein Viertel ein Einzelzimmer gewünscht (Fragen 13 und 14). Der Mangel an Einzelzimmern war Anlass für erhebliche Kritik in den Kommentaren der Patienten. Negativ herausgestellt wurde, „dass nie ein 1. Klasse-Zimmer frei ist, auch wenn man sich schon einen Monat vorher anmeldet." „Habe mein Zimmer (das heißt 1. Klasse) fast einen Monat vorher bestellt, bekam aber keines. Bezahle viel Geld für die Krankenkasse, aber dafür bekomme ich nicht die entsprechende Leistung."

Tabelle 20: Zimmerbelegung

Doppelzimmer erhalten	Wunsch nach Einzelzimmer	Doppelzimmer erhalten trotz Wunsch nach Einzelzimmer
78,8 %	25,9 %	23,3 %

Bei Unterbringung in einem Doppelzimmer kann es zu Konflikten mit dem Zimmernachbarn kommen, etwa weil dieser als zu aufdringlich empfunden wird und die Privatsphäre nicht wahrt, zu häufig Besuch hat oder der Besuch des Nachbarn die Privatsphäre stört (Frage 15).

Tabelle 21: Zimmernachbar

Nachbar wahrte Privatsphäre	Besuch des Nachbarn wahrte Privatsphäre	Nachbar hatte zu viel Besuch
91,6 %	89,3 %	9,2 %

Fasst man diese Ergebnisse auf die bewertungsorientierten Report-Fragen zu Störungen durch Zimmernachbarn zu einem Summenindex zusammen, dann ergibt sich die in Tabelle 22 aufgezeigte Verteilung. Konflikte mit dem Nachbarn in der einen oder anderen Form gab es bei insgesamt rund 18 Prozent der Patienten in Doppelzimmern.

Tabelle 22: Störungen durch Zimmernachbarn: Summenindex

Keine	82,1 %
Eine	9,9 %
Zwei	6,9 %
Drei	1,1 %

5.3.1.3 Faktor „Mahlzeiten"

Das Essen wird noch kritischer beurteilt als die Unterbringung. Zwar wird in beiden Fällen explizite, deutliche Kritik eher selten geäußert, aber auch vorbehaltloses Lob spenden nur Teile der Patienten, insbesondere was die Qualität und den Abwechslungsreichtum des Essens betrifft. In den Kommentaren finden sich zahlreiche Anmerkungen zu den Mahlzeiten. Hier gibt es zum einen spezifische Kritikpunkte wie zum Beispiel „Das Essen war oft lauwarm" oder „Das Essen war sehr oft versalzen". Zum anderen werden die Mahlzeiten aber auch pauschal betrachtet: „Das Essen ist schlecht" und „Das Mittagessen ist ungenießbar". Ein Patient relativiert: „Das Essen war grausam, aber das kann man ja auch verstehen, bei so vielen Patienten. Da kann man es nicht jedem recht machen. Ist aber nicht so schlimm, man ist ja nicht wegen des Essens im Krankenhaus. Hauptsache, man ist schnell wieder gesund und zu Hause." Im Hinblick auf das gerade in den Sommermonaten und bei älteren Patienten bestehende Risiko der Dehydrierung sollte vor Ort auch nochmals im Detail geprüft werden, inwieweit die Klage über eine nicht ausreichende Versorgung mit Getränken objektiven Gegebenheiten entspricht.

Tabelle 23: Mahlzeiten: Items und Faktor „Mahlzeiten" insgesamt

	Trifft voll und ganz zu	Trifft eher zu	Trifft eher nicht zu	Trifft überhaupt nicht zu
Das Essen wurde ansprechend serviert	50,3 %	42,2 %	5,2 %	2,3 %
Die Essenszeiten passten gut in den Tagesablauf	44,5 %	46,9 %	6,0 %	2,5 %
Die Temperatur der Mahlzeiten war genau richtig	43,3 %	43,0 %	9,8 %	3,9 %
Meine Essenswünsche wurden berücksichtigt	43,3 %	40,9 %	9,4 %	6,4 %
Ich wurde ausreichend mit Getränken versorgt[410]	36,9 %	36,6 %	13,0 %	13,5 %
Das Essen war abwechslungsreich	34,3 %	51,3 %	9,5 %	4,8 %
Das Essen war sehr gut	27,1 %	46,6 %	17,2 %	9,1 %
Gesamt: Gutes Essen	34,4 %	53,0 %	11,0 %	1,7 %

---

[410] Dieses Item lud in der Faktorenanalyse nicht auf den Faktor „Mahlzeiten" hoch und ist entsprechend nicht Bestandteil des Faktors.

5.3.1.4 Faktor „Hygiene"

Die Sauberkeit der sanitären Anlagen und der Gemeinschaftsräume wird geringfügig schlechter eingestuft als die Sauberkeit der Zimmer und Flure (Frage 17). Insgesamt wird die Hygiene gut bewertet.

Tabelle 24: Bewertung der Hygiene: Items und Faktor „Hygiene" insgesamt

	Sehr gut	Gut	Mittelmäßig	Schlecht	Arithmetisches Mittel
Zimmer	52,7 %	39,1 %	6,9 %	1,4 %	1,6
Sanitäre Anlagen	49,8 %	37,5 %	9,6 %	3,1 %	1,7
Flure	46,8 %	45,6 %	6,8 %	0,8 %	1,6
Gemeinschaftsräume	41,9 %	46,5 %	9,6 %	2,0 %	1,7
Gesamt: Hygiene	44,1 %	45,4 %	9,5 %	1,0 %	1,7

5.3.2 Qualitätsdimension „Organisation"

In Bezug auf die Organisation wurden Aufnahmemodalitäten, Abläufe im Kranken-haus sowie Beschwerden und Beschwerdemanagement der Klinik behandelt.

5.3.2.1 Aufnahme der Patienten

Die Fragen 1 und 2 bezogen sich auf die Patientenaufnahme. Grundsätzlich wird das Aufnahmeverfahren positiv gesehen. Die Aussagen „Die Aufnahme war gut organi-siert", „Die Aufnahme verlief zügig" und „Die Formulare für die Aufnahme waren verständlich und leicht zu beantworten" wurden von beinahe allen Respondenten bejaht, wie Tabelle 25 zeigt. Bei der Aufnahme kommt es zum ersten Kontakt zwi-schen den Mitarbeitern des Krankenhauses und dem Patienten, weshalb ihr auch eine besondere Bedeutung beizumessen ist. Der in dieser Situation gebildete Eindruck des Patienten strahlt, worauf bereits in Kapitel 4.2.1.2 hingewiesen wurde, mitunter auf seine Wahrnehmung der folgenden Erlebnisse aus. Hier bietet sich die Möglichkeit, bei dem Patienten einen „guten ersten Eindruck" zu hinterlassen. Dies ist der betroffe-nen Klinik gelungen, aus Sicht der Patienten bestehen hier kaum Defizite.

Tabelle 25: Aufnahmemodalitäten

Gute Organisation	Zügiger Verlauf	Verständliche Formulare
96,9 %	95,2 %	98,2 %

In gut zwei Drittel der Fälle handelte es sich – ausweislich der Antworten auf die faktenorientierte Report-Frage – um eine geplante Aufnahme (69 Prozent), ein knappes Drittel der Patienten (29 Prozent) ist als Notfall in die Klinik gekommen und drei Prozent der Befragten wurden aus einem anderen Krankenhaus verlegt. Ob die Qualitätsurteile von Notfallpatienten von denen elektiver Patienten (geplant aufgenommen oder verlegt) abweichen, wird in Kapitel 5.4.1 untersucht.

5.3.2.2 Faktor „Abläufe"

Wie in Kapitel 2.2 dargestellt, ist der Patient den Abläufen der Klinik unterworfen. Um ihm diese Situation zu erleichtern, werden Untersuchungen und Behandlungen angekündigt und wird die Entlassung vorbereitet. Die Abläufe werden im Mittel als gut bewertet. Von den Patienten wurde in den Kommentaren der „geregelte Tagesablauf" explizit gelobt. Ein Patient hob hervor: „Am Aufnahmetag wurde ich auch operiert. Das war super, dass man nicht lange warten musste. Somit war die Angst verflogen." Im Vergleich zur Ankündigung von Untersuchungen und Behandlungen werden die Vorbereitung der Entlassung sowie die Einhaltung festgelegter Zeiten etwas schlechter eingestuft. Jeweils ein Zehntel der Befragten sieht hier Mängel. Insbesondere vor dem Hintergrund, dass Patienten mitunter ängstlich und aufgeregt auf einen medizinischen Eingriff warten, ist bei letzterem Aspekt eine Überprüfung der Situation geboten.

Tabelle 26: Bewertung der Abläufe: Items und Faktor „Abläufe" insgesamt

	Sehr gut	Gut	Mittel-mäßig	Schlecht	Arithmetisches Mittel
Ankündigung von Untersuchungen und Behandlungen	55,6 %	37,8 %	5,7 %	0,9 %	1,5
Vorbereitung der Entlassung	51,5 %	39,3 %	7,9 %	1,4 %	1,6
Einhaltung festgelegter Zeiten	47,4 %	41,4 %	9,1 %	2,0 %	1,7
Gesamt: Abläufe	49,5 %	42,3 %	7,4 %	0,7 %	1,6

5.3.2.3 Beschwerden und Beschwerdemanagement

Insgesamt acht Prozent der Patienten hatten während ihres Aufenthalts Grund zur Beschwerde (Frage 21). Die weitaus meisten Patienten haben sich beim Pflegepersonal beschwert, was zum einen vermutlich auf deren zeitlich größere Präsenz zurückzuführen ist und zum anderen wohl auch auf eine geringere soziale Distanz zwischen den Patienten und dem Pflegepersonal. Im Vergleich zu Beschwerden direkt beim Personal wird der eher formale Weg der Beschwerde bei der Verwaltung oder über den Beschwerdekasten seltener genutzt. Diese Daten sprechen dafür, das Personal in das Beschwerdemanagement einzubinden und die mündlich vorgetragenen Beschwerden der Patienten in standardisierter Form zu erfassen. Zwar ist die Zahl der sich Beschwerenden klein, bedenklich ist gleichwohl die Tatsache, dass davon knapp die Hälfte die Reaktion auf ihre Beschwerde als nicht angemessen charakterisiert hat. Im Sinne eines effektiven Beschwerdemanagements ist ein solcher Wert als suboptimal zu bezeichnen.

Tabelle 27: Beschwerden

Grund zur Beschwerde	Beschwerde bei Arzt	Beschwerde bei Pflegepersonal	Beschwerde bei Verwaltung	Beschwerdekasten	Angemessene Reaktion
8,3 %	42,9 %	81,2 %	12,1 %	12,2 %	53,5 %

5.3.3 Qualitätsdimension „Beziehung zum Personal"

Unterschieden werden Fragen zur Präsenz der Ärzte, zur Bewertung von ärztlichem Personal und Pflegepersonal, zur behandlungsbezogenen Information und danach, wie gut beide Gruppen die Persönlichkeit des Patienten respektiert und seine Privatsphäre gewahrt haben. Gerade der letztgenannte Aspekt hat entscheidenden Einfluss auf die Beurteilung eines Krankenhauses. Krankheiten, die zu einem Klinikaufenthalt führen, implizieren in aller Regel auch einen Verlust der gewohnten Handlungsautonomie. Der Körper funktioniert nicht mehr wie üblich und man ist auf die Hilfe Fremder angewiesen. Umso wichtiger sind in einer solchen, von mangelnder Souveränität geprägten Situation eine respektvolle Behandlung der Patienten und die größtmögliche Wahrung ihrer Privatsphäre. Mit den Frageblöcken 3 bis 8, 12 und 20 wurden diese Aspekte angesprochen.

5.3.3.1 Präsenz und Auskünfte von Arzt und Pflegepersonal

Bei der Klinik handelt es sich um ein Belegkrankenhaus, entsprechend wurde die Mehrheit der Patienten (79 Prozent) hauptsächlich von ihrem eigenen Arzt behandelt. Problematisch ist in diesem Zusammenhang allerdings der Umstand, dass relativ viele Patienten die Erfahrung gemacht haben, dass bei Bedarf nicht immer ein Arzt verfügbar war. Auf die bewertungsorientierte Report-Frage „War ein Arzt für Sie da, wenn Sie einen brauchten?" antworteten 65 Prozent „ja, immer", 29 Prozent „ja, meistens", fünf Prozent „ja, selten" und ein Prozent „nein, nie". Auch wenn zu berücksichtigen ist, dass es zwischen dem gefühlten, subjektiven Bedürfnis des Patienten nach ärztlicher Betreuung und objektiven medizinischen Notwendigkeiten durchaus Diskrepanzen geben kann, so sind doch die recht hohen Anteile von Patienten, deren Wunsch nach ärztlicher Behandlung bisweilen oder auch häufiger unerfüllt blieb, ein Anlass, diese Situation nochmals im Detail zu überprüfen.

Das Gefühl, gut aufgehoben und betreut zu werden, wird unter anderem beeinträchtigt, wenn das Personal widersprüchliche Aussagen macht (Frage 7). Diese Erfahrung wirkt auf Patienten im Regelfall verunsichernd. Insgesamt haben knapp 15 Prozent der Patienten solche Erfahrungen während ihres Aufenthalts gemacht.

In diesem Zusammenhang wurde auch gefragt, ob die Angehörigen ausreichend Gelegenheit hatten, mit dem behandelnden Arzt zu sprechen (Frage 8), sofern dazu überhaupt ein Anlass bestand. Dies war bei 771 Patienten der Fall, davon haben 85 Prozent angegeben, dass die Gelegenheit zu Gesprächen ausreichend war.

Tabelle 28: Präsenz und Auskünfte von Arzt und Pflegepersonal

Behandlung durch eigenen Arzt	Arzt war bei Bedarf stets verfügbar	Personal gab widersprüchliche Auskünfte	Ausreichend Gelegenheit für Angehörige zu Gesprächen
79,0 %	65,1 %	14,7 %	84,6 %

5.3.3.2 Faktor „Arzt"

Die behandelnden Ärzte werden insgesamt sehr gut bewertet. Dieses Resultat ist nicht verwunderlich, da die meisten Patienten ihren behandelnden Arzt aus seiner niedergelassenen Tätigkeit kennen und ihn schätzen, weil sie sich wiederum – diesmal stationär – von ihm behandeln lassen. Mittels Rating-Fragen wurde sowohl die fachliche als auch die soziale Kompetenz des Arztes erhoben, wobei der Schwerpunkt auf letzterer lag. Alle aufgeführten ärztlichen Fähigkeiten erzielten Bestnoten. Lediglich die Zeit, die sich die Ärzte für die Patienten genommen haben, wird im Vergleich zu den übrigen Kriterien etwas schlechter eingeschätzt.

Tabelle 29: Bewertung der Ärzte: Items und Faktor „Arzt" insgesamt

	Sehr gut	Gut	Mittel-mäßig	Schlecht	Arithmetisches Mittel
Fachliche Kompetenz	80,6 %	17,5 %	1,6 %	0,2 %	1,2
Freundlichkeit	76,1 %	21,1 %	2,2 %	0,5 %	1,3
Respekt	74,7 %	22,5 %	2,5 %	0,3 %	1,3
Schnelligkeit der Hilfe	73,1 %	23,9 %	2,6 %	0,4 %	1,3
Menschliche Zuwendung	67,5 %	26,3 %	5,3 %	0,9 %	1,4
Zeit	60,7 %	31,3 %	6,9 %	1,1 %	1,5
Gesamt: Arzt	68,9 %	27,9 %	3,1 %	-	1,3

5.3.3.3 Faktor „Pflegepersonal"

Das Pflegepersonal wird ähnlich gut bewertet wie die Ärzte, wobei auch hier die Zeit, die man sich für den Patienten nimmt (wozu beim Pflegepersonal auch das Eingehen auf persönliche Wünsche der Patienten zählt), aus Patientensicht in einigen Fällen nicht den Erwartungen entspricht.[411] Auf den Zeitmangel des Personals wurde in den Kommentaren der Patienten mehrfach hingewiesen: „Zu wenig Personal" und „Keiner hat Zeit, alle sind im Stress".

Manche Patienten empfanden das Pflegepersonal als unhöflich. Kritisiert wurde „die Unfreundlichkeit der meisten Pflegerinnen. Die sind leider mehr am Kaffeetrinken interessiert als an den Patienten." In der Regel aber wurde in den Kommentaren die Freundlichkeit des Pflegepersonals positiv hervorgehoben: „Besonders aufmerksames und nettes Personal", „Man fühlt sich sehr wohl und respektiert" und „Ich genoss eine perfekte Betreuung des Pflegepersonals, freundlich, lustig, aufmunternd und ermutigend." Ein Patient lobte „die allgemein gute Laune des Pflegepersonals, auch wenn so manches drunter und drüber ging". Die Fachkompetenz der Mitarbeiter wurde

---

[411] Auf das Pflegepersonal wurde in den Kapiteln 2 und 3 nicht gesondert eingegangen. Die Ausführungen zur Arzt-Patient-Beziehung lassen sich aber weitgehend auf die Pflegepersonal-Patient-Beziehung übertragen, siehe hierzu auch Fußnote 21.

ebenfalls vielfach gewürdigt: „Alle sind dem Patienten gegenüber aufmerksam und sehr, sehr kompetent" und „Sehr gute Behandlung und sehr kompetentes Personal."

Tabelle 30: Bewertung des Pflegepersonals: Items und Faktor „Pflegepersonal" insgesamt

	Sehr gut	Gut	Mittel-mäßig	Schlecht	Arithmetisches Mittel
Freundlichkeit	75,6 %	20,6 %	2,8 %	1,0 %	1,3
Respekt	73,4 %	23,1 %	2,7 %	0,8 %	1,3
Fachliche Kompetenz	71,2 %	26,2 %	2,2 %	0,3 %	1,3
Menschliche Zuwendung	69,9 %	25,3 %	3,8 %	1,0 %	1,4
Schnelligkeit der Hilfe	69,4 %	26,2 %	3,7 %	0,7 %	1,4
Zeit	65,9 %	28,3 %	5,1 %	0,7 %	1,4
Bereitschaft, auf persönliche Wünsche einzugehen	64,3 %	29,5 %	5,1 %	1,1 %	1,4
Gesamt: Pflegepersonal	70,0 %	26,1 %	3,4 %	0,5 %	1,3

5.3.3.4 Faktor „Information"

In Frageblock 12 wurden verschiedene Aspekte behandlungsbezogener Information und Kommunikation angesprochen. Wie in Kapitel 2.5 dargestellt, trägt die Arzt-Patient-Kommunikation maßgeblich zur Compliance der Patienten bei. Insgesamt wird die behandlungsbezogene Information als positiv befunden. Da aber immerhin ein Drittel der Befragten die Kategorie „trifft eher zu" gewählt hat, besteht hier durchaus Optimierungspotenzial. Gut fünf Prozent der Respondenten stuften die Weitergabe von Informationen sogar ausdrücklich als unzureichend ein.

Bei Betrachtung der einzelnen Items zeigt sich, dass vor allem die Zusammenarbeit zwischen Ärzten und Pflegepersonal als gut erachtet wird. Probleme zeichnen sich dagegen bei der Aufklärung über Wirkungen und Nebenwirkungen von Medikamenten ab, ein Sechstel der Befragten verweist auf diesbezügliche Mängel.

Tabelle 31: Information: Items und Faktor „Information" insgesamt

	Trifft voll und ganz zu	Trifft eher zu	Trifft eher nicht zu	Trifft überhaupt nicht zu
Ärzte und Pfleger haben gut zusammengearbeitet	74,2 %	23,1 %	1,9 %	0,7 %
Ich wurde über den Behandlungsablauf informiert	73,0 %	23,1 %	3,2 %	0,7 %
Untersuchungsergebnisse wurden verständlich erklärt	68,9 %	24,2 %	5,3 %	1,6 %
Ich wurde ausreichend über das Vorgehen nach meiner Entlassung informiert	67,3 %	26,4 %	4,3 %	2,0 %
Ich wusste stets, an wen ich mich wenden konnte	65,5 %	28,6 %	4,2 %	1,7 %
Ich erhielt Informationen über (Neben-)Wirkungen von Medikamenten	54,7 %	28,2 %	10,0 %	7,1 %
Gesamt: Gute Information	63,0 %	31,8 %	4,7 %	0,5 %

5.3.3.5 Faktor „Privatsphäre"

Die Privatsphäre – insofern eine solche im Krankenhaus unter der von Foucault beschriebenen „medizinischen Beobachtung"[412] der Patienten durch Ärzte und Pflegepersonal überhaupt möglich ist – ist aus Sicht der Patienten sehr gut gewahrt. Diese Bewertung hat ihre Entsprechung in derjenigen des Respekts, der den Patienten entgegengebracht wird (siehe Tabellen 29 und 30). Auf dieser Dimension des Umgangs mit dem Patienten im Krankenhaus gibt es kaum Verbesserungsbedarf.

---

[412] Foucault 1973, S. 206. Ausführlicher hierzu siehe Kapitel 2.2.

Tabelle 32: Bewertung der Wahrung der Privatsphäre: Items und Faktor „Privatsphäre" insgesamt

	Sehr gut	Gut	Mittelmäßig	Schlecht	Arithmetisches Mittel
Ärzte	73,9 %	23,9 %	1,9 %	0,2 %	1,3
Pflegepersonal	72,7 %	24,6 %	2,4 %	0,4 %	1,3
Gesamt: Privatsphäre	69,1 %	28,1 %	2,1 %	0,3 %	1,3

5.3.4 Qualitätsdimensionen „Behandlung" und „Behandlungsergebnis"

In Bezug auf die Behandlung stand in der Erhebung das Thema Schmerzen im Mittelpunkt. Darüber hinaus wurden die Patienten nach ihrer Einschätzung der Behandlungsergebnisse gefragt.

5.3.4.1 Qualitätsdimension „Behandlung": Schmerzen

Schmerzen lassen sich bei Krankenhausaufenthalten kaum völlig vermeiden. Entweder sind sie selbst Anlass zur Einweisung bzw. mit dem Gesundheitsproblem, das zur Einweisung führte, verbunden oder auch Folge bestimmter Behandlungen, insbesondere von Operationen. In beiden Fällen können Schmerzen wiederum Auslöser für eine Behandlung – eine konkrete Schmerztherapie – sein. Dabei hat gerade diese Form der Behandlung einen nachhaltigen Einfluss auf das Gesamturteil der Krankenhausleistung, da Erfolg oder auch Misserfolg dieser Behandlung im Wortsinn unmittelbar spürbar ist und – vor allem bei Misserfolg – lange in Erinnerung bleibt. Entscheidend für die Beurteilung der Behandlung ist damit, ob in der Klinik alles getan wurde, um Schmerzen zu lindern. Denn die Tatsache, dass Schmerzen zuweilen unvermeidbar sind, ist vielen Patienten bekannt. Bedeutsam ist jedoch vor allem, wie von Seiten des Personals damit umgegangen wurde.

Rund 60 Prozent der Patienten hatten während ihres Krankenhausaufenthalts Schmerzen (Frage 9). Davon hatten knapp 18 Prozent sehr starke, 36 Prozent starke, 37 Prozent mäßige und neun Prozent geringe Schmerzen (Frage 10). Diese Frage wurde für die weitere Auswertung dichotomisiert, starke Schmerzen hatten danach mehr als die Hälfte der Schmerzpatienten, nämlich 54 Prozent. Mit 96 Prozent gaben fast alle Patienten mit Schmerzen an – unabhängig von der subjektiv empfundenen Stärke –, dass alles getan wurde, um ihre Schmerzen zu lindern, lediglich in knapp vier Prozent der

Fälle war dies nicht der Fall (Frage 11). In absoluten Zahlen sind dies 29 Patienten. Bedenkenswert ist allerdings, dass davon 23 (= 80 Prozent) nach eigener Angabe starke Schmerzen hatten.

Tabelle 33: Schmerzen

Schmerzen	Wenn ja: starke Schmerzen	Schmerzlinderung
59,9 %	53,7 %	96,2 %

5.3.4.2 Qualitätsdimension „Behandlungsergebnis"

Der Behandlungserfolg, der für Patienten im Allgemeinen zentral ist, wird im Durchschnitt mit 1,4 bewertet. Hervorzuheben ist hier insbesondere, dass weniger als ein Prozent der Patienten den Behandlungserfolg explizit als schlecht eingestuft hat. Die Behandlungsqualität ist aus Sicht der Patienten insgesamt gut bis sehr gut.

Tabelle 34: Bewertung des Behandlungserfolgs

Sehr gut	Gut	Mittelmäßig	Schlecht	Arithmetisches Mittel
62,4 %	34,3 %	2,7 %	0,6 %	1,4

5.3.5 Qualitätsdimension „Patientenzufriedenheit" und abschließende Einschätzung

Wie wird die Klinik insgesamt beurteilt? Zur Messung und Beantwortung dieser Frage wurde nach der Zufriedenheit mit der Behandlung (Frage 25), nach der Absicht, sich bei Bedarf wieder in diesem Krankenhaus behandeln zu lassen (Frage 26), der Bereitschaft zur Weiterempfehlung (Frage 28) sowie der Gesamtbewertung des Krankenhauses (Frage 27) gefragt.[413]

5.3.5.1 Qualitätsdimension „Patientenzufriedenheit"

Wie aufgrund der Ausführungen zur Patientenzufriedenheit in Kapitel 4.1.1 zu erwarten war, sind die weitaus meisten Befragten – ausweislich der Antworten auf die gestellte Rating-Frage – mit der Behandlung „sehr zufrieden" oder „zufrieden". Lediglich knapp drei Prozent sind „weniger zufrieden" oder „unzufrieden" (siehe

---

[413] Anders als bei den bislang vorgestellten Faktoren ist diese Gesamtbewertung also keine analytische Variable, die sich aus der Aggregation von Einzelbewertungen ergibt, sondern die subjektive Bilanzierung der Patienten selbst. Ausführlicher hierzu siehe Kapitel 4.2.3.

Tabelle 35). Die Zufriedenheit mit der Behandlung stimmt weitgehend mit der Bewertung des Behandlungserfolgs überein. Die beiden Bewertungsdimensionen korrelieren nahezu perfekt mit .931 (siehe Tabelle 36).

Tabelle 35: Zufriedenheit mit Behandlung

Sehr zufrieden	Zufrieden	Weniger zufrieden	Unzufrieden	Arithmetisches Mittel
58,5 %	39,0 %	1,9 %	0,7 %	1,5

Tabelle 36: Zufriedenheit mit Behandlung nach Bewertung des Behandlungserfolgs

		Bewertung des Behandlungserfolgs dichotomisiert		Gesamt
		Sehr gut	Nicht sehr gut	
Zufriedenheit mit Behandlung dichotomisiert	Sehr zufrieden	84,1 %	16,0 %	58,6 %
	Nicht sehr zufrieden	15,9 %	84,0 %	41,4 %
Gesamt		864	518	1.382

Sig. = .000, N = 1.382, Gamma = .931

5.3.5.2 Abschließende Einschätzung

Dementsprechend würden sich rund 63 Prozent der Patienten auf jeden Fall und weitere knapp 35 Prozent wahrscheinlich wieder in diesem Krankenhaus behandeln lassen (siehe Tabelle 37). Die Bewertung des Behandlungserfolgs korreliert mit der Bereitschaft zu erneuten Behandlungen in der Klinik mit .726 etwas niedriger als im vorgenannten Fall (siehe Tabelle 38). Dies ist darauf zurückzuführen, dass auch Patienten, die das Behandlungsergebnis als weniger gut eingestuft haben, immer noch relativ häufig das Krankenhaus auch künftig wieder in Anspruch nehmen würden. Es ist zu vermuten, dass diese Entscheidung auch durch die subjektiv zur Verfügung bzw. nicht zur Verfügung stehenden Alternativen motiviert ist.

Tabelle 37: Erneute Behandlung bei Bedarf

Ja, auf jeden Fall	Vermutlich ja	Vermutlich nein	Nein, auf keinen Fall
62,6 %	34,5 %	1,9 %	0,9 %

Tabelle 38: Erneute Behandlung bei Bedarf nach Bewertung des Behandlungserfolgs

		Bewertung des Behandlungserfolgs dichotomisiert		Gesamt
		Sehr gut	Nicht sehr gut	
Erneute Behandlung dichotomisiert	**Auf jeden Fall**	78,2 %	36,3 %	62,6 %
	Nicht auf jeden Fall	21,8 %	63,7 %	37,4 %
Gesamt		816	482	1.298

Sig. = .000, N = 1.298, Gamma = .726

Die Bereitschaft zur Weiterempfehlung ist demgegenüber weniger stark ausgeprägt. Lediglich 52 Prozent geben an, das Krankenhaus auf jeden Fall weiterempfehlen zu wollen, 43 Prozent schränken dies insofern ein, als sie die Kategorie „vermutlich ja" gewählt haben (siehe Tabelle 39). Diese Zurückhaltung gegenüber einem dezidierten Urteil kann durch eine generelle Neigung zur Meidung von Extremurteilen motiviert sein. Möglich ist aber auch, dass einige weniger gute Erfahrungen zu Einschränkungen in der Bereitschaft zur Weiterempfehlung führen. Die Weiterempfehlungsbereitschaft und die Behandlungszufriedenheit korrelieren mit .760 (siehe Tabelle 40).

Tabelle 39: Weiterempfehlungsbereitschaft

Ja, auf jeden Fall	Vermutlich ja	Vermutlich nein	Nein, auf keinen Fall
52,4 %	43,2 %	3,3 %	1,1 %

Tabelle 40: Weiterempfehlungsbereitschaft nach Zufriedenheit mit Behandlung

		Zufriedenheit mit Behandlung dichotomisiert		Gesamt
		Sehr zufrieden	Nicht sehr zufrieden	
Weiterempfehlungs-bereitschaft dichotomisiert	**Uneingeschränkte Weiterempfehlung**	71,2 %	25,2 %	52,4 %
	Keine uneinge-schränkte Weiter-empfehlung	28,8 %	74,8 %	47,6 %
Gesamt		784	540	1.324

Sig. = .000, N = 1.324, Gamma = .760

Die Gesamtbewertung weicht von der Einschätzung der Behandlungsqualität ab und fällt mit durchschnittlich 1,6 etwas schlechter aus (siehe Tabelle 41). Dies ist darauf zurückzuführen, dass in diese Gesamtbewertung auch andere Faktoren wie zum Beispiel die Hotelleistungen einfließen (siehe dazu auch Kapitel 5.5). Die Gesamtbewertung korreliert mit der Behandlungszufriedenheit mit .871 stärker als die Weiterempfehlungsbereitschaft mit der Zufriedenheit (siehe Tabelle 42).

Tabelle 41: Gesamtbewertung

Sehr gut	Gut	Mittelmäßig	Schlecht	Arithmetisches Mittel
46,5 %	48,0 %	4,5 %	0,9 %	1,6

Tabelle 42: Gesamtbewertung nach Zufriedenheit mit Behandlung

		Zufriedenheit mit Behandlung dichotomisiert		Gesamt
		Sehr zufrieden	Nicht sehr zufrieden	
Gesamtbewertung dichotomisiert	Sehr gut	69,4 %	13,5 %	46,5 %
	Nicht sehr gut	30,6 %	86,5 %	53,5 %
Gesamt		788	547	1.335

Sig. = .000, N = 1.335, Gamma = .871

5.4 Einflussfaktoren auf Patientenurteile: Bivariate Analyse

In diesem Kapitel werden zunächst Auswirkungen auf die ermittelten Faktoren durch Merkmale untersucht, auf die das Krankenhaus keinen bzw. kaum einen Einfluss hat. Im Anschluss wird analysiert, wie sich wiederum die Beurteilung der Faktoren selbst auf die Gesamtbewertung sowie das intendierte Verhalten – die Absicht, das Krankenhaus bei Bedarf erneut aufzusuchen und es weiterzuempfehlen – auswirkt.

5.4.1 Auswirkungen von klinikseitig nicht und kaum beeinflussbaren Merkmalen auf Gesamtbewertung und intendiertes Verhalten

Die Beurteilung der vorgenannten Dimensionen ist abhängig von einer Vielzahl von Größen, die nicht alle durch Maßnahmen einer Klinik beeinflusst werden können. Urteile hängen zwar von der objektiven Qualität einer Leistung ab, werden aber auch von den Erwartungen und Wahrnehmungen der Patienten geprägt, die zur Kenntnis genommen, aber nicht modifiziert werden können.[414] Im Folgenden wird analysiert, wie sich Merkmale des Patienten, die das Krankenhaus *nicht* beeinflussen kann – Geschlecht, Alter, Elternschaft, geplante oder Notaufnahme – auf die Beurteilung der ermittelten Faktoren sowie auf die Gesamtbewertung (Frage 27) und das intendierte Verhalten (Fragen 26 und 28) auswirken. Analysiert wird überdies der Einfluss von Merkmalen, die von der Leitung und den Mitarbeitern der Klinik *kaum* verändert werden können. Hierzu zählen der behandelnde Arzt, die Zimmerbelegung sowie die Aufenthaltsdauer.

Geschlecht

Zwischen Männern und Frauen bestehen in der Einschätzung keine signifikanten Unterschiede. Lediglich bei den Faktoren Information (1,46 vs. 1,40) und Mahlzeiten (1,83 vs. 1,77) vergeben Frauen etwas schlechtere Noten als Männer. Dass Qualitätsurteile nicht vom Geschlecht beeinflusst werden, belegen auch zahlreiche weitere Studien, die in Kapitel 6 mit der hier ausgewerteten Erhebung verglichen werden.

---

[414] Zu Erwartungen und Wahrnehmungen siehe Kapitel 4.2.1.

Tabelle 43: Beurteilung der Faktoren nach Geschlecht

	Geschlecht			
	Weiblich	**Männlich**	**Insgesamt**	**Sig.**
Pflegepersonal	1,35	1,32	1,34	.281
Arzt	1,33	1,35	1,34	.551
Information	1,46	1,40	1,43	.097
Mahlzeiten	1,83	1,77	1,80	.092
Hygiene	1,69	1,65	1,67	.337
Abläufe	1,58	1,60	1,59	.658
Unterbringung[415]	1,80	1,78	1,79	.631
Privatsphäre	1,33	1,31	1,32	.424
Gesamtbewertung	1,63	1,57	1,60	.110
Definitiv erneute Behandlung	61,2 %	64,1 %	62,7 %	.302
Uneingeschränkte Weiterempfehlung	51,1 %	53,8 %	52,5 %	.149

Alter

Das Alter der Befragten hat einen erkennbaren Einfluss auf ihre Antworten. Hierbei ist eine klare Tendenz erkennbar: Patienten unterhalb der Grenze von 60 Jahren sind kritischer als ältere Patienten. Signifikante altersbedingte Unterschiede bestehen bei der Beurteilung der Ärzte – interessanterweise aber nicht bei der des Pflegepersonals –, bei der Weitergabe von Informationen, den Mahlzeiten, den Abläufen, der Unterbringung und auch bei der Wahrung der Privatsphäre, die von Älteren durchweg besser eingestuft werden als von Jüngeren. Auch ist die Bereitschaft, das Krankenhaus bei Bedarf nochmals aufzusuchen, bei Älteren höher ausgeprägt als bei Jüngeren. Es ist davon auszugehen, dass es sich dabei aber um einen Kohorteneffekt und nicht um einen Alterseffekt handelt, da die derzeit älteren Patienten noch die Mangelsituation des Krieges und der Nachkriegszeit erlebt haben, weshalb ihr Anspruchsniveau weniger

---

[415] Zur einfacheren Interpretation wurde die Antwortskala so ausgerichtet, dass auch hier ein niedriger Wert für ein positives Resultat steht. Im Folgenden wird ausschließlich dieser Faktor mit umgedrehter Antwortskala verwendet.

hoch ist als das der Nachkriegsgenerationen. Dass Ältere positiver urteilen als Jüngere, belegen auch die Studien, auf die in Kapitel 6 eingegangen wird.

Tabelle 44: Beurteilung der Faktoren nach Kohortenzugehörigkeit (Alter in Jahren)

	18-29	30-39	40-49	50-59	60-69	70 oder älter	Insgesamt	Sig.
Pflegepersonal	1,37	1,31	1,37	1,36	1,26	1,33	1,33	.317
Arzt	1,55	1,45	1,34	1,30	1,25	1,27	1,34	.000
Information	1,56	1,51	1,56	1,39	1,31	1,34	1,43	.000
Mahlzeiten	1,83	1,82	1,93	1,85	1,64	1,67	1,78	.000
Hygiene	1,61	1,69	1,74	1,70	1,63	1,61	1,67	.217
Abläufe	1,71	1,59	1,72	1,55	1,40	1,54	1,58	.000
Unterbringung	1,80	1,73	1,81	1,89	1,80	1,65	1,78	.023
Privatsphäre	1,38	1,31	1,37	1,31	1,22	1,33	1,32	.048
Gesamtbewertung	1,64	1,55	1,63	1,59	1,52	1,62	1,59	.271
Definitiv erneute Behandlung	52,2 %	66,1 %	58,1 %	63,6 %	68,5 %	66,8 %	63,2 %	.079
Uneingeschränkte Weiter- empfehlung	46,7 %	56,5 %	50,0 %	54,6 %	55,7 %	52,1 %	52,7 %	.291

Elternschaft

Auch das Vorhandensein von kleineren Kindern kann Einfluss auf die Beurteilung des Krankenhausaufenthalts haben. Gerade für Mütter, die im Regelfall zu Hause unabkömmlich sind, kann ein Klinikaufenthalt deshalb eine zusätzliche psychische Belastung darstellen und in der Tendenz insgesamt kritischer eingeschätzt werden. Diese Vermutung wird durch die Daten nicht gestützt. Elternschaft hat keinen Einfluss auf die Einschätzung des stationären Aufenthalts.

Notfallpatienten und elektive Patienten

Die Tatsache, ob es sich um eine ungeplante Aufnahme (Notaufnahme) oder eine geplante Aufnahme (inklusive Verlegung aus einer anderen Klinik) handelt, wirkt sich hingegen wiederum auf die Qualitätsurteile aus. Notfallpatienten stufen die Ärzte, die erhaltenen Informationen, die Hygiene, die Abläufe, die Wahrung der Privatsphäre und das Krankenhaus generell schlechter ein. Auch würden sie die Klinik seltener uneingeschränkt weiterempfehlen. Möglicherweise ist diese unterschiedliche Beurteilung auf eine insgesamt negativere und durch Unsicherheit gekennzeichnete Grundstimmung der Notfallpatienten zurückzuführen, die durch die stationäre Aufnahme unangenehm überrascht wurden und sich – emotional wie organisatorisch – nicht auf den Krankenhausaufenthalt vorbereiten konnten.

Tabelle 45: Beurteilung der Faktoren nach (un-)geplanter Aufnahme

	Elektive Patienten	Notfallpatienten	Insgesamt	Sig.
Pflegepersonal	1,32	1,38	1,34	.105
Arzt	1,33	1,38	1,34	.098
Information	1,40	1,47	1,42	.044
Mahlzeiten	1,81	1,79	1,80	.625
Hygiene	1,63	1,77	1,67	.001
Abläufe	1,57	1,65	1,59	.063
Unterbringung	1,76	1,83	1,78	.143
Privatsphäre	1,30	1,37	1,32	.028
Gesamtbewertung	1,58	1,66	1,60	.021
Definitiv erneute Behandlung	62,8 %	62,9 %	62,8 %	.270
Uneingeschränkte Weiterempfehlung	53,5 %	49,7 %	52,5 %	.008

Behandlung durch den eigenen Arzt oder einen anderen Arzt

Einen positiven Einfluss auf die Beurteilung der meisten Faktoren und auf die Gesamtbewertung sowie das intendierte Verhalten hat die Behandlung durch den eigenen Arzt. Ob der Patient durch diesen oder einen anderen Arzt behandelt wird, kann die Klinik nicht immer steuern. Es zeigt sich, dass Patienten, die von ihrem eigenen Arzt betreut wurden, diesen und auch das Krankenhaus insgesamt besser einstufen. Zudem würden sie die Klinik bei Bedarf eher wieder aufsuchen und diese weiterempfehlen. Diese bessere Einschätzung strahlt auch auf die Beurteilung des Pflegepersonals, der Information, der Mahlzeiten, der Abläufe und der Wahrung der Privatsphäre aus.

Tabelle 46: Beurteilung der Faktoren nach Behandlung durch eigenen oder anderen Arzt

	Von meinem Arzt	Von einem anderen Arzt	Insgesamt	Sig.
Pflegepersonal	1,32	1,40	1,34	.032
Arzt	1,31	1,47	1,34	.000
Information	1,37	1,62	1,42	.000
Mahlzeiten	1,78	1,90	1,81	.017
Hygiene	1,67	1,71	1,68	.428
Abläufe	1,57	1,69	1,59	.007
Unterbringung	1,79	1,83	1,80	.443
Privatsphäre	1,30	1,44	1,33	.000
Gesamtbewertung	1,56	1,68	1,59	.006
Definitiv erneute Behandlung	64,6 %	54,2 %	62,5 %	.000
Uneingeschränkte Weiterempfehlung	53,4 %	46,9 %	52,1 %	.001

Zimmerbelegung

Für die folgende Auswertung wurden die Patienten in zwei Gruppen eingeteilt: erstens Patienten, die ein Doppelzimmer erhalten haben, obwohl sie ein Einzelzimmer gewünscht haben und zweitens Patienten, die im Doppelzimmer untergebracht wurden, aber auch nicht explizit ein Einzelzimmer gewünscht haben. Die Auswertung der Daten zeigt interessante Resultate: Patienten, denen der Wunsch nach einem Einzelzimmer nicht erfüllt werden konnte, beurteilen das Pflegepersonal, die Hygiene, die Unterbringung, die Wahrung der Privatsphäre und die Klinik insgesamt signifikant schlechter als Patienten in Doppelzimmern, die keinen Wunsch nach einem Einzelzimmer geäußert haben. Dies bedeutet, dass nicht unbedingt für alle Patienten ein Einzelzimmer zur Verfügung stehen muss. Die Einschätzung wird nur dann negativer, wenn der ausdrückliche Wunsch nach einem Einzelzimmer nicht erfüllt werden kann.

Tabelle 47: Beurteilung der Faktoren nach Zimmerbelegung

	Doppelzimmer erhalten, trotz Wunsch nach Einzelzimmer	Doppelzimmer erhalten, kein Wunsch nach Einzelzimmer	Insgesamt	Sig.
Pflegepersonal	1,48	1,32	1,36	.000
Arzt	1,37	1,36	1,36	.881
Information	1,48	1,44	1,45	.338
Mahlzeiten	1,86	1,80	1,81	.263
Hygiene	1,79	1,65	1,68	.007
Abläufe	1,68	1,60	1,62	.111
Unterbringung	1,93	1,74	1,78	.001
Privatsphäre	1,40	1,33	1,34	.068
Gesamtbewertung	1,72	1,57	1,61	.003
Definitiv erneute Behandlung	56,0 %	63,0 %	61,4 %	.110
Uneingeschränkte Weiterempfehlung	44,6 %	53,3 %	51,4 %	.156

Aufenthaltsdauer

Ebenfalls nur bedingt Einfluss hat die Klinik auf die Aufenthaltsdauer ihrer Patienten. Diese wird in erster Linie von der Art und Schwere der Erkrankung bestimmt. Wird ein Aufenthalt als zu kurz oder zu lang empfunden, könnte sich dies auf die Qualitätsurteile der Patienten auswirken. Um einen möglichen Einfluss der Aufenthaltsdauer zu überprüfen, wurde diese in vier etwa gleich große Gruppen eingeteilt: ein bis zwei Tage (29 Prozent der Befragten), drei bis vier Tage (24 Prozent), fünf bis sieben Tage (20 Prozent) und länger als sieben Tage (27 Prozent). Ausweislich der Untersuchungsergebnisse hat die Dauer des Krankenhausaufenthalts keinen Einfluss auf die Beurteilung der Faktoren – mit Ausnahme der Hygiene: Je länger der Aufenthalt dauert, desto negativer fallen die Urteile aus. Im Laufe der Zeit wurden von den Patienten mehr Defizite in Bezug auf die Sauberkeit wahrgenommen bzw. diese wurden bei längerem Aufenthalt zunehmend als störend empfunden.

Tabelle 48: Beurteilung der Faktoren nach Aufenthaltsdauer

	1-2 Tage	3-4 Tage	5-7 Tage	Länger als 7 Tage	Insgesamt	Sig.
Pflegepersonal	1,31	1,31	1,33	1,39	1,33	.178
Arzt	1,35	1,34	1,30	1,35	1,34	.650
Information	1,43	1,42	1,41	1,43	1,42	.980
Mahlzeiten	1,81	1,79	1,80	1,77	1,79	.886
Hygiene	1,56	1,64	1,75	1,73	1,66	.001
Abläufe	1,62	1,56	1,60	1,55	1,58	.502
Unterbringung	1,74	1,80	1,82	1,79	1,78	.541
Privatsphäre	1,31	1,34	1,30	1,32	1,32	.815
Gesamtbewertung	1,55	1,57	1,61	1,65	1,60	.119
Definitiv erneute Behandlung	62,8 %	62,3 %	62,8 %	62,4 %	62,6 %	.802
Uneingeschränkte Weiterempfehlung	55,0 %	53,6 %	50,5 %	49,0 %	52,2 %	.600

5.4.2 Auswirkung der Faktoren auf Gesamtbewertung und intendiertes Verhalten

Wie der Patient eine Klinik insgesamt bewertet und ob er diese erneut aufsuchen und weiterempfehlen würde, ist für die Existenz eines Krankenhauses von entscheidender Bedeutung. Diese drei zentralen Aspekte werden, wie gezeigt, auch von externen Größen beeinflusst, die außerhalb der Handlungsmöglichkeiten der Einrichtung liegen. Bedeutsamer und von erheblicherem Interesse sind dagegen interne Größen, die das Krankenhaus durch Qualitätsmanagement und weitere Maßnahmen der Qualitätssicherung steuern kann. Dies betrifft die ermittelten Faktoren und darüber hinaus die Arztpräsenz (Frage 4) sowie die Widersprüchlichkeit von Auskünften (Frage 7).

Tabelle 49: Determinanten der Gesamtbewertung und des intendierten Verhaltens: Bivariate Korrelationen (Gamma)

	Gesamtbewertung	Erneute Behandlung	Weiterempfehlungs-bereitschaft
Privatsphäre	.781	.679	.678
Pflegepersonal	.745	.571	.589
Abläufe	.744	.666	.669
Mahlzeiten	.639	.570	.601
Hygiene	.639	.466	.530
Information	.628	.563	.562
Arzt	.619	.557	.555
Arztpräsenz	.530	.566	.516
Widersprüchliche Auskünfte	.440	.436	.438
Unterbringung	.291	.258	.315

Die in Tabelle 49 ausgewiesenen Korrelationskoeffizienten sind Indikatoren für die jeweilige Stärke der Beziehung bei einer bivariaten Analyse, wobei alle Zusammenhänge hoch signifikant sind.[416] Alle untersuchten Aspekte haben einen signifikanten Effekt auf die Gesamtbewertung und das intendierte Verhalten. Diese Daten verweisen darauf, dass die Unterbringung ein vergleichsweise nachgeordneter Faktor ist, während Merkmale des Umgangs mit den Patienten – etwa die Wahrung der Privatsphäre, Respekt und Zuwendung – einen deutlich stärkeren Effekt haben.

Über die mit Hilfe der Faktorenanalyse ermittelten Faktoren hinaus haben die Präsenz des Arztes und der Erhalt widersprüchlicher Informationen Auswirkungen auf die Gesamtbewertung und das intendierte Verhalten. Auf diese Größen hat das Krankenhaus einen unmittelbaren Einfluss. Der Patient ist auf den Arzt als medizinischen Experten angewiesen und fühlt sich gerade im Krankenhaus oftmals hilflos und verunsichert. Somit kann es durchaus sein, dass objektiv gesehen die Anwesenheit eines Arztes gar nicht erforderlich ist, der Patient dies jedoch anders empfindet. Möglicherweise benötigt er Zuwendung und Aufmunterung, er wünscht weitere Informationen zu seiner Erkrankung oder er hat Schmerzen, die gestillt werden sollen. Ebenfalls einen Einfluss auf die Gesamtbewertung, die Bereitschaft zur erneuten Inanspruchnahme und die Weiterempfehlung haben widersprüchliche Auskünfte von Ärzten und Pflegepersonal.

---

[416] Die zugehörigen Kreuztabellen finden sich in Anhang B.

Diese können, wie bereits ausgeführt, auf den Patienten verunsichernd wirken. Mitunter schließen hiervon betroffene Patienten auf weitere Defizite, etwa in Bezug auf die fachliche Kompetenz der Klinikmitarbeiter.

Nachdem die bivariate Untersuchung die Einflüsse auf die Faktoren und von den Faktoren selbst aufgezeigt hat, wird im nächsten Kapitel eine multivariate Analyse zur Bedeutung der verschiedenen Faktoren für die Gesamtbewertung der Klinik präsentiert.

5.5 Gesamtbewertung: Multivariate Analyse

Die folgende binäre logistische Regression fasst die zuvor bivariat analysierten Einflussfaktoren auf die Gesamtbewertung der Klinik in einem Modell zusammen.[417] Der Vorteil des Verfahrens liegt darin, dass die unabhängigen Variablen ein beliebiges Skalenniveau aufweisen können. Die abhängige Variable – hier die dichotome Bewertung des Krankenhauses mit den Werten „sehr gut" und „nicht sehr gut" – kann nominal skaliert sein. Nachteilig ist dagegen die ungewohnte Interpretation der Ergebnisse als Wahrscheinlichkeiten für das Eintreten eines Ereignisses. Anders als bei den vorherigen Kreuztabellen wird hier der Einfluss mehrerer unabhängiger Variablen *zugleich* berechnet. Im konkreten Fall stellt die binäre logistische Regression dar, wie hoch die Wahrscheinlichkeit dafür ist, dass ein Patient die Klinik als „sehr gut" einstuft, wenn er bestimmte Angaben zu den ermittelten Faktoren sowie zur Arztpräsenz und zur Widersprüchlichkeit erhaltener Auskünfte macht.[418] Vollständige Daten liegen von 937 der insgesamt 1.501 Befragten vor.

Ein Maß für die Güte des Gesamtmodells ist der Likelihood-Quotienten-Test, der die Hypothese prüft, dass alle Regressionskoeffizienten gleich null sind. Der Test weist einen Chi-Quadrat-Wert von 395,267 bei zehn Freiheitsgraden und ein Signifikanzniveau von 0,000 auf. Damit kann hoch signifikant die Nullhypothese abgelehnt werden,

---

[417] Die entsprechenden Werte für die Bereitschaft zur erneuten Inanspruchnahme und Weiterempfehlung des Krankenhauses werden in Anhang B aufgeführt. Zu den nachfolgenden statistischen Ausführungen vgl. Backhaus et al. 2003, S. 417ff.; Bühl 2006, S. 372ff.

[418] Bei den unabhängigen Variablen ist darauf zu achten, dass diese weitgehend frei von Multikollinearität sind – das heißt, dass zwischen zwei oder mehr Variablen keine deutliche Korrelation besteht –, damit die Schätzungen der Regressionsparameter zuverlässig sind. In dem vorliegenden Modell besteht kein Problem hinsichtlich der Multikollinearität, da der Großteil der unabhängigen Variablen faktoranalytisch ermittelt wurde und die Korrelationsmatrix keine Werte nahe |1| ausweist, vgl. Backhaus et al. 2003, S. 88ff. und S. 470.

dass alle Regressionskoeffizienten gleich null sind. Das Gesamtmodell ist demnach geeignet, die Unterschiede in der Gesamtbewertung des Krankenhauses zu erklären.

Mit Hilfe von Pseudo-R-Quadrat-Werten kann dargestellt werden, wie gut die unabhängigen Variablen dazu beitragen, die Variation der abhängigen Variablen zu erklären. Üblicherweise wird dazu „Nagelkerkes R-Quadrat" verwendet, das Werte von 0 bis 1 annehmen kann, wobei Werte ab 0,4 als gut gelten. In dem vorliegenden Modell können die unabhängigen Variablen nach Nagelkerkes R-Quadrat 46 Prozent der Gesamtvarianz erklären, was insbesondere einen guten Wert vor dem Hintergrund darstellt, dass die Klinik insgesamt sehr positiv bewertet wird und folglich kaum Varianz in der abhängigen Variablen existiert, die erklärt werden kann. Somit zeigt sich, dass das Modell zur Erklärung der Gesamtbewertung mit den acht Faktoren aus der Faktorenanalyse sowie der Arztpräsenz und den widersprüchlichen Auskünften insgesamt geeignet ist.

Dieses Ergebnis spiegelt sich auch in der Klassifikationsmatrix wider, welche die durch das Modell geschätzte Bewertung der Klinik mit der tatsächlichen Bewertung vergleicht.[419] Eine gute Einteilung ist dann gegeben, wenn der Anteil der anhand der unabhängigen Variablen richtig zugeordneten Beurteilungen des Krankenhauses durch die Patienten wesentlich höher ist, als bei einer zufälligen Einteilung zu erwarten wäre. Ohne Kenntnis der tatsächlichen Bewertungen könnten 53,7 Prozent der Bewertungen richtig eingeteilt werden, indem einfach der größten Gruppe (Bewertung der Einrichtung mit „nicht sehr gut"), der eben 53,7 Prozent angehören,[420] alle Bewertungen zugeteilt werden. Mit Hilfe der unabhängigen Variablen kann das Modell aber insgesamt 76 Prozent richtig zuordnen.

---

[419] Zur Einteilung schätzt das Modell anhand der Koeffizienten der logistischen Regression, ob ein Patient eine „sehr gute" oder eine „nicht sehr gute" Bewertung abgibt.
[420] Dieser Wert berechnet sich folgendermaßen: $(126 + 377)/937 = 53{,}7$ Prozent.

Tabelle 50: Klassifikationsmatrix der logistischen Regression zur Gesamtbewertung

Beobachtet	Vorhergesagt		
	Sehr gut	Nicht sehr gut	Prozent richtig
Sehr gut	335	99	77,2
Nicht sehr gut	126	377	75,0
Prozent insgesamt	49,1	50,9	76,0

Nachdem festgestellt wurde, dass das Modell insgesamt die Bewertung gut erklären kann, ist zu prüfen, ob einzelne Variablen irrelevant sind. Die nachstehende Tabelle der Parameterschätzer zeigt die Wirkungsrichtung und -stärke der einzelnen Variablen.

Tabelle 51: Parameterschätzer für Gesamtbewertung des Krankenhauses

Akzeptanzfaktoren	B	Standard-fehler	Wald	Sig.	e^b	95 % Konfidenz-intervall e^b	
						Unterer Wert	Oberer Wert
Konstante	-6,293	0,484	169,373	0,000	0,002		
Privatsphäre	0,910	0,215	17,871	0,000	2,484	1,629	3,787
Abläufe	0,900	0,162	30,986	0,000	2,461	1,792	3,379
Mahlzeiten	0,792	0,143	30,781	0,000	2,208	1,669	2,921
Hygiene	0,742	0,137	29,472	0,000	2,100	1,607	2,745
Pflegepersonal	0,614	0,206	8,889	0,003	1,848	1,234	2,768
Arztpräsenz (Frage 4)	0,233	0,158	2,182	0,140	1,262	0,927	1,719
Information	0,115	0,186	0,386	0,534	1,122	0,780	1,615
Widersprüchliche Auskünfte (Frage 7)	-0,120	0,221	0,292	0,589	0,887	0,575	1,369
Arzt	0,106	0,203	0,273	0,602	1,112	0,747	1,655
Unterbringung	0,008	0,113	0,005	0,946	1,008	0,807	1,258

Freiheitsgrad ist jeweils 1.

Bei der Interpretation sind die Polungen der Faktoren zu beachten. Die Polungen (auch beim Faktor „Unterbringung") wurden so gewählt, dass niedrige Werte für ein positives Urteil stehen. Beispielsweise bedeuten niedrige Werte bei der Privatsphäre, dass die Patienten ihre Privatsphäre gewahrt sehen. Mit Hilfe der vorstehenden Tabelle kann die Wahrscheinlichkeit dafür ermittelt werden, dass der Patient das Krankenhaus mit „sehr gut" bewertet. Bei einer logistischen Regression wird die Wahrscheinlichkeit für das Eintreten eines Ereignisses nach folgendem Ansatz berechnet:

Abbildung 7: Regressionsansatz bei logistischer Regression

$$p = \frac{1}{1+e^{-z}} \text{ mit } z = b_1 x_1 + b_2 x_2 + \ldots + b_n x_n + k$$

P ist die Wahrscheinlichkeit für das Eintreten des Ereignisses, e ist die Eulersche Zahl (Basis zum natürlichen Logarithmus), x_i sind die Werte der unabhängigen Variablen, b_i sind die Koeffizienten, die die logistische Regression ergibt und k ist eine Konstante. Bei einem Wert kleiner als 0,5 für p wird davon ausgegangen, dass das betrachtete Ereignis nicht eintritt.

Ein Beispiel verdeutlicht, wie dieser multivariate Ansatz zu interpretieren ist: Bei einem Patienten ergeben sich die Skalenwerte 1 für alle Faktoren (= alle Faktoren werden als maximal positiv eingestuft). Wie groß ist nun die Wahrscheinlichkeit für das Ereignis „Patient bewertet das Krankenhaus nicht mit sehr gut" verglichen mit dem Gegenereignis „Patient bewertet das Krankenhaus mit sehr gut"? Um diese Frage beantworten zu können, werden die Werte der Spalte b aus Tabelle 51 in die Formel aus Abbildung 7 eingesetzt. Für z ergibt sich: z = 0,910 + 0,900 + 0,792 + 0,742 + 0,614 + 0,233 + 0,115 + 0,106 + 0,008 - 0,120 - 6,293 = -1,992. Der Wert für die Wahrscheinlichkeit p beträgt damit 0,12. Daher ist nach der Regression davon auszugehen, dass ein Patient, der alle aufgeführten unabhängigen Variablen maximal positiv einstuft, mit einer Wahrscheinlichkeit von 12 Prozent die Klinik nicht mit „sehr gut" bewertet.

Die Richtung und die Stärke der einzelnen Faktoren zeigt die Spalte e^b auf. Ist der Regressionskoeffizient b > 0, dann ist der so genannte Effekt-Koeffizient e^b > 1. Ein Effekt-Koeffizient mit einem Wert größer als 1 besagt, dass die Wahrscheinlichkeit für das Ereignis steigt (hier: „Patient bewertet das Krankenhaus nicht mit sehr gut"), wenn der Skalenwert der dazugehörigen unabhängigen Variablen steigt. Und zwar führt eine Steigerung um einen Skalenwert zu einer Verringerung des Chancenverhältnisses um den jeweiligen Wert von e^b. Im Beispiel ist der Regressionskoeffizient für Privatsphäre 0,910, entsprechend ist der Effekt-Koeffizient mit 2,484 größer als 1. Steigen also Beurteilungen des Faktors „Privatsphäre" (= Privatsphäre weniger gewährleistet) um einen Skalenwert, dann steigt die Wahrscheinlichkeit, dass der Patient die Einrichtung nicht mit „sehr gut" bewertet, um den Faktor 2,484.[421]

Die Effekt-Koeffizienten sind somit folgendermaßen zu interpretieren: Die Faktoren Privatsphäre, Abläufe, Mahlzeiten, Hygiene und Pflegepersonal sind alle signifikant und weisen Effekt-Koeffizienten größer als 1 auf, das heißt, niedrige Skalenwerte (= positive Beurteilung des jeweiligen Faktors) steigern die Wahrscheinlichkeit für eine Bewertung mit „sehr gut". Dabei überlappen sich die Konfidenzintervalle der genannten Faktoren. Inhaltlich bedeutet dies, dass die Reihenfolge der Bedeutung der Faktoren auch anders sein könnte – keine Variable ist wichtiger als eine andere für die Bewertung des Krankenhauses.

Bei der Arztpräsenz, den Faktoren Information, Arzt und Unterbringung sowie den widersprüchlichen Auskünften sind die Werte für b nicht signifikant.[422] Entsprechend umfasst das 95 Prozent-Konfidenzintervall des Effekt-Koeffizienten e^b den Wert 1. Die Wirkungsrichtung dieser unabhängigen Variablen ist damit unsicher. Dieses Ergebnis war aufgrund der vorherigen Analysen zu erwarten, da eben diese Faktoren bereits bei der bivariaten Analyse die schwächsten Werte für Gamma aufwiesen.

Fazit: Die multivariate Analyse bestätigt die Ergebnisse der bivariaten Analyse. Die Tabelle der Parameterschätzer belegt, dass die Faktoren Privatsphäre, Abläufe, Mahlzeiten, Hygiene und Pflegepersonal die stärksten Auswirkungen auf die Gesamtbewertung des Krankenhauses haben. Verbesserungen in diesen Bereichen haben den größten Einfluss auf die Beurteilung der Klinik. Die Wahrung der Privatsphäre durch Ärzte und Pflegepersonal hat für die Patienten eine hohe Bedeutung. Da Krankheiten häufig schambesetzt sind und das Arztgeheimnis zu Recht ein wichtiges Gut darstellt, überrascht dieses Ergebnis wenig. Ebenso verwundert es nicht, dass die Abläufe, die Mahlzeiten, die Hygiene und das Pflegepersonal eine wichtige Rolle für die Einschätzung spielen. Diese Faktoren sind für den Patienten gut zu beobachten und zu bewerten. Patienten können sich relativ einfach ein Urteil darüber bilden, ob festgelegte

---

[421] Entsprechend wären Werte von b < 0 zu interpretieren: Ist b < 0, so ist e^b < 1 und die Wahrscheinlichkeit für das Ereignis sinkt mit höheren Werten für die unabhängige Variable. Dies trifft auf die Variable „widersprüchliche Auskünfte" zu. Jedoch ist der Wert nicht signifikant, so dass das Konfidenzintervall Werte im Bereich von kleiner und größer als 1 umfasst. Damit kann für diese unabhängige Variable keine sichere Aussage über die Wirkungsrichtung getroffen werden.

[422] Die Signifikanz der Koeffizienten wird mit Hilfe der asymptotisch χ^2-verteilten Wald-Statistik geprüft, vgl. Backhaus et al. 2003, S. 452.

Termine eingehalten wurden, das Essen geschmeckt hat, Zimmer und Flure sauber waren und das Personal freundlich war.

Dass die Unterkunft für Patienten im Krankenhaus lediglich eine untergeordnete Rolle spielt, geht nicht nur aus den bivariaten und multivariaten Analysen hervor, sondern zeichnete sich bereits in den Studien zu den Qualitätsdimensionen ab, die in Kapitel 3.1.2 dargestellt wurden. Etwas erstaunlich ist auf den ersten Blick, dass die Bewertung des Arztes gemäß der Datenauswertung nicht so bedeutsam sein soll. Dafür gibt es aber zwei Erklärungen: Erstens wurden 79 Prozent der Patienten von ihrem Arzt behandelt, der sie auch außerhalb des Krankenhauses betreut. Damit ist plausibel, dass die Bewertung des Arztes in vielen Fällen nicht auf die Bewertung der Klinik übertragen wird. Zweitens handelt es sich bei Gesundheitsdienstleistungen, wie in Kapitel 3.1.2 ausgeführt wurde, um Vertrauensgüter. Der Patient kann auch nach dem Krankenhausaufenthalt meist nicht eindeutig einschätzen, ob ihm eine gute medizinische Versorgung zuteil wurde und ob er wegen oder trotz der Behandlung gesund wurde. Deshalb werden mitunter Urteile über scheinbar nebensächliche, aber besser zu beurteilende Faktoren wie die Mahlzeiten als Ersatzkriterien herangezogen.[423]

Angesichts der bisherigen Ausführungen in dieser Arbeit zur Bedeutsamkeit der Kommunikation zwischen Arzt und Patient scheint es verwunderlich,[424] dass die behandlungsbezogenen Informationen ausweislich der Ergebnisse der Datenauswertung keinen signifikanten Effekt auf die Gesamtbewertung haben. Zudem wirkt sich die Kommunikation zwischen Arzt und Patient in entscheidendem Maße auf die Compliance des Patienten aus, die für die Erstellung einer Gesundheitsdienstleistung zwingend erforderlich ist. Die festgestellte geringe Relevanz der Kommunikation ist möglicherweise der Tatsache geschuldet, dass die Patienten ihren Arzt kennen und wissen, dass sie mit ihm „erfolgreich" kommunizieren können. Und auch der Arzt ist über den Patienten und seine Krankengeschichte bereits vor der stationären Aufnahme informiert, so dass der Bedarf an Kommunikation mitunter geringer ausfällt, als wenn es sich um einen dem Arzt unbekannten Patienten handelt.

---

[423] Zu Ausstrahlungseffekten siehe Kapitel 4.2.1.2.
[424] Zur Kommunikation siehe Kapitel 2.4 und 3.1.

5.6 Fazit zur QPRR-Befragung

Im Zentrum der QPRR-Erhebung stehen die Qualitätsurteile von Patienten im Hinblick auf die in einem Krankenhaus der Maximalversorgung erhaltenen Gesundheitsdienstleistungen. Die in Tabelle 52 aufgezeigten Faktoren aus der Faktorenanalyse wurden unter anderem hinsichtlich ihres Einflusses auf die Gesamtbewertung der Klinik untersucht, wobei sich die kursivierten Faktoren als signifikant herausstellten. Auch die Auswirkungen der Arztpräsenz und des Erhalts widersprüchlicher Auskünfte auf die Gesamtbewertung wurden analysiert; diese übten jedoch keinen signifikanten Einfluss aus.

Die nachstehende Tabelle zeigt zusammenfassend, dass es den Mitarbeitern des Krankenhauses insgesamt gelungen ist, die Erwartungen der Patienten an den stationären Aufenthalt zu erfüllen bzw. überzuerfüllen. Zwischen 84 Prozent (Faktor „Unterbringung") und 97 Prozent der Patienten (Faktor „Privatsphäre") vergaben die zwei besten Beurteilungen. In Bezug auf den Faktor „Arzt" sind die positiven Resultate nicht erstaunlich. Zum einen setzen Patienten generell (ein Mindestmaß an) Fachkompetenz bei Ärzten – und auch beim Pflegepersonal – voraus. Zum anderen handelt es sich um ein Belegkrankenhaus, so dass die Patienten ihren behandelnden Arzt bereits aus dessen niedergelassener Tätigkeit kennen und ihn für kompetent halten, da sie seine Leistungen weiterhin in Anspruch nehmen. Somit war dezidierte Kritik im Hinblick auf die fachliche und soziale Kompetenz des ärztlichen Personals nicht zu erwarten.

Tabelle 52: Übersicht Faktoren und Gesamtbewertung der QPRR-Befragung

		Trifft voll und ganz zu	Trifft eher zu	Trifft eher nicht zu	Trifft gar nicht zu
Information		63,0 %	31,8 %	4,7 %	0,5 %
(Gute) Unterbringung		39,5 %	44,6 %	12,2 %	3,2 %
Mahlzeiten		*34,4 %*	*53,0 %*	*11,0 %*	*1,7 %*
		Sehr gut	**Gut**	**Mittelmäßig**	**Schlecht**
Pflegepersonal	*Ø 1,3*	*70,0 %*	*26,1 %*	*3,4 %*	*0,5 %*
Privatsphäre	*Ø 1,3*	*69,1 %*	*28,1 %*	*2,1 %*	*0,3 %*
Arzt	Ø 1,3	68,9 %	27,9 %	0,1 %	-
Abläufe	*Ø 1,6*	*49,5 %*	*42,3 %*	*7,4 %*	*0,7 %*
Hygiene	*Ø 1,7*	*44,1 %*	*45,4 %*	*9,5 %*	*1,0 %*
Gesamtbewertung	Ø 1,6	46,5 %	48,0 %	4,5 %	0,9 %

In der Erhebung wurden neben einigen faktenorientierten Report-Fragen hauptsächlich bewertungsorientierte Report-Fragen und Rating-Fragen zu etwa gleichen Teilen eingesetzt. Angesichts der insgesamt recht positiven Ergebnisse sind alle Benotungen, die schlechter als „gut" ausfallen, als *erheblich* verbesserungsbedürftig zu betrachten. Im Gegensatz zur Kategorie „zufrieden" – ein Kritikpunkt an dieser speziellen Art der Rating-Frage waren die übermäßig positiven Resultate –[425] ist die Bedeutungsvarianz der Kategorie „gut" aber viel geringer; die Bewertung „gut" bedeutet nicht „sehr gut" und auch nicht „mittelmäßig". Darum gibt es bei der Datenauswertung kaum Interpretationsspielraum und -schwierigkeiten.

Wie in Kapitel 4.2.2 befürwortet, wurden die Qualitätsurteile zu den einzelnen Merkmalen der Gesundheitsdienstleistung direkt erhoben. Diese Vorgehensweise ist einer getrennten Erfassung der Soll- und Ist-Komponente des Qualitätsurteils eindeutig vorzuziehen. Das Gesamturteil des Patienten wurde, wie in Kapitel 4.2.3 postuliert, nicht als Summe von Einzelurteilen generiert, sondern der Patient wurde explizit nach seiner Gesamtbewertung gefragt. So bestand die Möglichkeit, statistisch zu untersuchen, welche Aspekte des stationären Aufenthalts für Patienten besonders wichtig sind.

Ungeachtet der insgesamt recht positiven Resultate konnten einige Schwachstellen identifiziert werden. Insbesondere betrifft dies die Faktoren Mahlzeiten, Abläufe und Hygiene und den aus Patientensicht weniger relevanten Faktor Unterbringung. Diese Gesichtspunkte waren auch Hauptgegenstand der in den Kommentaren geäußerten Kritik. Insgesamt erfolgten hier 432 Nennungen, das heißt, jedem dritten Patienten ist während des Krankenhausaufenthalts etwas negativ aufgefallen. Überdies gaben acht Prozent der befragten Patienten an, Grund zur Beschwerde gehabt zu haben. Auch dies verdeutlicht, dass aus Sicht der Patienten einige Aspekte des stationären Aufenthalts nicht optimal waren. Da 95 Prozent der Befragten eine „sehr gute" oder „gute" Gesamtbewertung abgaben (siehe Tabelle 52), zeigt sich – wie in vielen anderen Befragungen auch –[426] ein positives Globalurteil bei gleichzeitiger Detailkritik.

Für die Leitung und die Mitarbeiter des Krankenhauses bedeuten die Befragungsergebnisse, dass zunächst Verbesserungen bei den drei für die Gesamtbewertung signifikanten Faktoren Mahlzeiten, Abläufe und Hygiene vorzunehmen sind, die vergleichsweise schlecht beurteilt wurden. Im Anschluss an diese erste Patientenbe-

---

[425] Siehe hierzu Kapitel 4.1.1.
[426] Siehe hierzu auch S. 99 der vorliegenden Arbeit.

fragung, in der die Qualitätsdimensionen Ausstattung, Organisation, Beziehung zum Personal, Behandlung und Behandlungsergebnis sowie Zufriedenheit und auch die abschließende Einschätzung untersucht wurden, könnte in einer Folgebefragung genauer auf die in der Erstbefragung ermittelten und dann bearbeiteten Schwachpunkte eingegangen und geprüft werden, ob die Beseitigung der Defizite aus Patientensicht gelungen ist.

Die QPRR-Studie zeigt, wie methodische und inhaltliche Anforderungen an Patientenbefragungen praktisch realisiert werden können. Wie diese Erfordernisse in anderen Erhebungen umgesetzt wurden und welche Stärken und Schwächen aus Patientensicht bei der Qualität von Gesundheitsdienstleistungen befragungsübergreifend identifiziert werden können, ist Gegenstand des nächsten Kapitels, in dem die QPRR-Befragung mit anderen Erhebungen verglichen wird.

6 Vergleich von Befragungen zu Qualitätsurteilen

In Deutschland – und auch international – werden immer häufiger Patientenbefragungen zur Ermittlung von Qualitätsurteilen durchgeführt. Daneben werden Urteile zur Qualität von Gesundheitsdienstleistungen auch durch Bevölkerungsbefragungen erfasst. Diese Untersuchungen sind sowohl in methodischer als auch in inhaltlicher Hinsicht (qualitativ) sehr unterschiedlich. Ziel dieses Kapitels ist es, die QPRR-Erhebung mit ausgewählten Studien zu vergleichen. Im Folgenden werden Befragungen aus Deutschland näher betrachtet, welche die nachstehenden Kriterien erfüllen:

1. Im Zentrum der Befragung stehen Qualitätsurteile von Patienten bzw. bei Bevölkerungsbefragungen werden Qualitätsurteile im Hinblick auf Gesundheitsdienstleistungen einbezogen.

2. Die gestellten Fragen *und* die Ergebnisse wurden publiziert. Alleine diese – eigentlich selbstverständliche – Forderung reduziert die Anzahl der in Frage kommenden Studien erheblich.[427]

3. Das eingesetzte Erhebungsinstrument wurde validiert (bei Patientenbefragungen).

4. Die Zahl der Befragten umfasst mindestens 1.000 Personen und damit eine belastbare Datenbasis.[428]

5. Die Studien behandeln ähnliche Qualitätsdimensionen ärztlich erbrachter Gesundheitsdienstleistungen wie die QPRR-Erhebung.

6. Thematisiert wird nicht ausschließlich Zufriedenheit im engeren Sinne. Dadurch wird auch eine Vielzahl von Studien ausgeschlossen, in denen Zufriedenheit unzutreffenderweise als Indikator für Qualität verwendet wird.[429]

7. Es handelt sich nicht um allgemeine Befragungen zur Beurteilung des deutschen Gesundheitswesens oder um Befragungen spezieller Patienten- oder Bevölkerungsgruppen.

Diesen Anforderungen genügen insgesamt vier Studien. Eine hiervon ist die Befragung des „European Project on Patient Evaluation of General Practice Care" (EURO-PEP), welche in Deutschland vom AQUA-Institut durchgeführt wurde. Zudem ist

---

[427] Bei Unternehmen, die Befragungen kostenpflichtig anbieten – wie das Picker Institut und die Forschungsgruppe Metrik –, ist nachvollziehbar, dass keine Veröffentlichung erfolgt.
[428] Zur Planung von Stichproben siehe Jacob/Eirmbter 2000, S. 89ff.; Schnell et al. 1999, S. 247ff.
[429] Siehe hierzu Kapitel 4.1.1.

diese Patientenbefragung für eine Zertifizierung nach dem Qualitätsmanagement-system EPA zwingend vorgeschrieben und wurde in diesem Kontext bereits vorgestellt.[430] Weiterhin werden zwei Bevölkerungsbefragungen genauer betrachtet, zum einen der Gesundheitsmonitor der Bertelsmann Stiftung und zum anderen eine Untersuchung der KBV. Bevölkerungsbefragungen generell wurden in Betracht gezogen, da sie neben aktuellen auch ehemalige Patienten berücksichtigen, die gegebenenfalls aufgrund unzureichender Qualität den Arzt gewechselt haben. Es wäre demnach möglich, dass die Ergebnisse der Bevölkerungsbefragungen kritischer ausfallen als diejenigen der Patientenbefragungen. Schließlich wird eine Studie mit Krankenhauspatienten näher untersucht, die von der Deutschen Angestellten-Krankenkasse (DAK) in Auftrag gegeben wurde. Im Hinblick auf Durchführung, Fragestellungen (Fragearten und -inhalte) und Auswertung ist diese Befragung der QPRR-Erhebung ähnlich.

In Tabelle 53 werden zunächst in methodischer Hinsicht relevante Aspekte der fünf Erhebungen gegenübergestellt. Gegenstand des Qualitätsurteils ist in der Regel die in den vergangenen zwölf Monaten zuletzt in Anspruch genommene Gesundheitsdienstleistung. Anschließend werden die Fragestellungen und Ergebnisse der vier ausgewählten Befragungen dargestellt,[431] danach werden die Resultate dieser Studien und der QPRR-Erhebung miteinander verglichen. Dies bezieht sich sowohl auf die ermittelten Stärken und Schwächen aus Sicht der Befragten als auch auf die untersuchten Einflüsse der soziodemografischen Merkmale der Respondenten.

---

[430] Siehe Kapitel 3.2.3.
[431] Diese Darlegungen variieren aufgrund der zur Verfügung stehenden Informationen und folgen deshalb keiner einheitlichen Struktur. Soweit möglich und sinnvoll, wird dabei die bisher verwendete Reihenfolge der Qualitätsdimensionen – Erreichbarkeit und Ausstattung, Organisation, Arzt-Patient-Beziehung, medizinisch-technische Behandlung, Behandlungsergebnis und Patientenzufriedenheit – beibehalten.

Tabelle 53: Vergleich der Studien in methodischer Hinsicht

	QPRR (2008)	EUROPEP (1998)	Gesundheitsmonitor (2001/2002)	KBV (2008)	DAK (1996)
Auftraggeber und gegebenenfalls Durchführung	Krankenhaus	Task Force on Patient Evaluations of General Practice Care in 16 europäischen Ländern, in Deutschland AQUA-Institut	Bertelsmann Stiftung	Auftraggeber: KBV, Durchführung: Forschungsgruppe Wahlen Telefonfeld GmbH	Auftraggeber: DAK, Durchführung: hauptsächlich Hildebrandt GesundheitsConsult GmbH unter Mitarbeit des Instituts für Medizin-Soziologie der Universität Hamburg
Zielgruppe	Krankenhauspatienten	Hausarztpatienten	Bevölkerung	Bevölkerung	Krankenhauspatienten
Anzahl der Befragten	1.501	2.224	3.001	6.114	11.409
Art der Befragung	Schriftlich mit validiertem Fragebogen	Schriftlich mit validiertem Fragebogen	Schriftlich mit validiertem Fragebogen	Quantitative Telefoninterviews	Schriftlich mit validiertem Fragebogen
Gegenstand des Qualitätsurteils	Stationäre Gesundheitsdienstleistungen, Befragung im Anschluss an den Klinikaufenthalt	Hausärztliche Gesundheitsdienstleistungen der vorausgegangenen zwölf Monate	Haus- und fachärztliche Gesundheitsdienstleistungen der vorausgegangen zwölf Monate, meist bezogen auf den letzten Arztbesuch	Haus- und fachärztliche Gesundheitsdienstleistungen der vorausgegangenen zwölf Monate, zum Teil bezogen auf den letzten Arztbesuch	Stationäre Gesundheitsdienstleistungen aus dem Jahr 1995
Anzahl der Fragen (hinzu kommen jeweils Fragen zur Soziodemografie)	31	25	Insgesamt 135, für Qualitätsurteil 18 relevante Fragen (Angaben bezogen auf die erste von zwei Befragungswellen)	Insgesamt 46 Fragen, für Qualitätsurteil zehn relevante Fragen	45
Frageart	Report- und Rating-Fragen	Rating-Fragen	Report- und Rating-Fragen	Report- und Rating-Fragen	Report- und Rating-Fragen

6.1 EUROPEP-Studie (1998)

Im Rahmen des europäischen Gemeinschaftsprojekts EUROPEP wurde im Jahr 1998 eine Abschlussbefragung mit 2.224 Patienten (dies entsprach einer Rücklaufquote von 77 Prozent) aus 36 Hausarztpraxen durchgeführt. Je Praxis wurden 80 Fragebögen an Patienten in der Reihenfolge ihres Kommens ausgegeben. Der Fragebogen wurde von den Patienten zu Hause beantwortet und anschließend in einem Freiumschlag an das AQUA-Institut zurückgesendet. Die Erhebung fand neben Deutschland in 15 weiteren Ländern, unter anderem in Österreich und in der Schweiz, mit dem Ziel eines internationalen Vergleichs statt.[432] Das in dem Projekt entwickelte Befragungsinstrument wird im Rahmen des Qualitätsmanagementsystems EPA sowie in weiteren Qualitätsmanagementsystemen kostenpflichtig eingesetzt.[433]

Da der Fragebogen lediglich 25 Fragen zu Qualitätsurteilen von Patienten umfasst, wird er einschließlich der Häufigkeitsverteilungen in seiner Gesamtheit dargestellt (siehe Tabelle 54). Bei 23 Fragen wurde eine – dem Schulnotenprinzip entgegengesetzte und damit kontraintuitive – Antwortskala von 1 = schlecht bis 5 = ausgezeichnet vorgegeben. Nur die Randkategorien wurden benannt; die Zwischenstufen wurden nicht in Worte gefasst, da sich eine Übersetzung der Bewertungsskala in verschiedene Sprachen unter Beibehaltung der gleichen Bedeutung als schwierig herausstellte. Um die Antwortskala für alle 23 Fragen verwenden zu können, wurde die jeweilige Fragestellung entsprechend angeglichen, was häufig zu sperrigen Formulierungen führte. In einigen Fällen korrespondieren die Fragestellungen nur bedingt mit den Antwortvorgaben. Bei den Fragen 1, 2 und 7 beispielsweise müsste die Antwort „ja" oder „nein" lauten. Bei Frage 3 wäre eine Skala von „überhaupt nicht leicht" bis „sehr leicht" zu erwarten gewesen. Die jeweilige Fallzahl bei den einzelnen Fragen wurde nicht angeführt; zwischen einem Prozent (Frage 5) und 30 Prozent (Frage 17) der Zielpersonen haben die Fragen nicht beantwortet.[434]

---

[432] Vgl. Klingenberg et al. 1999, S. 437f.

[433] Vgl. AQUA-Institut für angewandte Qualitätsförderung und Forschung im Gesundheitswesen GmbH (Hrsg.) 2009b. Im Rahmen des Projekts wurden auch Erwartungen von Patienten an hausärztliche Gesundheitsdienstleistungen untersucht, siehe hierzu Kapitel 3.1.2.

[434] Vgl. Klingenberg et al. 1999, S. 438ff.

Tabelle 54: Ergebnisse der EUROPEP-Studie für Hausärzte, N = 2.224 (1 = schlecht, 5 = ausgezeichnet)

	1	2	3	4	5
1. Hat er Ihnen während des Arztbesuchs das Gefühl vermittelt, dass er Zeit für Sie hat?	-	2 %	7 %	30 %	61 %
2. Hatte er Interesse an Ihrer persönlichen Situation?	-	2 %	7 %	30 %	61 %
3. Wie leicht hat er es Ihnen gemacht, über Ihre Probleme zu sprechen?	-	2 %	9 %	30 %	59 %
4. Wie hat er Sie in Entscheidungen über Ihre medizinische Behandlung einbezogen?	-	2 %	11 %	30 %	57 %
5. Wie hat er Ihnen zugehört?	-	1 %	7 %	27 %	65 %
6. Wie wurde auf die vertrauliche Behandlung Ihrer Daten und Unterlagen geachtet?	-	1 %	5 %	21 %	73 %
7. Hat er Ihre Beschwerden schnell gelindert?	1 %	2 %	14 %	38 %	45 %
8. Wie hat er Ihnen geholfen, damit Sie sich gut genug fühlten, um Ihren normalen täglichen Aktivitäten nachgehen zu können?	-	2 %	10 %	35 %	53 %
9. Wie gründlich war er?	-	2 %	7 %	27 %	64 %
10. Wie führte er bei Ihnen körperliche Untersuchungen durch?	1 %	2 %	6 %	30 %	61 %
11. Wie hat er Ihnen Angebote zur Krankheitsvorbeugung gemacht (zum Beispiel Vorsorge, Impfung, Gesundheitskontrollen und Ähnliches)?	4 %	13 %	27 %	38 %	18 %
12. Wie hat er Ihnen den Zweck von Untersuchungen und Behandlungen erklärt?	-	2 %	9 %	31 %	58 %
13. Wie hat er Sie über das informiert, was Sie über Ihre Beschwerden bzw. Erkrankung wissen wollten?	-	2 %	8 %	30 %	60 %
14. Wie hat er Ihnen beim Umgang mit Ihren Gefühlen im Zusammenhang mit Ihrem Gesundheitszustand geholfen?	1 %	3 %	12 %	30 %	54 %
15. Wie hat er Ihnen erläutert, wie wichtig es ist, seine Ratschläge zu befolgen?	1 %	3 %	10 %	31 %	55 %
16. Wie hat er sich erinnert, wie er Sie bei früheren Gesprächen behandelt und beraten hat?	1 %	3 %	11 %	31 %	54 %
17. Wie hat er Sie darauf vorbereitet, was Sie beim Facharzt bzw. im Krankenhaus erwartet?	1 %	3 %	11 %	32 %	53 %
18. Wie war die Hilfsbereitschaft der anderen Praxismitarbeiter/innen (außer dem Arzt)?	1 %	1 %	7 %	27 %	64 %
19. Wie war es Ihnen möglich, passende Termine zu bekommen?	-	1 %	5 %	27 %	67 %
20. Wie war die telefonische Erreichbarkeit der Praxis?	-	1 %	4 %	21 %	74 %
21. Wie war es möglich, den Hausarzt selbst am Telefon zu sprechen?	1 %	3 %	9 %	30 %	57 %
22. Wie waren die Wartezeiten in der Praxis?	3 %	5 %	22 %	39 %	31 %
23. Wie erhielten Sie schnelle Hilfe bei dringenden Gesundheitsproblemen?	-	1 %	4 %	25 %	70 %

Quelle: In Anlehnung an Grol/Wensing 2000, S. 49; Klingenberg et al. 1999, S. 440f.

Folgendes fällt bei der Betrachtung der Befragungsergebnisse auf:

- Die Extremkategorie 1 = schlecht wurde gemieden. Möglicherweise bestand tatsächlich kein Anlass für massive Kritik – denn in diesem Fall wäre es wahrscheinlich, dass der Patient den Arzt bereits gewechselt hätte. Gab es zu dem konsultierten Arzt jedoch (nach Einschätzung des Patienten) keine Alternative, könnte es sich auch um eine Rationalisierung zur Vermeidung kognitiver Dissonanz handeln.[435]

- Die Resultate sind sich zum Teil sehr ähnlich oder stimmen – wie bei den Fragen 1 und 2 – sogar überein. Hierfür könnte eine mangelnde Differenzierung auf Seiten der Patienten ursächlich sein. Diese sollten ihre hausärztlichen Konsultationen der vergangenen zwölf Monate beurteilen, was hohe Anforderungen an das Erinnerungsvermögen der Patienten stellt. Somit wurden ähnliche Merkmale vermutlich ähnlich bewertet.

- Der Fokus der Erhebung lag auf der Arzt-Patient-Beziehung. Vor allem die Fähigkeiten des Arztes zuzuhören und dem Patienten das Gefühl zu vermitteln, dass er sich Zeit für ihn nimmt sowie das Interesse für die persönliche Situation des Patienten erzielten positive Ergebnisse. Etwas kritischer wurden die ärztliche Unterstützung im Hinblick auf den emotionalen Umgang mit dem Gesundheitszustand sowie die Vorbereitung auf weitergehende Behandlungen bei Fachkollegen oder im Krankenhaus bewertet.

- Stärken bei den hausärztlichen Gesundheitsdienstleistungen sahen die Befragten vor allem bei der telefonischen Erreichbarkeit der Arztpraxis (Frage 20) und der umgehenden Hilfe bei dringenden Gesundheitsproblemen (Frage 23); hier vergaben jeweils 95 Prozent eine „4" oder „5". Die vertrauliche Behandlung von Daten und Unterlagen (Frage 6) und der Erhalt eines passenden Termins (Frage 19) erhielten von jeweils 94 Prozent der Patienten positive Bewertungen.

- Schwächen aus Patientensicht waren bei den Angeboten zur Krankheitsvorbeugung (Frage 11), den Wartezeiten (Frage 22) und der schnellen Linderung von Beschwerden (Frage 7) zu finden. Bei der Vorbeugung vergaben lediglich 56 Prozent und bei den Wartezeiten 70 Prozent der Befragten eine „4" oder „5". In Bezug auf die umgehende Milderung von Beschwerden fielen die Ergebnisse etwas positiver aus, 83 Prozent der Patienten stuften diese als „4" oder „5" ein. In diesem Zusam-

---

[435] Zur kognitiven Dissonanz siehe Kapitel 4.1.1.

menhang ist jedoch fraglich, inwieweit eine unmittelbare Linderung von Beschwerden jeweils medizinisch möglich war.

In der Studie wurde abschließend nach der Bereitschaft der Patienten, den Arzt zu empfehlen und ihn zu wechseln, gefragt. Die Aussage „Ich kann meinen Freunden diesen Hausarzt sehr empfehlen" beantworteten 70 Prozent mit „stimme voll und ganz zu" und 26 Prozent mit „stimme zu". Das Item „Ich habe keinen Grund, einen Wechsel zu einem anderen Hausarzt in Betracht zu ziehen" wurde von insgesamt 95 Prozent mit „stimme voll und ganz zu" (77 Prozent) oder „stimme zu" (18 Prozent) beantwortet.[436]

Zieht man die Ergebnisse der Befragungen in Österreich und der Schweiz hinzu, zeigt sich, dass auch dort insbesondere Defizite bei den Wartezeiten gesehen wurden. In Österreich wurde darüber hinaus bemängelt, dass der Arzt den Patienten nicht das Gefühl vermittle, ausreichend Zeit für sie zu haben. In der Schweiz – dort fielen die Ergebnisse insgesamt besser als in den anderen beiden Ländern aus – wurde genau wie in Deutschland Verbesserungsbedarf bei den Angeboten zur Krankheitsvorbeugung und der schnellen Linderung von Beschwerden festgestellt.[437]

6.2 Gesundheitsmonitor der Bertelsmann Stiftung (2001/2002)

In dem Gesundheitsmonitor der Bertelsmann Stiftung wurden insgesamt 3.001 Personen – in zwei etwa gleich großen Wellen – aus der bundesdeutschen Erwachsenenbevölkerung schriftlich befragt, was einer Rücklaufquote von 72 Prozent entsprach. Die Stichprobe wurde aus einem Access Panel mit befragungsbereiten Haushalten gezogen, weshalb die nach eigenen Angaben bestehende Repräsentativität in Frage gestellt werden muss.[438] Im Fokus der Erhebung standen Gesundheitsdienstleistungen von Haus- und Fachärzten der vergangenen zwölf Monate, teilweise wurde auch nach dem letzten Arztbesuch gefragt. Bevor die Resultate dieser Befragung näher betrachtet werden, ist vorab kritisch anzumerken, dass weder die Fallzahlen je Item noch die Häufigkeitsverteilungen standardmäßig ausgewiesen wurden. Dies erschwert die Nachvollziehbarkeit – und auch Überprüfung – der Ergebnisauswertung und -interpretation erheblich.

---

[436] Vgl. Klingenberg et al. 1999, S. 439.
[437] Vgl. Grol/Wensing 2000, S. 43 und S. 58.
[438] Zur Methodik und Repräsentativität des Gesundheitsmonitors siehe Güther 2006.

Dimension „Erreichbarkeit und Ausstattung"

Im Gesundheitsmonitor wurde die zeitliche Verfügbarkeit des Hausarztes untersucht.[439] Außerhalb der Sprechstunde benötigten sieben Prozent der Befragten bereits einmal ärztliche Hilfe. Die Erreichbarkeit in Notfällen stuften neun von zehn der Betroffenen als gut ein. Zweifel an der Aktualität ärztlicher Kenntnisse – dies betrifft die personelle Ausstattung in qualitativer Hinsicht – hatte schon einmal jeder Sechste bei seinem Hausarzt und jeder Zwölfte bei einem Facharzt. Dieser Unterschied ist möglicherweise darauf zurückzuführen, dass Fachärzte auf ein begrenztes Gebiet spezialisiert sind und daher auf „vergleichsweise sicherem Terrain tätig sein können".[440]

Tabelle 55: Dimension „Erreichbarkeit und Ausstattung", Gesundheitsmonitor

	Antwortvorgaben	Frageart
Waren Sie in den letzten zwölf Monaten mindestens einmal so krank, dass Sie ärztliche Hilfe am Wochenende oder werktags am Abend oder nachts benötigten?	Ja/Nein	Fakten-orientierte Report-Frage
Denken Sie bitte an das letzte Mal, als Sie diese ärztliche Hilfe benötigten: War in diesem Notfall ein Arzt für Sie auch abends, nachts oder am Wochenende gut erreichbar?	Ja/Nein	Bewertungs-orientierte Report-Frage
Falls Sie in den letzten zwölf Monaten krank waren: Haben Sie das Gefühl, dass Ihr Hausarzt nicht ganz aktuell über die Behandlungsmöglichkeiten Ihrer Krankheit informiert ist?[441]	Ich war in den letzten zwölf Monaten nicht krank/Ja/Teils-teils/Nein/Weiß nicht	Bewertungs-orientierte Report-Frage

Quelle: In Anlehnung an Bertelsmann Stiftung (Hrsg.) 2001, S. 6 und S. 13. Bei gleichen Fragen zum Haus- und Facharzt werden in den Tabellen nur die Fragen zum Hausarzt angegeben.

---

[439] Vgl. zu den Ergebnissen der Studie Streich 2002, S. 20ff. Die Frage nach der zeitlichen Verfügbarkeit des Hausarztes wurde lediglich in der ersten der zwei Befragungswellen gestellt, so dass hier etwa 1.500 Personen antworteten. In aktuelleren Gesundheitsmonitoren wurde die Qualität von Gesundheitsdienstleistungen aus Patientensicht ebenfalls erfasst, jedoch wurden die Ergebnisse nicht publiziert.

[440] Streich 2002, S. 29.

[441] Diese Frage ist grundsätzlich schwierig zu beantworten und zudem nicht präzise formuliert („nicht ganz aktuell").

Dimension „Organisation"

In der Studie wurden ferner die Terminvergabe und die Wartezeiten behandelt. Während die Terminvergabe unproblematisch war – über 80 Prozent der Befragten mussten gar nicht auf einen Behandlungstermin bei ihrem Hausarzt warten, lediglich drei Prozent mussten sich über eine Woche gedulden –, zeigten sich bei den Wartezeiten in der Praxis Defizite: Ein Viertel der Befragten wartete mehr als eine halbe Stunde, davon sieben Prozent sogar über eine Stunde. Bei Fachärzten waren die Wartezeiten noch ausgeprägter: Hier musste ein Drittel der Befragten länger als eine halbe Stunde warten.

Tabelle 56: Dimension „Organisation", Gesundheitsmonitor

	Antwortvorgaben	**Frageart**
Wie viele Tage mussten Sie beim letzten Mal warten, um einen Termin für einen Praxisbesuch zu bekommen?	Ich konnte sofort kommen bzw. ich bekam einen Termin für den Tag meiner Wahl/ Ein Tag Wartezeit/Zwei Tage bis eine Woche Wartezeit/Mehr als eine Woche, aber nicht länger als 14 Tage Wartezeit/ Mehr als zwei Wochen Wartezeit	Fakten-orientierte Report-Frage
Wie lange mussten Sie bei Ihrem letzten Besuch in der Arztpraxis warten, bis Sie untersucht, behandelt oder beraten wurden?	Musste nicht warten/Weniger als 15 Minuten/15 bis unter 30 Minuten/30 bis unter 60 Minuten/60 Minuten oder länger	Fakten-orientierte Report-Frage

Quelle: In Anlehnung an Bertelsmann Stiftung (Hrsg.) 2001, S. 5.

Dimension „Arzt-Patient-Beziehung"

Überdies wurde im Gesundheitsmonitor die Kommunikation zwischen Arzt und Patient thematisiert. Jeweils über 80 Prozent sahen die Kenntnisse ihres Hausarztes „über ihre gesundheitliche Entwicklung in den letzten Jahren bzw. über ihre Krankengeschichte", seine Geduld und Aufmerksamkeit beim Zuhören und seine Bereitschaft, den Patienten ernst zu nehmen, als positiv an. Deutlich negativ urteilten nur etwa fünf Prozent der Befragten, die übrigen etwa 15 Prozent vergaben ein „teils-teils". Die Informationsvermittlung wurde demgegenüber kritischer gesehen: Ein Fünftel befand die erhaltenen Auskünfte über Erkrankung und Behandlung als lediglich teilweise genügend. Informationen zu Medikamenten sahen lediglich drei Viertel und zu deren Nebenwirkungen die Hälfte der Befragten als „vollkommen ausreichend" oder „ausreichend" an. Bei den Fachärzten ergaben sich im Hinblick auf die Informationsvermittlung ähnliche Resultate: Drei Viertel der Befragten fanden, dass sie genug Informationen zur Krankheit und zur Behandlung erhalten hatten. Insgesamt stuften 88 Prozent der hausärztlichen Patienten die für die Information aufgewendete Zeit als „genügend" und zwölf Prozent als „zu wenig" ein. Bei den Fachärzten waren es 17 Prozent, die sich dafür mehr Zeit wünschten.

Tabelle 57: Dimension „Arzt-Patient-Beziehung", Gesundheitsmonitor

	Antwortvorgaben	Frageart
Wie viel weiß Ihr Hausarzt über Ihre gesundheitliche Entwicklung in den letzten Jahren bzw. über Ihre Krankengeschichte?	Sehr viel/Viel/Teils-teils/ Wenig/Sehr wenig	Bewertungsorientierte Report-Frage
Wenn Sie an den letzten Kontakt mit Ihrem Hausarzt denken: Wie intensiv hat Ihnen Ihr Hausarzt zugehört, unabhängig davon, wie beschäftigt er war?	Sehr intensiv/Intensiv/ Teils-teils/Kaum/ So gut wie gar nicht	Bewertungsorientierte Report-Frage
Wie stark hatten Sie beim letzten Kontakt das Gefühl, dass Ihr Hausarzt Ihre Äußerungen über Ihren Gesundheitszustand bzw. über Ihre Krankheit ernst nimmt?	Sehr stark/Stark/Teilsteils/Kaum/Gar nicht	Bewertungsorientierte Report-Frage
Hat Ihnen Ihr Hausarzt bei Ihrem letzten Besuch genügend Informationen über Ihren Gesundheitszustand/Ihre Krankheit oder Ihre medizinische Behandlung gegeben?[442]	Ja/Teils-teils/Nein	Bewertungsorientierte Report-Frage
Nahm sich Ihr Hausarzt für diese Informationen …?	Genügend Zeit/Zu wenig Zeit/Zu viel Zeit	Bewertungsorientierte Report-Frage
Hat der Arzt, der Ihnen zuletzt ein Medikament verschrieben hat, Sie ausreichend über die Wirkungsweise der Medikamente aufgeklärt?	Vollkommen ausreichend/ Ausreichend/Teils-teils/ Weniger ausreichend/ Unzureichend	Bewertungsorientierte Report-Frage
Hat der Arzt, der Ihnen zuletzt ein Medikament verschrieben hat, Sie ausreichend über die möglichen Nebenwirkungen der Medikamente aufgeklärt?	Vollkommen ausreichend/ Ausreichend/Teils-teils/ Weniger ausreichend/ Unzureichend	Bewertungsorientierte Report-Frage

Quelle: In Anlehnung an Bertelsmann Stiftung (Hrsg.) 2001, S. 5f. und S. 15.

---

[442] Diese Frage ist mehrdimensional und daher mitunter schwierig zu beantworten. Für ein aussagekräftiges Ergebnis wäre es besser, getrennt nach Informationen zur Krankheit und nach Informationen zur Behandlung zu fragen.

Dimension „Patientenzufriedenheit" und abschließende Einschätzung

Über 90 Prozent der Befragten waren mit ihrem Hausarzt zufrieden, davon jeweils ein Drittel „vollkommen zufrieden" bzw. „sehr zufrieden". Ebenfalls mehr als 90 Prozent beabsichtigten, in nächster Zeit bei ihrem Arzt in Behandlung zu bleiben, der Großteil (70 Prozent) war sich dessen sogar sicher. Über 80 Prozent gaben an, dass sie ihren Arzt weiterempfehlen würden, davon eine Hälfte „bestimmt" und die andere „wahrscheinlich".

Tabelle 58: Dimension „Patientenzufriedenheit" und abschließende Einschätzung, Gesundheitsmonitor

	Antwortvorgaben	Frageart
Wie zufrieden sind Sie insgesamt mit Ihrem Hausarzt und seiner Praxis?	Vollkommen zufrieden/ Sehr zufrieden/Zufrieden/ Weniger zufrieden/Unzufrieden	Rating-Frage
Haben Sie vor, in der nächsten Zeit bei diesem Arzt in Behandlung zu bleiben?	Bestimmt/Wahrscheinlich ja/ Weiß nicht, ob oder ob nicht/ Wahrscheinlich nicht/ Bestimmt nicht	Bewertungsorientierte Report-Frage
Angenommen, ein Verwandter, Freund, Kollege würde Sie um Rat fragen. Wie wahrscheinlich würden Sie ihm/ihr diesen Arzt und seine Praxis empfehlen?	Bestimmt/Wahrscheinlich ja/ Weiß nicht, ob oder ob nicht/ Wahrscheinlich nicht/ Bestimmt nicht	Bewertungsorientierte Report-Frage

Quelle: In Anlehnung an Bertelsmann Stiftung (Hrsg.) 2001, S. 8f.

Laut den Ergebnissen des Gesundheitsmonitors liegen die Schwachpunkte von haus- und fachärztlichen Gesundheitsdienstleistungen im Bereich der Kommunikation. Dazu heißt es im Fazit des Berichts: „Das Schlimmste, was einem Patienten … passieren kann, ist die Praxis mit dem Gefühl zu verlassen, keine ausreichende Gelegenheit zur Artikulation der eigenen Ängste, Sorgen und Fragen gehabt zu haben."[443] Auch wenn diese Aussage insofern zu relativieren ist, als dass dem Patienten durchaus „Schlimmeres passieren" könnte, so hebt diese Feststellung – den Ausführungen in den Kapiteln 2.4 und 2.5 zufolge zu Recht – die Bedeutung der Kommunikation in der Arzt-Patient-Beziehung hervor.

---

[443] Streich 2002, S. 32.

6.3 Bevölkerungsbefragung der KBV (2008)

Im Rahmen dieser repräsentativen[444] Bevölkerungsbefragung wurden im Mai und Juni 2008 insgesamt 6.114 zufällig ausgewählte Bundesbürger telefonisch interviewt.[445] Wie auch im Gesundheitsmonitor wurden verschiedene Bereiche des Gesundheitswesens angesprochen. Im Hinblick auf ärztliche Gesundheitsdienstleistungen wurden die Arztbesuche der vergangenen zwölf Monate einbezogen, wobei oftmals der letzte Termin im Vordergrund stand.

Dimension „Ausstattung"

In Bezug auf die personelle Ausstattung wurde die Fachkompetenz des zuletzt aufgesuchten Arztes untersucht. Auf die Frage „Wenn Sie an die fachlichen Fähigkeiten dieses Arztes denken: Halten Sie diese für sehr gut, gut, weniger gut oder überhaupt nicht gut?" antwortete jeweils knapp die Hälfte der Befragten mit „sehr gut" oder „gut". Lediglich drei bzw. ein Prozent sahen die ärztliche Fachkompetenz als „weniger gut" bzw. „überhaupt nicht gut" an.[446] Von den Befragten, die die fachlichen Fähigkeiten des Arztes anzweifelten, konstatierten 61 Prozent gleichzeitig ein gestörtes Vertrauensverhältnis zu ihrem Arzt (siehe Dimension „Arzt-Patient-Beziehung").

Dimension „Organisation"

Mittels faktenorientierten Report-Fragen wurden die Wartezeiten auf einen Termin und auf die Behandlung in der Arztpraxis erhoben. Wie auch bei den bereits betrachteten Befragungen erwies sich die Terminvereinbarung als weitgehend unproblematisch. Ein Drittel der Befragten musste bei dem letzten Arztbesuch vor der Befragung nicht auf einen Termin warten, etwa genauso viele mussten sich einen Tag bis eine Woche gedulden. Jeweils etwa jeder Zehnte wartete bis zu drei Wochen bzw. länger als drei Wochen auf einen Termin (siehe Tabelle 59). Insgesamt zeigte sich, dass die Wartezeiten bei Fachärzten länger waren als bei Hausärzten und bei akuten Fällen kürzer als zum Beispiel bei Terminen für Früherkennungsuntersuchungen oder Impfungen.

---

[444] Die – bei dieser Befragung tatsächlich gegebene – Repräsentativität bezieht sich auf die deutsche Wohnbevölkerung zwischen 18 und 79 Jahren. Siehe hierzu und zu weiteren Informationen in Bezug auf die Stichprobenziehung Kassenärztliche Bundesvereinigung (Hrsg.) 2008b, S. 43f.

[445] Vgl. zu den Ergebnissen der Studie Kassenärztliche Bundesvereinigung (Hrsg.) 2008b; Kassenärztliche Bundesvereinigung (Hrsg.) 2008c.

[446] Drei Prozent der Respondenten antworteten nicht auf diese Frage.

Tabelle 59: „Wie lange hat es gedauert, bis Sie für Ihren letzten Praxisbesuch einen Termin bekommen haben?", KBV-Studie

Keine Wartezeit	31 %
Ein Tag	7 %
Zwei bis drei Tage	11 %
Bis eine Woche	11 %
Bis drei Wochen	11 %
Über drei Wochen	9 %
Ohne Termin/Termin unnötig	16 %
Praxis macht keine Termine	3 %
N	5.106

Quelle: In Anlehnung an Kassenärztliche Bundesvereinigung (Hrsg.) 2008b, S. 11.

Die Wartezeiten auf einen Termin empfand ein Teil der Befragten als störend: Von den 2.501 Personen, bei denen eine Terminvereinbarung notwendig war, antworteten auf die Frage „Und hat es Ihnen zu lange gedauert, bis Sie einen Termin bekommen haben?" 20 Prozent mit „ja" und 80 Prozent mit „nein", wobei erst Wartezeiten von mehreren Tagen zu Unmut führten.

In der Arztpraxis wurde jeder zehnte Patient ohne Wartezeit in die Sprechstunde gebeten, jeder dritte wartete bis zu einer Viertelstunde und ebenso viele bis zu einer halben Stunde. Die Wartezeiten in der Arztpraxis betrugen somit für knapp drei Viertel der Patienten weniger als eine halbe Stunde, wie auch aus Tabelle 60 hervorgeht. Zwischen Haus- und Fachärzten zeigten sich keine nennenswerten Unterschiede, auch der Grund des Praxisbesuchs (aktuelles oder chronisches Leiden, Früherkennungsmaßnahme) schlug sich nicht in den Wartezeiten nieder. Eine Bewertung der Wartezeiten in der Arztpraxis durch die Patienten erfolgte in der Studie nicht.

Tabelle 60: „Und wie lange mussten Sie bei Ihrem letzten Besuch in dieser Praxis warten, bis Sie in der Sprechstunde an der Reihe waren?", KBV-Studie

Keine Wartezeit	11 %
Bis 15 Minuten	30 %
Bis 30 Minuten	30 %
Bis 60 Minuten	18 %
Bis zwei Stunden	8 %
Über zwei Stunden	3 %
N	5.106

Quelle: In Anlehnung an Kassenärztliche Bundesvereinigung (Hrsg.) 2008b, S. 14.

Dimension „Arzt-Patient-Beziehung"

Das Vertrauensverhältnis zu ihrem zuletzt aufgesuchten Arzt („Wenn Sie an das Vertrauensverhältnis zu Ihrem Arzt denken: Ist das …?") bezeichnete die Hälfte der Befragten als „sehr gut", 42 Prozent als „gut" und lediglich vier Prozent bzw. ein Prozent als „weniger gut" bzw. „überhaupt nicht gut".

Dimension „Patientenzufriedenheit" und Anlass zur Beschwerde

Knapp jeder fünfte Patient war bei einem Arztbesuch in den vorausgegangenen zwölf Monaten vor der Befragung mindestens einmal so unzufrieden, dass er sich beschweren wollte. Aber nur eine Minderheit der 884 Betroffenen setzte diese Absicht in die Tat um: So hat sich lediglich ein Drittel der Personen, die einen Grund zur Beanstandung sahen, auch tatsächlich beschwert. Dies entspricht einem Anteil von sechs Prozent aller Patienten, die in dem Jahr vor der Studie einen Arzt aufgesucht hatten. Die Hälfte davon berichtete von negativen Erfahrungen als Reaktion auf ihre Kritik, ein Viertel erhielt positive Rückmeldungen, bei knapp jedem Fünften gab es weder eine positive noch eine negative Reaktion und fünf Prozent machten hierzu keine Angaben. In erster Linie richteten Patienten ihre Beschwerde ausweislich der Antworten auf die faktenorientierte Report-Frage direkt an den Arzt (64 Prozent). Jeder Fünfte wandte sich an die Krankenkasse und 14 Prozent trugen ihre Beschwerde dem Praxispersonal vor. Bei einer Ärztekammer wurden vier Prozent und bei einer KV drei Prozent vorstellig. Acht Prozent beschwerten sich bei sonstigen Ansprechpartnern. Auf die Anschlussfrage „Haben Sie aus Unzufriedenheit in den letzten zwölf Monaten einmal einen Arzt gewechselt?" antwortete jeder Zehnte mit „ja". Die Gründe hierfür wurden in der KBV-Studie nicht erfasst. Da sich weniger Patienten beschwert (303 Personen) als den Arzt gewechselt haben (567 Personen), wird deutlich, dass ein Teil der Patienten auf die Äußerung von Kritik verzichtet und stattdessen „mit den Füßen abgestimmt" hat. Dies verweist wiederum auf die Bedeutung von Patientenbefragungen, um etwaige Kritik auf Seiten der Patienten frühzeitig in Erfahrung zu bringen.

6.4   Patientenbefragung der DAK (1996)

Die DAK verschickte im Februar und März 1996 an 22.745 Versicherte einen Fragebogen zu ihren Erfahrungen mit in Hamburger Krankenhäusern erbrachten Gesundheitsdienstleistungen. Etwa die Hälfte der Angeschriebenen (11.409 Personen) sandte den Fragebogen ausgefüllt zurück. Die Studie wurde für die „stationär behandelten Hamburger DAK-Versicherten als durchaus repräsentativ" angesehen, was „aber nicht ohne weiteres auf die Gesamtheit aller behandelten Patienten in Hamburger Krankenhäusern übertragen werden"[447] kann. Die Erhebung, welche von der DAK in Zusammenarbeit mit der Hildebrandt GesundheitsConsult GmbH und dem Institut für Medizin-Soziologie der Universität Hamburg durchgeführt wurde, fand zwar bereits vor über einem Jahrzehnt statt, bietet jedoch aufgrund ihrer Detailliertheit und ihres breiten Themenspektrums aufschlussreiche Erkenntnisse. Sie wird deshalb und aus Gründen der Vergleichbarkeit mit der QPRR-Erhebung eingehender als die bisher untersuchten Studien dargestellt. Insbesondere verdeutlichen die folgenden Ausführungen, welche

---

[447] Hildebrandt et al. 1999, S. 80.

Aspekte – über die in der QPRR-Studie behandelten hinaus – in Patientenbefragungen thematisiert werden können.[448]

In der Erhebung sollten die Patienten vorwiegend Aussagen in der Form „Beurteilen Sie bitte …" auf einer fünfstufigen Ratingskala (1 = sehr gut, 2 = gut, 3 = mittelmäßig, 4 = schlecht, 5 = sehr schlecht) einordnen.[449] Die Resultate wurden zusätzlich zu den relativen Häufigkeiten auch immer in Form eines Mittelwerts angegeben. Dies erleichtert zwar den Ergebnisvergleich zwischen den verschiedenen untersuchten Merkmalen, jedoch lassen sich diese Werte nicht immer sinnvoll interpretieren. Auf zwei prägnante Fälle wird im Weiteren gesondert hingewiesen. Bei der Darstellung der Ergebnisse ist zu beachten, dass die im Rahmen der DAK-Studie durch eine Faktorenanalyse[450] ermittelten Faktoren bei der nachstehenden Betrachtung insgesamt beibehalten und den im Rahmen der vorliegenden Arbeit bestimmten Qualitätsdimensionen zugeordnet werden.

Dimension „Ausstattung"

Die Sauberkeit auf der Station wurde von allen Merkmalen der Dimension „Ausstattung" am besten bewertet (Mittelwert 1,91), gefolgt von der Qualität der Verpflegung (2,18).[451] Lediglich jedem zehnten Patienten stand ein Einzelzimmer und jedem dritten Patienten ein Zweibettzimmer zur Verfügung. Ein Drittel war in einem Dreibettzimmer untergebracht, jeder Fünfte sogar in einem Raum mit vier oder mehr Betten.

---

[448] Merkmale, die auch in der QPRR-Befragung untersucht wurden, werden aus Gründen der Vergleichbarkeit textlich erläutert und tabellarisch dargestellt. Eine ähnliche Befragung von Patienten nach einem Klinikaufenthalt wurde von der Hildebrandt GesundheitsConsult GmbH im Auftrag des damaligen Ministeriums für Arbeit, Soziales, Familie und Gesundheit Rheinland-Pfalz im Jahr 2000 durchgeführt. Da zum einen erkennbar ein ähnlicher, in Teilen identischer, jedoch kürzerer Fragebogen verwendet wurde und zum anderen die exakten Fragestellungen nicht publiziert wurden, wird auf diese Befragung nicht genauer eingegangen. Einzig das Fazit der Studie sei zitiert: „Insgesamt betrachtet zeigt sich der größte Handlungsbedarf bei der Information und Aufklärung der Patienten. Es fällt auf, dass insbesondere Fragen zu diesen Themen schwache Bewertungen von den Patienten erhalten. Sehr deutlich wird dieses Defizit bei allen Fragen zur ‚Hilfestellung im Umgang mit der Krankheit'. Jeder fünfte Patient beurteilt die Aufklärung über die körperliche Belastbarkeit nach der Entlassung oder über wichtige Warnsignale der Krankheit ebenso wie die Information über Medikamente und deren Einnahme … als ‚mittelmäßig' oder ‚schlecht'. Da gleichzeitig nahezu ein Viertel der Patienten die Möglichkeit zu ungestörten Gesprächen mit den Ärzten ebenfalls nicht gut bewertet, kann hier ein deutlicher Hinweis auf Defizite gesehen werden." Ministerium für Arbeit, Soziales, Familie und Gesundheit Rheinland-Pfalz (Hrsg.) 2001, S. 26.

[449] Vgl. Hildebrandt et al. 1999, S. 58ff.

[450] Durchgeführt wurde eine Hauptkomponentenanalyse mit Varimax-Rotation, vgl. Hildebrandt et al. 1999, S. 64ff.

[451] Vgl. zu den Ergebnissen der Studie Hildebrandt/Sturm 1999, S. 89ff.

Beinahe ein Drittel der Respondenten stufte die Wahrung der Privatsphäre als „mittelmäßig" oder schlechter ein (2,24). Angesichts der Zimmerbelegung ist dieses Ergebnis wenig überraschend.

Tabelle 61: Faktor „Ausstattung", DAK-Studie

	Antwortskala	Frageart	N	Ø
Beurteilen Sie bitte die Sauberkeit.	Sehr gut bis Sehr schlecht	Rating-Frage	10.831	1,91
Wie beurteilen Sie insgesamt die Qualität der Verpflegung?	Sehr gut bis Sehr schlecht	Rating-Frage	11.121	2,18
Beurteilen Sie bitte den Schutz der Privatsphäre.	Sehr gut bis Sehr schlecht	Rating-Frage	10.108	2,24
Beurteilen Sie bitte die Zimmerausstattung (zum Beispiel Telefon, Fernseher etc.).	Sehr gut bis Sehr schlecht	Rating-Frage	10.874	2,37
Wie war Ihr erster Eindruck von der Atmosphäre, die die Räumlichkeiten auf Sie machten?	Sehr angenehm bis Beängstigend	Bewertungsorientierte Report-Frage	11.120	2,42
Beurteilen Sie bitte die sanitäre Ausstattung der Station.	Sehr gut bis Sehr schlecht	Rating-Frage	11.021	2,46
Beurteilen Sie bitte die sonstige Ausstattung und Angebote des Krankenhauses (zum Beispiel Aufenthaltsräume, Cafeteria, Kiosk, Friseur etc.).	Sehr gut bis Sehr schlecht	Rating-Frage	9.200	2,63
Faktor „Ausstattung"			**10.877**	**2,31**

Quelle: In Anlehnung an Hildebrandt/Sturm 1999, S. 68 und S. 117ff.

Dimension „Organisation"

Die Frage „Kam es vor Untersuchungen, Therapien oder Eingriffen häufiger zu betriebsbedingten Wartezeiten?"[452] wurde von zwei Dritteln verneint und von einem Viertel mit „bis eine Stunde" beantwortet. Etwa jeder zehnte Betroffene musste länger als eine Stunde warten. Der hier mit 1,52 angegebene Mittelwert ist wenig aussage-

---

[452] Was unter „betriebsbedingten Wartezeiten" zu verstehen ist, geht aus der Studie nicht hervor.

kräftig, zumal die Antwortkategorien – „nein", „bis eine Stunde", „bis zwei Stunden", „bis drei Stunden" und „mehr als drei Stunden" – willkürlich festgelegt wurden. Es wäre sinnvoller gewesen anzugeben, wie viele Stunden die Patienten im Durchschnitt warten mussten; ein Durchschnittswert bezogen auf Antwortkategorien ist hingegen schwierig zu interpretieren. Mit den Besuchszeiten, die fast immer flexibel ausgestaltet waren, waren 95 Prozent „sehr zufrieden" oder „zufrieden" (1,54). Über 80 Prozent der Befragten kamen mit den Weckzeiten „sehr gut" oder „gut" zurecht (2,00).

Tabelle 62: Faktor „Zeiten", DAK-Studie

	Antwortskala	**Frageart**	**N**	**Ø**
Kam es vor Untersuchungen, Therapien oder Eingriffen häufig zu betriebsbedingten Wartezeiten?	Nein bis Mehr als drei Stunden	Faktenorientierte Report-Frage	10.859	1,52
Waren Sie mit den Besuchszeiten zufrieden?	Sehr zufrieden bis Sehr unzufrieden	Rating-Frage	10.954	1,54
Wie kamen Sie mit den Weckzeiten zurecht?	Sehr gut bis Sehr schlecht	Rating-Frage	11.002	2,00
Faktor „Zeiten"			**11.097**	**1,69**

Quelle: In Anlehnung an Hildebrandt/Sturm 1999, S. 68 und S. 89ff.

Darüber hinaus wurde nach der Aufklärung über die Abläufe im Krankenhaus gefragt. Lediglich 62 Prozent der Befragten wussten „immer", an welchen ärztlichen Ansprechpartner sie sich wenden konnten (1,80). In Bezug auf das Pflegepersonal waren es 56 Prozent (1,86). Die hier angegebenen Mittelwerte im Hinblick auf mögliche Ansprechpartner sind ebenfalls wenig aussagekräftig. Grundsätzlich bieten sich Mittelwerte eher bei den Antworten auf Rating-Fragen („sehr gut" bis „sehr schlecht") als auf bewertungsorientierte Report-Fragen an. Die Erreichbarkeit der Ansprechpartner wurde von drei Viertel der Respondenten als „sehr gut" oder „gut" angesehen (2,01). Gerade einmal 60 Prozent der Patienten gaben an, „immer" gewusst zu haben, wann welche Untersuchung bei ihnen durchgeführt werden sollte (1,76). Mehr Informationen zum Tagesablauf in der Klinik wünschte sich ein Drittel der Befragten, hier könnten zum Beispiel Informationsbroschüren und Tagespläne eingesetzt werden.

Tabelle 63: Faktor „Aufklärung über Abläufe", DAK-Studie

	Antwortskala	Frageart	N	Ø
Wussten Sie, wann welche Untersuchungen bei Ihnen durchgeführt werden sollten?	Immer bis Nie	Bewertungsorientierte Report-Frage	10.978	1,76
Wussten Sie, wer Ihr Ansprechpartner bei den Ärzten war?	Immer bis Nie	Bewertungsorientierte Report-Frage	11.282	1,80
Wussten Sie, wer Ihr Ansprechpartner beim Pflegepersonal war?	Immer bis Nie	Bewertungsorientierte Report-Frage	11.162	1,86
Wie gut waren diese Ansprechpartner für Sie erreichbar?	Sehr gut bis Sehr schlecht	Rating-Frage	11.150	2,01
Wie gut wurden Sie (bzw. Ihre Angehörigen) über Ihren allgemeinen Tagesablauf (zum Beispiel Arztvisiten, Besuchszeiten etc.) informiert?	Sehr gut bis Gar nicht	Rating-Frage[453]	11.223	2,46
Wie gut wurden Sie vom Krankenhaus über dessen Leistungen und Angebote informiert?	Sehr gut bis Gar nicht	Rating-Frage	11.056	2,66
Faktor „Aufklärung über Abläufe"			11.289	2,10

Quelle: In Anlehnung an Hildebrandt/Sturm 1999, S. 66 und S. 107ff.

Dimensionen „Arzt-Patient-Beziehung" bzw. „Pflegepersonal-Patient-Beziehung" und „medizinisch-technische Behandlung"

Die Dimensionen „Arzt-Patient-Beziehung" bzw. „Pflegepersonal-Patient-Beziehung" und „medizinisch-technische Behandlung" wurden in der DAK-Studie in folgende Faktoren unterteilt: Arzt und Behandlung, Pflegepersonal, Hilfe im Umgang mit der Krankheit sowie Informationen zur Nachbetreuung.

---

[453] Genau genommen handelt es sich bei dieser und der darauffolgenden Frage um eine Kombination aus Rating-Frage („sehr gut") und bewertungsorientierter Report-Frage („gar nicht").

Faktor „Arzt und Behandlung"

Das fachliche Können der Ärzte wurde von über der Hälfte der Befragten als „sehr gut" und von mehr als einem Drittel als „gut" bewertet. Zweifel an der Fachkompetenz hatten lediglich acht Prozent der Befragten (1,56). Ausweislich der Antworten auf die bewertungsorientierte Report-Frage „Hatten Sie den Eindruck, dass Untersuchungen und Therapien in angemessenem Umfang (nicht zu viel und nicht zu wenig) durchgeführt wurden?" zeigte sich folgendes Bild: Lediglich zwei Drittel sahen eine Angemessenheit „immer" als gegeben an und jeder Fünfte „oft", während 14 Prozent hier Kritik übten (1,57). Die ärztlichen Untersuchungen befanden 47 Prozent als „sehr gründlich" und 42 Prozent als „gründlich". Nach Meinung jedes Zehnten nahm der Arzt die Untersuchung hingegen nicht sorgfältig genug vor (1,69).

Insgesamt fühlten sich die Befragten „gut" über bevorstehende Behandlungen informiert (1,78), wobei sich aber jeder Sechste kritisch über die diesbezüglich erhaltenen Informationen äußerte. Der Umgang der Ärzte mit den Ängsten und Unsicherheiten der Patienten wurde im Durchschnitt ebenfalls mit „gut" bewertet (1,88), auch hier sah etwa jeder sechste Befragte Defizite. Erhoben wurde überdies die Zufriedenheit der Patienten mit den Arztvisiten. Mit deren Dauer und Häufigkeit waren vier Fünftel der Befragten „sehr zufrieden" oder „zufrieden" (1,92). Ähnlich fiel die Zufriedenheit mit den Arztvisiten im Hinblick auf Informationen über den aktuellen Gesundheitszustand und geplante Therapieschritte aus (1,99). Der persönliche Kontakt während der Visite wurde mit einem Mittelwert von 2,04 geringfügig schlechter eingeschätzt (siehe Tabelle 64).

Die Mehrheit der Befragten war der Meinung, dass Schmerzen bei der Behandlung zumindest gelegentlich vermeidbar gewesen wären (fünf Prozent „immer vermeidbar", sieben Prozent „oft vermeidbar", 26 Prozent „manchmal vermeidbar" und 24 Prozent „selten vermeidbar"). Das heißt nicht, dass die Schmerzen auch tatsächlich abwendbar gewesen wären, vielmehr könnte dieses Ergebnis auch darauf hindeuten, dass den Patienten die Unvermeidbarkeit der Schmerzen nicht angemessen vermittelt wurde.

Tabelle 64: Faktor „Arzt und Behandlung", DAK-Studie

	Antwortskala	Frageart	N	Ø
Hatten Sie den Eindruck, dass Medikamente rechtzeitig verabreicht wurden?	Immer bis Nie	Bewertungs-orientierte Report-Frage	9.145	1,34
Wie war Ihr Eindruck vom fachlichen Können des Krankenhauspersonals bei den Ärzten?	Sehr gut bis Sehr schlecht	Rating-Frage	11.003	1,56
Hatten Sie den Eindruck, dass Untersuchungen und Therapien in angemessenem Umfang (nicht zu viel und nicht zu wenig) durchgeführt wurden?	Immer bis Nie	Bewertungs-orientierte Report-Frage	9.529	1,57
Fühlten Sie sich bei den Entscheidungen über Untersuchungen oder Eingriffe als Gesprächspartner von den Ärzten ernst genommen?	Immer bis Nie	Bewertungs-orientierte Report-Frage	10.939	1,59
Wie gründlich waren Ihrer Meinung nach die ärztlichen Untersuchungen?	Sehr gründlich bis Nicht gründlich	Bewertungs-orientierte Report-Frage	10.999	1,69
Wie gut fühlten Sie sich über Behandlungen oder Eingriffe informiert?	Sehr gut bis Sehr schlecht	Rating-Frage	10.962	1,78
Wie begegneten die Ärzte Ihren Ängsten und Unsicherheiten?	Sehr gut bis Sehr schlecht	Rating-Frage	10.768	1,88
Wie zufrieden waren Sie mit den Arztvisiten hinsichtlich Dauer und Häufigkeit?	Sehr zufrieden bis Sehr unzufrieden	Rating-Frage	11.037	1,92
Wie zufrieden waren Sie mit den Arztvisiten hinsichtlich Informationen über Ihren aktuellen Gesundheitszustand und die Therapieschritte?	Sehr zufrieden bis Sehr unzufrieden	Rating-Frage	10.693	1,99
Wie zufrieden waren Sie mit den Arztvisiten hinsichtlich persönlichem Kontakt?	Sehr zufrieden bis Sehr unzufrieden	Rating-Frage	10.687	2,04
Faktor „Arzt und Behandlung"			**10.887**	**1,75**

Quelle: In Anlehnung an Hildebrandt/Sturm 1999, S. 66f. und S. 92ff.

Faktor „Pflegepersonal"

Im Hinblick auf die Beziehung der Patienten zum Pflegepersonal wurde nach dessen Freundlichkeit gefragt. Ein Drittel der Patienten charakterisierte das Pflegepersonal als „sehr freundlich", die Hälfte als „freundlich" und ein Zehntel als „mittelmäßig" freundlich (1,77). Ferner sollte die Kompetenz des Pflegepersonals bewertet werden. Insgesamt wurde diese etwas schlechter eingeschätzt als diejenige der Ärzte (1,56). Ein Drittel der Befragten vergab eine „sehr gute" und über die Hälfte eine „gute" Bewertung. 13 Prozent waren von dem fachlichen Können der Krankenschwestern und -pfleger nicht überzeugt (1,81). Die Zusammenarbeit zwischen Ärzten und Pflegepersonal wurde von einem Drittel als „sehr gut" und von der Hälfte als „gut" eingestuft. Eine optimierungsfähige Kooperation wurde von zwölf Prozent gesehen (1,82). Analog zu den Ärzten sollte auch das Pflegepersonal im Hinblick auf seinen Umgang mit Ängsten der Patienten eingeschätzt werden. Über 80 Prozent vergaben positive Urteile, 14 Prozent sahen das Eingehen auf die Unsicherheiten des Patienten als „mittelmäßig" an und vier Prozent befanden diese Fähigkeit des Pflegepersonals als unzureichend (1,92). Auf die Frage „War das Pflegepersonal Ihrer Meinung nach bei Bedarf schnell zur Stelle?" antwortete ein Viertel mit „sehr schnell" und über die Hälfte mit „schnell". Jeder Sechste schätzte die Schnelligkeit als „mäßig" ein und fünf Prozent waren der Ansicht, dass das Pflegepersonal im Bedarfsfall „langsam" oder „sehr langsam" reagierte (2,02). Diese Einschätzung schlug sich auch in den Resultaten zur ausreichenden Besetzung des Pflegepersonals nieder: Jeder dritte Patient war der Ansicht, dass diese verbessert werden könnte (2,23).

Tabelle 65: Faktor „Pflegepersonal", DAK-Studie

	Antwortskala	Frageart	N	Ø
War das Pflegepersonal Ihrer Meinung nach freundlich?	Sehr freundlich bis Sehr unfreundlich	Bewertungs- orientierte Report-Frage	11.266	1,77
Wie war Ihr Eindruck vom fachlichen Können des Pflegepersonals?	Sehr gut bis Sehr schlecht	Rating-Frage	11.044	1,81
Wie haben Ihrer Meinung nach Ärzte und Pflegekräfte bezüglich der Behandlung Ihrer Person zusammen- gearbeitet?[454]	Sehr gut bis Sehr schlecht	Rating-Frage	10.079	1,82
Wie war Ihr erster Eindruck vom Krankenhauspersonal bei der Aufnahme?	Sehr angenehm bis Abweisend	Bewertungs- orientierte Report-Frage	11.206	1,89
Wie begegnete das Pflegepersonal Ihren Ängsten und Unsicherheiten?	Sehr gut bis Sehr schlecht	Rating-Frage	10.506	1,92
War das Pflegepersonal Ihrer Meinung nach bei Bedarf schnell zur Stelle?	Sehr schnell bis Sehr langsam	Bewertungs- orientierte Report-Frage	10.133	2,02
War das Pflegepersonal Ihrer Meinung nach ausreichend besetzt?	Sehr gut bis Sehr schlecht	Rating-Frage	10.390	2,23
Faktor „Pflegepersonal"			**11.106**	**1,94**

Quelle: In Anlehnung an Hildebrandt/Sturm 1999, S. 67 und S. 101ff.

Faktor „Hilfe im Umgang mit der Krankheit"

Insbesondere vor dem Hintergrund immer kürzerer Verweildauern und dem zuneh-
menden Anteil von Chronikern sind Hilfestellungen für den Umgang mit einer
Erkrankung für die Zeit nach dem Klinikaufenthalt wichtig. Doch gerade in diesem
Bereich wurden die größten Defizite festgestellt. Dies betrifft die praktische Anleitung
für ein besseres Coping mit der Krankheit (2,42) und Informationen für Patienten darüber, an wen sie sich nach der Entlassung zur Unterstützung wenden können (2,54).

---

[454] Dieses Item wurde in der Faktorenanalyse dem Faktor „Pflegepersonal" zugeordnet.

Vor allem bei älteren Menschen könnte die Nennung von Kontaktmöglichkeiten zu Pflegediensten eine wichtige Hilfe darstellen. Um mit einer – gegebenenfalls lebenslangen – Erkrankung umgehen zu können, sind Mut und Zuversicht erforderlich, welche mitunter selbst zur Verbesserung der Krankheit beitragen. „Sehr viel" Mut und Zuversicht wurde jedem Achten im Krankenhaus vermittelt, „viel" emotionale Unterstützung wurde jedem Fünften zuteil. Die Mehrheit der Befragten war jedoch der Meinung, dass es möglich gewesen wäre, mehr Zuspruch zu erhalten. Mit einem Mittelwert von 3,06 wurde dieser Aspekt von allen untersuchten Merkmalen am schlechtesten beurteilt.

Tabelle 66: Faktor „Hilfe im Umgang mit der Krankheit", DAK-Studie

	Antwortskala	**Frageart**	**N**	**Ø**
Wurden Sie praktisch gut angeleitet, wie Sie zukünftig besser mit Ihrer Krankheit umgehen können?	Sehr gut bis Sehr schlecht	Rating-Frage	6.333	2,42
Wie gut sind Sie im Krankenhaus darüber informiert worden, durch wen Sie Unterstützung und Hilfen bezüglich Ihrer Krankheit nach Ihrer Entlassung bekommen können?	Sehr gut bis Sehr schlecht	Rating-Frage	5.747	2,54
Wurde Ihnen im Krankenhaus Mut gemacht und Zuversicht vermittelt für die Zeit nach Ihrer Entlassung?	Sehr viel bis Sehr wenig	Bewertungs- orientierte Report-Frage	10.044	3,07
Faktor „Hilfe im Umgang mit der Krankheit"			7.087	2,66

Quelle: In Anlehnung an Hildebrandt/Sturm 1999, S. 68 und S. 123ff.

Faktor „Informationen zur Nachbetreuung"

Im Rahmen der DAK-Studie stellte sich heraus, dass die Entlassung mit über 80 Prozent der Befragten bzw. deren Angehörigen rechtzeitig besprochen wurde, mit knapp 20 Prozent hingegen nicht. Zum richtigen Zeitpunkt entlassen wurden nach eigener Einschätzung mehr als 80 Prozent der Patienten. Zwölf Prozent waren der Ansicht, dass sie zu früh entlassen wurden und sechs Prozent schätzten den Termin als zu spät ein. Ein als verfrüht oder verspätet wahrgenommener Zeitpunkt kann entweder tatsächlich falsch gewählt gewesen sein oder auf ein Kommunikationsproblem hindeuten. Für letzteres spricht, dass 80 Prozent frühzeitig über die Entlassung informiert wurden und ebenfalls 80 Prozent den Zeitpunkt der Entlassung für richtig gewählt hielten. Darüber hinaus benötigen Patienten krankheits- und behandlungsbezogene Informationen für die Zeit nach ihrem Klinikaufenthalt. Über die Anschlussbehandlung fühlte sich knapp ein Drittel der Patienten nicht gut unterrichtet (2,23). Ebenfalls jeder Dritte monierte mangelnde Informationen zur körperlichen Belastbarkeit bzw. zu gesundheitsschädigendem Verhalten für die Zeit nach dem Aufenthalt in der Klinik (2,29).

Tabelle 67: Faktor „Informationen zur Nachbetreuung", DAK-Studie

	Antwortskala	Frageart	N	Ø
Wie gut sind Sie über folgende Punkte unterrichtet worden, die nach der Entlassung zu beachten waren: über Medikamente und deren Einnahme?	Sehr gut bis Sehr schlecht	Rating-Frage	8.952	2,16
Wie gut sind Sie über folgende Punkte unterrichtet worden, die nach der Entlassung zu beachten waren: über die Anschlussbehandlung?	Sehr gut bis Sehr schlecht	Rating-Frage	9.235	2,23
Wie gut sind Sie über folgende Punkte unterrichtet worden, die nach der Entlassung zu beachten waren: über körperliche Belastbarkeit bzw. gesundheitsschädigendes Verhalten?	Sehr gut bis Sehr schlecht	Rating-Frage	9.637	2,29
Wie gut sind Sie über folgende Punkte unterrichtet worden, die nach der Entlassung zu beachten waren: über wichtige Anzeichen zur Beobachtung Ihrer Krankheit?	Sehr gut bis Sehr schlecht	Rating-Frage	9.771	2,31
Faktor „Informationen zur Nachbetreuung"			9.230	2,26

Quelle: In Anlehnung an Hildebrandt/Sturm 1999, S. 69 und S. 112ff.

Insgesamt betrachtet fanden sich nach Ansicht der Befragten im Rahmen der „Arzt-Patient-Beziehung" und „Pflegepersonal-Patient-Beziehung" zum Teil erhebliche Defizite im Bereich der Kommunikation und Zuwendung. Als Folge unzureichender

Kommunikation ist der Patient mitunter nicht in der Lage, eigenverantwortlich und verantwortungsbewusst mit seiner Gesundheit umzugehen und die für ein bestmögliches Behandlungsergebnis notwendige Compliance aufzuweisen.

Dimensionen „Behandlungsergebnis" und „Patientenzufriedenheit" sowie abschließende Einschätzung

Mit dem Resultat der Behandlung waren – vor allem in Anbetracht der Tatsache, dass es sich um eine Zufriedenheitsfrage handelt – *lediglich* 82 Prozent der Befragten „sehr zufrieden" oder „zufrieden" (1,89). Eine Verbesserung der Lebensqualität im Anschluss an den stationären Aufenthalt konnten 53 Prozent der Befragten feststellen. Einen etwa gleich guten Gesundheitszustand konstatierten 37 Prozent, wohingegen zehn Prozent sogar eine Verschlechterung ihrer Lebensqualität wahrnahmen (2,38).

Tabelle 68: Faktor „Behandlungsergebnis und Patientenzufriedenheit", DAK-Studie

	Antwortskala	Frageart	N	Ø
Wie zufrieden waren Sie mit dem Ergebnis der Krankenhausbehandlung?	Sehr zufrieden bis Sehr unzufrieden	Rating-Frage	11.124	1,89
Wie würden Sie insgesamt Ihre Lebensqualität nach Ihrem Krankenhausaufenthalt im Vergleich zu vorher einschätzen?	Viel besser bis Viel schlechter	Bewertungsorientierte Report-Frage	10.669	2,38
Faktor „Behandlungsergebnis und Patientenzufriedenheit"			**10.567**	**2,13**

Quelle: In Anlehnung an Hildebrandt/Sturm 1999, S. 69 und S. 130f.

Knapp die Hälfte der Befragten würde das Krankenhaus „auf jeden Fall" an Freunde weiterempfehlen bzw. sich dort wieder behandeln lassen, jeder Vierte „sehr wahrscheinlich" und jeder Sechste „vielleicht". Jeweils sechs Prozent würden die Klinik „wenig wahrscheinlich" bzw. „keinesfalls" weiterempfehlen oder erneut aufsuchen (1,99). Mittels einer multivariaten Analyse konnte festgestellt werden, dass die medizinische Versorgung durch die Ärzte den größten Einfluss auf die Wahrscheinlichkeit hat, das Krankenhaus zu empfehlen oder wieder in Anspruch zu nehmen.

Fazit: Einige deutliche Defizite aus Patientensicht konnten im Rahmen der DAK-Studie ermittelt werden: Den schlechtesten Mittelwert (3,06) erzielte der Aspekt „Vermittlung von Mut und Zuversicht für die Zeit nach der Entlassung". Dieser seelsorgerischen Funktion des Arztes und des Pflegepersonals ist mehr Aufmerksamkeit zu schenken, was allerdings angesichts der knapp bemessenen Zeit, die für den einzelnen Patienten zur Verfügung steht, eine Herausforderung darstellt. Verbesserungsbedarf besteht zudem im Bereich der Kommunikation. Insbesondere unzureichende Informationen zum Tagesablauf und mangelnde Aufklärung für die Zeit nach dem Krankenhausaufenthalt wurden beanstandet. Grundsätzlich stiften Gesundheitsdienstleistungen nur dann einen langfristigen Nutzen, wenn der Patient auch über gesundheitserhaltende und -fördernde Verhaltensweisen unterrichtet ist. Die Behebung diesbezüglicher Mängel sollte bei der Umsetzung der Befragungsergebnisse Priorität haben. Hierzu wurde im Anschluss an die Erhebung der DAK eine Untersuchung durchgeführt. Das ernüchternde Fazit lautete: „Zusammenfassend bleibt festzustellen, daß das Potential der Informationen, die mit erheblichem finanziellen und organisatorischen Aufwand gewonnen worden sind, praktisch leider nicht ausgeschöpft worden ist."[455]

6.5 Befragungsergebnisse und soziodemografische Einflüsse im Vergleich

Aus den Resultaten der QPRR-Erhebung und der vier Vergleichsstudien lassen sich – trotz einiger Kritikpunkte hinsichtlich der Qualität der Befragungen – Stärken und Schwächen der Qualität von Gesundheitsdienstleistungen aus Sicht der Respondenten ablesen. Positiv beurteilt wurde die Fachkompetenz der Ärzte und teilweise auch die des Pflegepersonals. Weitgehend gute bis sehr gute Bewertungen erhielten zudem die umgehende Hilfe bei dringenden gesundheitlichen Problemen und die Terminvergabe. Auch bei den Schwachpunkten zeichnen sich deutliche Tendenzen ab: Zum einen wurden von den Befragten häufig Defizite im Bereich der Organisation moniert. Hier sind es in erster Linie die Wartezeiten, welche von vielen Respondenten als zu lang empfunden wurden. Zum anderen wurden Mängel im Bereich der Arzt-Patient-Beziehung bzw. Pflegepersonal-Patient-Beziehung aufgedeckt. Die Befragten fühlten sich oftmals nur unzureichend über ihren Gesundheitszustand und über die medizinische Behandlung informiert. Auch wurden ihnen nicht genügend Kenntnisse darüber

---

[455] Sturm et al. 1998, S. 150.

vermittelt, wie sie selbst zur Verbesserung ihrer Gesundheit beitragen bzw. eine Verschlechterung vermeiden können. Nur mit Hilfe dieser Informationen kann der Patient Eigenverantwortung übernehmen und compliant sein. Aber nicht nur die Kommunikation, sondern auch die Zuwendung zum Patienten kann ausweislich der Befragungsergebnisse intensiviert werden. Dies betrifft vor allem stationär behandelte Patienten, die in der „Institution Krankenhaus"[456] als „Mensch" und nicht nur als „Fall" behandelt werden möchten.

In Tabelle 69 werden die Qualitätsdimensionen, welche in den verschiedenen Studien untersucht wurden, sowie die ermittelten Stärken und Schwächen aus Sicht der Befragten im Überblick dargestellt. In der QPRR-, DAK- und EUROPEP-Studie wurde zudem explizit ein positives Gesamturteil bei Detailkritik konstatiert.[457] Damit wird nochmals auf die Notwendigkeit verwiesen, nach konkreten Erlebnissen und Bewertungen und nicht pauschal nach erhaltenen Gesundheitsdienstleistungen zu fragen.

Wie zu erwarten war, bewerteten die Befragten die Gesundheitsdienstleistungen ihres Hausarztes überaus positiv. Der EUROPEP-Studie folgend wollen ihn 96 Prozent weiterempfehlen und 95 Prozent wollen ihn erneut konsultieren. Ob in Bevölkerungsbefragungen, in denen auch Qualitätsurteile ehemaliger Patienten einer Gesundheitseinrichtung erhoben werden, mehr Kritik geübt wird, kann nicht eindeutig beantwortet werden. Dafür spricht, dass sich viele Personen laut KBV-Studie gar nicht erst über qualitativ unzureichende Gesundheitsdienstleistungen beklagen, sondern in der Konsequenz vielmehr den Arzt wechseln.[458] Es ist deshalb davon auszugehen, dass das tatsächliche Ausmaß an Kritik weitgehend unentdeckt ist. In diesem Sinne können Patientenbefragungen als Frühwarninstrumente genutzt werden, damit aus anfänglich milder Kritik keine dezidierte Kritik wird. Denn diese wird dann oftmals nicht mehr artikuliert, sondern führt direkt zur Abwanderung des Patienten.

---

[456] Siehe hierzu Kapitel 2.2.
[457] Vgl. Kapitel 5.6; Hildebrandt et al. 1999, S. 70 und S. 84f.; Klingenberg et al. 1999, S. 443.
[458] Siehe hierzu auch die Theorie von Hirschman zu Abwanderung und Widerspruch, vgl. Hirschman 1974.

Tabelle 69: Vergleich der Studien in inhaltlicher Hinsicht

Dimensionen	QPRR (2008)	EUROPEP (1998)	Gesundheitsmonitor (2001/2002)	KBV (2008)	DAK (1996)
Erreichbarkeit, Ausstattung	X	X	X	X	X
Organisation	X	X	X	X	X
Arzt-Patient-Beziehung	X	X	X	X	X
Behandlung	X	X			X
Behandlungsergebnis	X	X			X
Patientenzufriedenheit	X		X	X	X
Abschließende Einschätzung	Weiterempfehlungsbereitschaft und erneute Inanspruchnahme	Weiterempfehlungs- und Wechselbereitschaft	Weiterempfehlungs- und Wechselbereitschaft	Arztwechsel (retrospektiv)	Weiterempfehlungsbereitschaft und erneute Inanspruchnahme
Ermittelte Stärken	Soziale und fachliche Fähigkeiten von Ärzten und Pflegepersonal, Privatsphäre	Telefonische Erreichbarkeit, Hilfe bei dringenden gesundheitlichen Problemen	Erreichbarkeit in Notfällen, Terminvergabe	Terminvergabe, soziale und fachliche Fähigkeiten des Arztes	Wartezeiten vor Therapien, Fachkompetenz der Ärzte
Ermittelte Schwächen	Abläufe, Hotelleistungen	Angebote zur Krankheitsvorbeugung, Wartezeiten in Arztpraxis, schnelle Linderung von Beschwerden	Informationen zur Erkrankung und Behandlung	Möglicherweise Wartezeiten in Arztpraxis (Da die Wartezeit in der Sprechstunde mittels einer faktenorientierten Report-Frage erhoben wurde, fehlt eine Bewertung durch die Befragten.)	Sanitäre Ausstattung, Kommunikation und Zuwendung

Determinanten von Qualitätsurteilen

In allen betrachteten Studien wurden soziodemografische Merkmale der Befragten erhoben und hinsichtlich ihres Einflusses auf die Qualitätsurteile untersucht. Zwar stimmen die Erkenntnisse im Hinblick auf diese Determinanten von Qualitätsurteilen – hierzu zählen das Alter, das Geschlecht, der Bildungs- und Versicherungsstatus sowie der Gesundheitszustand – nicht immer überein, jedoch zeichnen sich zum Teil deutliche Tendenzen ab.

Alter

Die fünf Studien sowie weitere Forschungsergebnisse zu Qualitätsurteilen verweisen recht einheitlich darauf, dass ältere Befragte die Qualität von Gesundheitsdienstleistungen positiver einschätzen als jüngere. Die Auswertung der QPRR-Befragung ergab, dass Ältere die Faktoren Arzt, Information, Mahlzeiten, Abläufe, Unterbringung und Privatsphäre besser bewerten.[459] Die Ergebnisse der EUROPEP-Studie untermauern diese Befunde: Bezogen auf die Weiterempfehlungs- und Wechselabsicht wurde festgestellt, dass sich Personen unter 50 Jahren im Vergleich zu älteren signifikant kritischer äußern.[460] Auch ausweislich der Ergebnisse des Gesundheitsmonitors messen Ältere Gesundheitsdienstleistungen eine höhere Qualität bei als Jüngere.[461] In der Untersuchung der KBV wurden das Vertrauensverhältnis zwischen Arzt und Patient und die Wartezeit auf einen Behandlungstermin von Jungen und Alten ähnlich gesehen. Ein Einfluss des Alters zeigte sich jedoch bei möglichen Anlässen zur Beschwerde: Einen Grund zur Beanstandung fanden erheblich mehr unter 40-Jährige als ältere Befragte. Aus ihrer Unzufriedenheit haben schließlich mehr Jüngere Konsequenzen gezogen und den Arzt gewechselt als Ältere: Von den 18- bis 29-Jährigen waren es 15 Prozent, von den über 70-Jährigen hingegen nur fünf Prozent.[462] In der Erhebung der DAK erwies sich das Alter der Befragten ebenfalls als signifikanter – wenn auch schwacher – Einflussfaktor: Patienten über 40 Jahren äußerten sich insgesamt weniger kritisch als jüngere.[463] Dass Ältere positivere Urteile im Hinblick

---

[459] Siehe Kapitel 5.4.1.
[460] Vgl. Klingenberg et al. 1999, S. 439.
[461] Vgl. Streich 2002, S. 23. Kritisch anzumerken ist, dass in dem Gesundheitsmonitor und auch in der KBV-Studie keine statistischen Maßzahlen (Signifikanzniveau, Korrelationskoeffizienten) ausgewiesen wurden.
[462] Vgl. Kassenärztliche Bundesvereinigung (Hrsg.) 2008b, S. 6ff. und S. 38ff.
[463] Vgl. Nickel et al. 1999, S. 172f.

auf die Qualität von Gesundheitsdienstleistungen geben, konnte überdies in zahlreichen weiteren nationalen wie internationalen Studien nachgewiesen werden.[464]

Für den ausgewiesenen Zusammenhang gibt es verschiedene Erklärungsansätze: Mitunter besteht bei älteren Menschen eine verstärkte Tendenz zu sozial wünschenswertem Antwortverhalten.[465] Zudem bevorzugen sie eher eine paternalistische Arzt-Patient-Beziehung und werden deshalb Kritik an ihrem Arzt für generell nicht angemessen halten.[466] Es ist auch denkbar, dass ältere Patienten tatsächlich eine bessere Behandlung erfahren als jüngere.[467] Wahrscheinlicher ist jedoch, wie in Kapitel 5.4.1 ausgeführt wurde, dass Ältere – insbesondere die noch vom Zweiten Weltkrieg und dessen Nachwirkungen Betroffenen – eigene Ansprüche verstärkt zurückstellen und geringere Erwartungen an Gesundheitsdienstleistungen haben. Es handelt sich damit wohl weniger um einen Einfluss unterschiedlicher Lebensphasen (Alterseffekt) als um einen Kohorteneffekt. Auch Statusdifferenzen können in diesem Zusammenhang eine Rolle spielen: Ältere verfügen eher über einen niedrigen Bildungsstatus, was – wie im übernächsten Abschnitt gezeigt wird – ebenfalls zu positiveren Qualitätsurteilen führt.

Geschlecht

Uneinheitlicher sind die Forschungsergebnisse in Bezug auf das Geschlecht als Determinante von Qualitätsurteilen. Oftmals zeigt sich hierbei zwischen Männern und Frauen kein wesentlicher Unterschied, was die Ergebnisse der QPRR-Befragung und der Studien der KBV sowie der DAK belegen.[468] Auch einige weitere Untersuchungen kommen zu diesem Schluss.[469] Andere Studien wiederum stellen ein höheres Anspruchsniveau von Frauen und damit kritischere Qualitätsurteile in Bezug auf Gesundheitsdienstleistungen fest.[470] Dies lässt sich damit erklären, dass Frauen prinzipiell

---

[464] Vgl. Aust 1994, S. 28ff. (Meta-Analyse); Charles et al. 1994, S. 1816ff.; Cleary et al. 1991, S. 261; Dür et al. 2000, S. 237f.; Hall/Dornan 1990, S. 813f. (Meta-Analyse); Hargraves et al. 2001, S. 637ff.; Hopp 2000, S. 151ff.

[465] Vgl. Hopp 2000, S. 192.

[466] Siehe hierzu Kapitel 2.3.2.

[467] Vgl. Nickel et al. 1999, S. 173.

[468] Vgl. Kapitel 5.4.1; Kassenärztliche Bundesvereinigung (Hrsg.) 2008b, S. 6; Nickel et al. 1999, S. 176.

[469] Vgl. Dür et al. 2000, S. 237f.; Freter/Glasmacher 1996, S. 439; Hall/Dornan 1990, S. 813f. (Meta-Analyse); Hopp 2000, S. 159ff.

[470] Vgl. Charles et al. 1994, S. 1816ff.; Cleary et al. 1991, S. 261; Hargraves et al. 2001, S. 637ff.

körper- und gesundheitsbewusster sind und Gesundheitsdienstleistungen (deshalb) häufiger in Anspruch nehmen als Männer.[471]

Bildungsstatus

Tendenziell fallen die Qualitätsurteile von Personen mit höherem Bildungsstatus schlechter aus als diejenigen von Personen mit niedrigerem Status.[472] In der EURO-PEP-Erhebung zeigte sich, dass Patienten mit Realschulabschluss oder Abitur im Hinblick auf die Weiterempfehlungs- und Wechselabsicht signifikant kritischer sind als Patienten mit niedrigerem oder keinem Schulabschluss.[473] Im Gesundheitsmonitor hingegen übten die Respondenten über alle Bildungsgruppen hinweg Zurückhaltung bei der Anzweiflung der ärztlichen Kompetenz.[474] Bestätigt werden diese Resultate durch die KBV-Studie.[475] Möglicherweise trauen sich medizinische Laien nicht immer zu, dezidierte Kritik an den fachlichen Fähigkeiten der Ärzte zu üben. In der KBV-Befragung konnte zudem keine Wirkung des Bildungsstatus auf die Einschätzung des Vertrauensverhältnisses zwischen Arzt und Patient festgestellt werden.[476] In zahlreichen weiteren Studien wurde wiederum ein Einfluss des Bildungsstatus der Befragten auf ihre Qualitätsurteile ermittelt.[477] Insgesamt zeigt sich bei diesem soziodemografischen Merkmal somit ebenfalls ein geteiltes Bild, wobei Personen mit höherem Bildungsstatus oftmals negativere Bewertungen vornehmen als Personen mit niedrigerem Status. Dies ist unter anderem darauf zurückzuführen, dass gebildetere Personen höhere Ansprüche an Gesundheitsdienstleistungen haben und zudem stärker davon überzeugt sind, durch Äußerung von Kritik Änderungen herbeiführen zu können.[478] Damit einhergehend halten sie diese Äußerung aufgrund des geringen oder nicht gegebenen Bildungsunterschieds zum Arzt möglicherweise eher für angemessen bzw. notwendig. Hierbei kommt auch zum Tragen, dass sie eine partnerschaftliche

---

[471] Vgl. Robert Koch-Institut (Hrsg.) 2005b, S. 71f. Aus der Gesundheitsberichterstattung des Bundes geht hervor, dass Männer mehr rauchen und Alkohol konsumieren, sich ungesünder ernähren und Präventionsangebote seltener in Anspruch nehmen als Frauen, vgl. Robert Koch-Institut (Hrsg.) 2005b, S. 38ff.

[472] Der Sozialstatus wurde in den betrachteten Studien nicht ermittelt. Ausführlicher zum Sozialstatus siehe Heinz 2009, S. 192ff.; Jacob 1995, S. 147ff.

[473] Vgl. Klingenberg et al. 1999, S. 439.

[474] Vgl. Streich 2002, S. 20f.

[475] Vgl. Kassenärztliche Bundesvereinigung (Hrsg.) 2008b, S. 7.

[476] Vgl. Kassenärztliche Bundesvereinigung (Hrsg.) 2008b, S. 6.

[477] Vgl. Aust 1994, S. 28ff. (Meta-Analyse); Charles et al. 1994, S. 1816ff.; Dür et al. 2000, S. 237f.; Hopp 2000, S. 151ff.

[478] Vgl. Judge/Solomon 1993, S. 319.

Arzt-Patient-Beziehung eher bevorzugen als eine paternalistische,[479] was ebenfalls mit der Kommunikation eigener Vorstellungen – die von denjenigen des Arztes abweichen können – verbunden ist. Darüber hinaus verhalten sich Personen mit höherer Bildung eher gesundheitsbewusst – sie sind sportlich aktiver, seltener übergewichtig und rauchen weniger –[480] und weisen damit zusammenhängend ein größeres Interesse an Gesundheitsinformationen auf.[481] Aufgrund dieser Tatsache ist es ihnen ebenfalls möglich, erhaltene Gesundheitsdienstleistungen kritischer zu betrachten.

Versicherungsstatus

Im Zusammenhang mit dem Versicherungsstatus wird häufig öffentlich über eine „Zwei-Klassen-Medizin" diskutiert, wobei oftmals die Wartezeiten im Vordergrund stehen.[482] So bestätigt auch die KBV-Studie, dass GKV-Versicherte längere Wartezeiten auf einen Termin und in der Sprechstunde in Kauf nehmen müssen. Im Hinblick auf das Vertrauen in den Arzt und auf die Bewertung seiner Fachkompetenz zeigten sich zwischen den beiden Gruppen lediglich minimale Unterschiede, wobei PKV-Mitglieder etwas besser urteilten als GKV-Mitglieder. Grund zur Beschwerde glaubten zudem 18 Prozent der gesetzlich und 14 Prozent der privat Versicherten zu haben.[483] Zwei weitere Studien konnten wiederum keine Differenzen aufgrund der Zugehörigkeit zu einer der beiden Gruppen feststellen.[484] Diese uneinheitliche Erkenntnislage kann folgendermaßen erklärt werden: Auf der einen Seite gehen GKV-Mitglieder unter Umständen davon aus, dass sie schlechtere Gesundheitsdienstleistungen erhalten, da für Privatpatienten erbrachte Leistungen für Ärzte attraktiver vergütet werden, was zu negativeren Qualitätsurteilen auf Seiten der GKV-Versicherten führt. Auf der anderen Seite geht der höhere Bildungsstatus der PKV-Mitglieder mit gesteigerten Erwartungen im Hinblick auf Gesundheitsdienstleistungen und damit ebenfalls eher kritischen Bewertungen einher. Letztlich bleibt der Einfluss dieser Determinante auf Qualitätsurteile damit ungeklärt.

---

[479] Siehe hierzu Kapitel 2.3.2.

[480] Vgl. Robert Koch-Institut (Hrsg.) 2006b, S. 80ff. Hierbei wird auf den Sozialstatus Bezug genommen.

[481] Vgl. Horch/Wirz 2005, S. 1251ff. Hierbei wird auf den Sozialstatus Bezug genommen.

[482] Vgl. exemplarisch Spiegel Online (Hrsg.) 2007; Süddeutsche Zeitung (Hrsg.) 2008.

[483] Vgl. Kassenärztliche Bundesvereinigung (Hrsg.) 2008b, S. 6ff. und S. 38.

[484] Vgl. Freter/Glasmacher 1996, S. 439; Hopp 2000, S. 159.

In der DAK-Studie, in welcher ausschließlich DAK-Kunden befragt wurden, wurde zwischen pflichtversicherten und freiwillig versicherten GKV-Mitgliedern unterschieden. Es zeigte sich, dass letztere geringfügig bessere Bewertungen vergaben. Dies kann damit begründet werden, dass freiwillig gesetzlich Versicherte sich bewusst und gewollt für diese Form der Versicherung entschieden haben und deshalb grundsätzlich ein höheres Maß an Zufriedenheit aufweisen, während Pflichtversicherte zwar zwischen verschiedenen gesetzlichen, jedoch nicht zwischen gesetzlicher und privater Versicherung wählen können.

Gesundheitszustand

Die Auswirkung des *selbstberichteten* Gesundheitszustandes auf das Qualitätsurteil ist wiederum eindeutiger: Je schlechter die Befragten ihre Gesundheit einschätzen, desto negativer äußern sie sich. Patienten, die ihren allgemeinen Gesundheitszustand insgesamt als „mäßig" oder „schlecht" einstuften, waren laut EUROPEP-Studie bei der Weiterempfehlungs- und Wechselabsicht signifikant kritischer als Personen, die ihren Gesundheitszustand insgesamt als „gut", „sehr gut" oder „ausgezeichnet" ansahen.[485] Ausweislich der Resultate des Gesundheitsmonitors hegen chronisch Erkrankte eher Zweifel an der ärztlichen Kompetenz als nicht chronisch Erkrankte.[486] Und je schlechter die eigene Gesundheit von den befragten Bundesbürgern empfunden wurde, umso skeptischer wurde die Fachkompetenz des Arztes in der KBV-Studie betrachtet. Auch glaubten hier deutlich mehr Befragte mit einer gesundheitlich „weniger guten" Konstitution Grund zur Beschwerde zu haben (26 Prozent) als Befragte in „guter" oder „sehr guter" Verfassung (15 Prozent). Beim Wechsel des Arztes zeigte sich diese Tendenz ebenfalls: Während von den Befragten mit nach eigener Angabe „weniger gutem" oder „schlechtem" Befinden in den vergangenen zwölf Monaten vor der Erhebung 17 Prozent den Arzt gewechselt hatten, waren es von den Befragten mit einer „sehr guten" Physis lediglich neun Prozent.[487] Diesen Zusammenhang zwischen selbstberichteter gesundheitlicher Situation und Qualitätsurteil identifizierten zudem verschiedene weitere Studien.[488]

---

[485] Vgl. Klingenberg et al. 1999, S. 439ff.
[486] Vgl. Streich 2002, S. 21.
[487] Vgl. Kassenärztliche Bundesvereinigung (Hrsg.) 2008b, S. 7 und S. 38ff.
[488] Vgl. Aust 1994, S. 31f. (Meta-Analyse); Charles et al. 1994, S. 1816ff.; Cleary et al. 1991, S. 261f.; Hargraves et al. 2001, S. 638f.

Die Ergebnisse dürften darauf zurückzuführen sein, dass der Arzt – zumindest zum Teil – für das (gefühlte) schlechte Befinden verantwortlich gemacht wird und dass sich der Gesundheitszustand auf das subjektive Empfinden auswirkt und in der Folge Negatives verstärkt wahrgenommen wird.[489]

Während Alter und selbstberichteter Gesundheitszustand der Befragten sich nachweislich auf das Qualitätsurteil niederschlagen – Ältere und (nach eigener Einschätzung) Gesündere werten positiver –, scheint das Geschlecht, wenn überhaupt, nur eine geringfügige Rolle zu spielen. Frauen sind in Bezug auf die Qualität von Gesundheitsdienstleistungen mitunter skeptischer als Männer. Im Hinblick auf den Bildungsstatus zeigt sich, dass mit steigendem Status tendenziell mehr Kritik geübt wird. Der Einfluss des Versicherungsstatus bleibt unklar, hier sind – wie auch in Bezug auf das Zusammenwirken der betrachteten Determinanten (zum Beispiel Alter und Gesundheitszustand) – genauere Untersuchungen notwendig.

Fazit zum Vergleich von Befragungen zu Qualitätsurteilen

Werden in einer Gesundheitseinrichtung durch eine Patientenbefragung Mängel aufgedeckt – und darunter mit großer Wahrscheinlichkeit solche im Bereich der Kommunikation und Zuwendung –, so sollten diese bei der Umsetzung der Befragungsergebnisse im Vordergrund stehen. Sind die am stärksten kritisierten Aspekte behoben, kann durch eine Anschlussbefragung ermittelt werden, ob die Beseitigung der Defizite auch aus Patientensicht gelungen ist. Im Sinne des Qualitätszyklus (Plan-Do-Check-Act) gilt es, regelmäßig Befragungen durchzuführen, um nach und nach auch weniger gravierende Mängel beseitigen zu können. Denn aufgrund der schon mehrfach hervorgehobenen positiven Antworttendenzen im Rahmen von Patientenbefragungen lassen auch gute Ergebnisse auf Verbesserungspotenzial schließen – letztlich bedeutet „gut" nicht „sehr gut". Für die Durchführung von Befragungen zu Qualitätsurteilen folgt aus den Ausführungen zu den soziodemografischen Merkmalen der Befragten die Erkenntnis, dass eine Überrepräsentation von Älteren und (nach eigener Einschätzung) Gesünderen in der Stichprobe mit hoher Wahrscheinlichkeit zu positiv verzerrten Antworten führt und deshalb zu vermeiden ist.

---

[489] Vgl. Aust 1994, S. 32; Klingenberg et al. 1999, S. 444.

7 Notwendigkeit und Perspektiven von Patientenbefragungen

Patientenbefragungen etablieren sich – vom Gesetzgeber gefördert – zunehmend als Standardinstrument des Qualitätsmanagements und der Qualitätssicherung. Damit ist ein wichtiger Schritt hin zu mehr Patientenorientierung im Gesundheitswesen getan. Patientenbefragungen können jedoch nur dann zur Gewährleistung und Steigerung der Qualität von Gesundheitsdienstleistungen beitragen, wenn sie ihrerseits qualitätsgesichert sind. Nur so stellen sie ein Instrument des Qualitätsmanagements und nicht lediglich eines des Marketings zum Zweck der positiven Außenwirkung und der Imageförderung dar. Dieses Ziel kann mittels Report- und Rating-Fragen, welche nach aktuellem Stand der Forschung als „Goldstandard" zu sehen sind, erreicht werden. Nicht als Indikator für die Qualität aus Patientensicht geeignet sind hingegen Zufriedenheitsfragen. Diese sind nur dann einzusetzen, wenn die Zufriedenheit der Patienten – welche eine Qualitätsdimension von Gesundheitsdienstleistungen darstellt – erfasst werden soll.

Neben der Zufriedenheit wurden in dieser Arbeit die Erreichbarkeit und die Ausstattung, die Organisation, die Arzt-Patient-Beziehung, die medizinisch-technische Behandlung sowie das Behandlungsergebnis als Qualitätsdimensionen identifiziert. Von diesen sechs Dimensionen steht für die meisten Patienten neben dem Behandlungsergebnis die Arzt-Patient-Beziehung im Vordergrund. Basis dieser Beziehung stellt das Vertrauen zwischen den Beteiligten dar. Insbesondere von Seiten des Patienten ist Vertrauen notwendig, da es sich um eine asymmetrische Beziehung handelt, in welcher der Arzt über Experten-, Definitions- und Steuerungsmacht verfügt. Tendenziell ist eine Abnahme der Asymmetrie zu verzeichnen, da sich die traditionell paternalistische Arzt-Patient-Beziehung immer mehr zu einer partnerschaftlichen Beziehung hin entwickelt. Viele Patienten möchten nicht nur über Behandlungsoptionen informiert werden, sondern sich darüber hinaus auch an der Entscheidung über die vorzunehmende Therapie beteiligen. Dieses Partnerschaftsmodell der Arzt-Patient-Beziehung ist jedoch an zahlreiche Voraussetzungen gebunden, denn nicht jeder Patient kann und möchte ein „Partner" sein. Zentrales Element der Arzt-Patient-Beziehung ist die Kommunikation, wobei vor allem beim Partnerschaftsmodell hohe Anforderungen an die Kommunikationsfähigkeiten der Beteiligten gestellt werden. Auf der einen Seite müssen Patienten ihre Bedürfnisse artikulieren können, auf der anderen Seite müssen Ärzte ihren Patienten die für eine Entscheidung über eine Behandlung notwendigen

Informationen verständlich übermitteln. Gerade im Bereich der Kommunikation zeigen sich jedoch ausweislich des Ergebnisvergleichs der Studien in Kapitel 6 erhebliche Defizite. Unter anderem liegt dies wohl darin begründet, dass Ärzte selbst nur bedingt einschätzen können, wie die Patienten ihr Kommunikationsverhalten wahrnehmen. Damit ist es ihnen ohne Rückmeldung der Patienten kaum möglich, ihren Kommunikationsstil gezielt zu ändern. Neben Unzulänglichkeiten in der Kommunikation verweisen die Studien in Kapitel 6 auf mangelnde Zuwendung seitens der Ärzte. Deren Funktion als Seelsorger scheint in der heutigen Zeit der „Technisierung" und Arbeitsverdichtung in den Hintergrund zu geraten. Kommunikation und Zuwendung aber sind es, welche die Compliance der Patienten nachhaltig bestimmen und dadurch maßgeblich zum Behandlungserfolg beitragen. Um diesbezüglichen Defiziten entgegenzuwirken, werden Medizinstudenten in zahlreichen Hochschulen mittlerweile Kommunikationsseminare und Trainings mit Schauspielpatienten angeboten.[490] Insgesamt zeigt sich, dass es nicht genügt, „nur" medizinisch hervorragende Leistungen zu erbringen. Um ein „guter" Arzt zu sein, sind vielmehr auch kommunikative und psychosoziale Fähigkeiten erforderlich. Der Studienvergleich in Kapitel 6 verweist darüber hinaus auf Mängel im Bereich der Organisation. Insbesondere die Wartezeiten in den Gesundheitseinrichtungen wurden von den Befragten beanstandet. Gerade für den Bereich der Organisation ist Qualitätsmanagement geeignet, da hierdurch – beispielsweise mittels Prozessbeschreibungen – interne Abläufe überprüft und mögliche Schwachstellen aufgedeckt werden können.

Folgende Aspekte sind grundsätzlich vor der Durchführung einer Patientenbefragung, die wissenschaftlichen Standards genügen soll, zu klären:[491]

– **Festlegung der Zielgruppe und Anzahl der zu befragenden Personen**: Bei der Größe der Stichprobe sind insbesondere geplante Subgruppenanalysen bzw. stationsweise Auswertungen zu berücksichtigen.

– **Befragungsart**: In der Regel stellen schriftliche Erhebungen anhand eines Fragebogens – aus Gründen der Praktikabilität und Kostengünstigkeit – das Mittel der Wahl dar.

– **Zeitpunkt der Erhebung**: Befragungen nach einem Praxisbesuch oder Krankenhausaufenthalt bieten den Vorteil, dass die Patienten den gesamten Aufenthalt ein-

---

[490] Vgl. exemplarisch Hibbeler 2008.
[491] Vgl. hierzu auch Satzinger/Raspe 2001, S. 43ff.

schließlich der Entlassungsmodalitäten sowie der Behandlungsergebnisse beurteilen können. Ein zeitlicher Abstand zu der Behandlung ermöglicht ferner ausgewogenere und von kurzfristigen Emotionen weniger oder nicht beeinflusste Einschätzungen. Zudem ist die Zusicherung der Anonymität hierbei glaubwürdiger als bei einer Inhouse-Befragung.

- **Zeitraum der Befragung**: Dies betrifft vor allem die Jahreszeit und damit verbunden saisonale Schwankungen im Hinblick auf Belegungsdichte, personelle Besetzung und Diagnosespektrum.

- **Frequenz der Erhebung**: Im Sinne des Qualitätszyklus Plan-Do-Check-Act sind wiederholt Befragungen durchzuführen.

- **Organisation**: In erster Linie ist zu entscheiden, ob eine Befragung in Eigenregie geplant, durchgeführt und ausgewertet oder ob ein externer Anbieter hinzugezogen werden soll. Hierfür ist unter anderem zu klären, welches Budget für die Befragung zur Verfügung steht.

- **Themenkatalog**: Nicht alle Qualitätsdimensionen, die in der vorliegenden Arbeit ermittelt wurden, sind in jeder Erhebung zwingend einzubeziehen, sondern diese sind je nach Zielsetzung der Erhebung auszuwählen. Bei einer Erstbefragung ist es sinnvoll, alle Dimensionen zu berücksichtigen, um in Erfahrung zu bringen, in welchen Bereichen Stärken und Schwächen aus Patientensicht zu finden sind.

- **Arten der Fragestellung**: Zu verwenden sind Report- und Rating-Fragen, wobei zu klären ist, in welchen Bereichen detaillierte Berichte und in welchen Bewertungen gewünscht werden.

- **Auswertungskonzept**: Dies betrifft vor allem die Frage, ob uni-, bi- bzw. multivariate Auswertungen vorgenommen werden sollen, was auch bei der Planung der Stichprobengröße zu berücksichtigen ist.

- **Informations- und Umsetzungskonzept**: Es ist zu überlegen, wie die von den Ergebnissen betroffenen Mitarbeiter über die Resultate der Befragung informiert werden sollen (Präsentation, Mitarbeiterzeitung, Aushändigen des Ergebnisberichts) und von wem und in welcher Form die Resultate umzusetzen sind.

Diese Aufzählung verdeutlicht, dass sich bei der Planung, Durchführung, Auswertung und Umsetzung von Patientenbefragungen viele Fragen stellen und zahlreiche Entscheidungen zu treffen sind. Wie einige dieser Fragen beantwortet und umgesetzt werden können, wurde in Kapitel 5 anhand der QPRR-Befragung aufgezeigt. Im Sinne des kontinuierlichen Verbesserungsprozesses sind Patientenbefragungen regelmäßig durchzuführen. Mittels einer Erstbefragung ist zunächst zu eruieren, in welchen Bereichen Stärken und Schwächen einer Gesundheitseinrichtung liegen. Die Kenntnis der Stärken dient insbesondere der Mitarbeitermotivation und der Imageförderung. Die Schwächen verweisen auf Bereiche, in denen Verbesserungsbedarf besteht. Wurden Qualitätsmängel identifiziert, so besteht die Aufgabe, die gewonnenen Erkenntnisse zu verwerten und umzusetzen. Es gilt, aus den Befragungsergebnissen konkreten Handlungsbedarf abzuleiten und entsprechende Maßnahmen in der Arztpraxis oder dem Krankenhaus zu implementieren. In Anschlusserhebungen kann auf einzelne Bereiche, in denen Verbesserungen vorgenommen wurden oder in denen Defizite detailliert untersucht werden sollen, eingegangen werden. Zielvorstellung sind kontinuierlich durchgeführte Patientenbefragungen, die einen intertemporalen Qualitätsvergleich ermöglichen. Im Idealfall handelt es sich dabei um standardisierte Basisbefragungen mit wechselnden Zusatzmodulen zu vormals identifizierten und anschließend verbesserten Schwachpunkten oder zu aktuell in der Gesundheitseinrichtung diskutierten Themen.

Qualitätsurteile von Patienten werden immer häufiger erhoben und dies mittlerweile nicht mehr nur in Papierform, sondern auch im Rahmen von Arztbewertungsportalen im Internet. Diese ermöglichen es Patienten, ihre Qualitätsurteile online abzugeben und sich darüber hinaus über die Urteile anderer Patienten zu informieren, um damit gezielt einen „guten" Arzt ausfindig machen zu können. Auch wenn die Qualität dieser Portale kritisch zu hinterfragen ist – insbesondere kann bisher jeder Internetnutzer jeden Arzt bewerten, ohne diesen jemals konsultiert zu haben –, so zeigt sich eines doch ganz deutlich: Patienten sind nicht nur an der Auswahl und der Erstellung von Gesundheitsdienstleistungen beteiligt, sondern sie beurteilen darüber hinaus auch deren Qualität immer häufiger. Diese Beurteilungen werden in Zukunft nicht mehr nur dem Arzt, der Klinikleitung, dem Beauftragten für das Qualitätsmanagement sowie weiteren Mitarbeitern der Gesundheitseinrichtung zur Verfügung stehen, sondern auch der Öffentlichkeit, wie es bei den (bisher noch unausgereiften) Arztbewertungsportalen der Fall ist. Damit ist der Weg zu mehr Qualitätstransparenz im Gesundheitswesen geebnet.

Weiterhin zeichnet sich ab, dass die Vergütung der Ärzte in absehbarer Zeit an die Qualität von Gesundheitsdienstleistungen gekoppelt werden wird. So heißt es von Seiten der KBV: „Neben der Menge der erbrachten Leistungen oder der Morbidität der behandelten Patienten wird zunehmend auch das Merkmal Qualität als Bemessungsgrundlage für die Vergütung diskutiert."[492] Vor diesem Hintergrund entwickelt die KBV im Rahmen des Projekts „AQUIK - Ambulante Qualitätsindikatoren und Kennzahlen" zurzeit ein Set von Indikatoren, mit dem die Qualität ambulant erbrachter Gesundheitsdienstleistungen gemessen und verglichen werden kann. „Darüber hinaus eröffnen sie [die Qualitätsindikatoren] die Möglichkeit einer qualitätsorientierten Vergütung. Im internationalen Sprachgebrauch hat sich hierfür der Begriff ‚Pay for Performance (P4P)' durchgesetzt. Ziel dabei ist es, einerseits über die Vergütung Anreize zur Verbesserung der Versorgungsqualität zu setzen, andererseits aus Fairnessgründen solche Ärzte besser zu vergüten, die ein hohes Qualitätsniveau vorhalten."[493] Patientenbefragungen stellen einen AQUIK-Qualitätsindikator dar;[494] damit werden möglicherweise in Zukunft Patientenbefragungen Einfluss auf die Vergütung der Ärzte nehmen.

Während die Entwicklung hin zu Patientenbefragungen als Standardinstrument des Qualitätsmanagements und der Qualitätssicherung insgesamt zu begrüßen ist, darf nicht übersehen werden, dass sich die Chancen, die sich hierdurch eröffnen, durch inhaltlich und methodisch unzureichende Güte der Befragungsinstrumente ohne Weiteres verspielen lassen. Damit laufen Patientenbefragungen Gefahr, als „nutzlos" angesehen zu werden – ein Adjektiv, das von Teilen der Ärzteschaft bereits dem Qualitätsmanagement zugeschrieben wird. Patientenbefragungen bieten erhebliches Potenzial zur Sicherung und Verbesserung der Qualität von Gesundheitsdienstleistungen; dieses Potenzial gilt es, mit wissenschaftlich fundierten Erhebungsinstrumenten zu nutzen.

---

[492] Kassenärztliche Bundesvereinigung (Hrsg.) 2009, S. 4.
[493] Kassenärztliche Bundesvereinigung (Hrsg.) 2009, S. 4f.
[494] Vgl. Kassenärztliche Bundesvereinigung (Hrsg.) 2009, S. 94.

Anhang

A: Fragebogen mit Randauszählung

Dem Fragebogen lag nachstehendes Anschreiben bei. Für die vorliegende Arbeit wurden Hinweise auf die Einrichtung, in der die Erhebung durchgeführt wurde, entfernt. Der Name der Klinik wurde im Fragebogen durch den Begriff KRANKENHAUS ersetzt.

Sehr geehrte Patientin, sehr geehrter Patient,

Aufgabe unseres Krankenhauses ist es, Ihnen die bestmögliche Behandlung zukommen zu lassen. Um die Qualität in unserem Haus sicher zu stellen, wenden wir uns heute mit diesem Fragebogen an Sie. Wir bitten Sie herzlich, sich einige Minuten Zeit zu nehmen und unsere Fragen zu beantworten.

Ihre Angaben werden unter strenger Wahrung Ihrer Anonymität ausgewertet, und niemand im Haus erfährt, wie Sie persönlich geantwortet haben.

Für die Rücksendung des Fragebogens verwenden Sie bitte den beiliegenden Freiumschlag.

Für Rückfragen stehen wir selbstverständlich zur Verfügung.

Vielen Dank für Ihre Mitarbeit!

Bei den nachfolgenden Angaben handelt es sich um Prozentwerte

Aufnahme

1.   Wie beurteilen Sie die Aufnahme?

	Ja	Nein
• Die Aufnahme war gut organisiert. N = 1.372	96,9	3,1
• Die Aufnahme verlief zügig. N = 1.248	95,2	4,8
• Die Formulare für die Aufnahme waren verständlich und leicht zu beantworten. N = 1.140	98,2	1,8

2.   Handelte es sich bei Ihrer Aufnahme in das KRANKENHAUS um:
     N = 1.426

Eine geplante Aufnahme	68,2
Eine Notaufnahme	29,2
Eine Verlegung aus einem anderen Krankenhaus	2,6

Personal

3.   Von wem wurden Sie hauptsächlich behandelt? N = 1.353

Von meinem Arzt	79,0
Von einem anderen Arzt	21,0

4.   War ein Arzt für Sie da, wenn Sie einen brauchten? N = 1.342

Ja, immer	Ja, meistens	Ja, selten	Nein, so gut wie nie
65,1	28,8	5,0	1,2

5. **Wie beurteilen Sie den Arzt, der Sie hauptsächlich behandelt hat, im Hinblick auf:**

	Sehr gut	Gut	Mittel-mäßig	Schlecht
• Fachliche Kompetenz N = 1.431	80,6	17,5	1,6	0,2
• Die Schnelligkeit, mit der Ihnen geholfen wurde N = 1.404	73,1	23,9	2,6	0,4
• Die Zeit, die er sich für Sie genommen hat N = 1.399	60,7	31,3	6,9	1,1
• Menschliche Zuwendung N = 1.389	67,5	26,3	5,3	0,9
• Den Ihnen entgegengebrachten Respekt N = 1.400	74,7	22,5	2,5	0,3
• Freundlichkeit N = 1.424	76,1	21,1	2,2	0,5

6. **Wie beurteilen Sie das Pflegepersonal im Hinblick auf:**

	Sehr gut	Gut	Mittel-mäßig	Schlecht
• Fachliche Kompetenz N = 1.438	71,2	26,2	2,2	0,3
• Die Schnelligkeit, mit der Ihnen geholfen wurde N = 1.421	69,4	26,2	3,7	0,7
• Die Zeit, die man sich für Sie genommen hat N = 1.432	65,9	28,3	5,1	0,7
• Menschliche Zuwendung N = 1.404	69,9	25,3	3,8	1,0
• Den Ihnen entgegengebrachten Respekt N = 1.419	73,4	23,1	2,7	0,8
• Freundlichkeit N = 1.432	75,6	20,6	2,8	1,0
• Die Bereitschaft, auf persönliche Wünsche einzugehen N = 1.396	64,3	29,5	5,1	1,1

7. Mitunter kann es vorkommen, dass ein Arzt oder eine Schwester etwas
    sagt und ein anderer Arzt oder eine andere Schwester gibt eine völlig
    andere Auskunft. Haben Sie so etwas auch erlebt? N = 1.347

Nein	85,3
Ja, manchmal	12,7
Ja, häufig	2,0

8. Hatten Ihre Angehörigen ausreichend Gelegenheit, mit dem behandeln-
    den Arzt zu sprechen? N = 1.310

Ja	49,8
Nein	9,1
Angehörige waren nicht beteiligt	9,6
Dazu bestand kein Anlass	27,6
Weiß nicht	4,0

Schmerzen

9. Hatten Sie während Ihres Aufenthalts im KRANKENHAUS Schmerzen?
    N = 1.347

Ja	59,9
Nein (bitte weiter mit Frage 12)	40,1

10. Wie stark waren Ihre Schmerzen? N = 814

Sehr stark	Stark	Mäßig	Gering
17,8	35,9	37,3	9,0

11. Wurde Ihrer Meinung nach alles getan, um Ihre Schmerzen zu lindern?
    N = 840

Ja	96,2
Nein	3,8

Information und Behandlung

12. Inwieweit treffen die folgenden Aussagen zur Information im KRANKENHAUS zu?

	Trifft voll und ganz zu	Trifft eher zu	Trifft eher nicht zu	Trifft überhaupt nicht zu
• Ich wurde genau über den Ablauf der Behandlung informiert. N = 1.357	73,0	23,1	3,2	0,7
• Die Ergebnisse der Untersuchungen wurden mir verständlich erklärt. N = 1.318	68,9	24,2	5,3	1,6
• Ich erhielt ausreichend Informationen über Wirkungen und Nebenwirkungen von Medikamenten. N = 1.227	54,7	28,2	10,0	7,1
• Bei Fragen wusste ich stets, an wen ich mich wenden konnte. N = 1.287	65,5	28,6	4,2	1,7
• Ich wurde ausreichend aufgeklärt über die weitere Vorgehensweise nach meiner Entlassung aus dem KRANKENHAUS. N = 1.275	67,3	26,4	4,3	2,0
• Die Ärzte und das Pflegepersonal haben gut zusammengearbeitet. N = 1.335	74,2	23,1	1,9	0,7

Unterkunft und Mahlzeiten

13.   Hatten Sie ein Einzelzimmer oder ein Doppelzimmer? N = 1.361

Einzelzimmer (bitte weiter mit Frage 16)   21,2
Doppelzimmer   78,8

---

14.   Haben Sie um ein Einzelzimmer gebeten? N = 1.109

Ja   25,9
Nein   74,1

---

15.   Treffen die folgenden Aussagen zu Ihrem Zimmernachbarn zu?

	Ja	Nein
• Mein Zimmernachbar hat meine Privatsphäre gewahrt. N = 968	91,6	8,4
• Die Besucher meines Zimmernachbarn haben meine Privatsphäre gewahrt. N = 881	89,3	10,7
• Mein Nachbar hatte zu viele Besucher. N = 878	9,2	90,8

16. **Inwieweit treffen die folgenden Aussagen zur Unterkunft im KRANKENHAUS zu?**

	Trifft voll und ganz zu	Trifft eher zu	Trifft eher nicht zu	Trifft überhaupt nicht zu
• Ausstattung und Komfort meines Zimmers waren gut. N = 1.422	57,8	35,3	6,0	0,8
• Mein Zimmer war zu warm. N = 1.283	15,7	25,7	28,9	29,7
• Mein Zimmer war zu kühl. N = 1.202	4,1	8,6	34,6	52,7
• Tagsüber fühlte ich mich durch Lärm und Unruhe im Krankenhaus gestört. N = 1.293	12,5	14,7	24,3	48,6
• Nachts fühlte ich mich durch Lärm und Unruhe im Krankenhaus gestört. N = 1.222	7,2	9,5	22,4	60,9

17. **Wie beurteilen Sie die Sauberkeit und Hygiene:**

	Sehr gut	Gut	Mittelmäßig	Schlecht
• Ihres Zimmers N = 1.454	52,7	39,1	6,9	1,4
• Der sanitären Anlagen N = 1.416	49,8	37,5	9,6	3,1
• Der Flure N = 1.375	46,8	45,6	6,8	0,8
• Der Gemeinschaftsräume N = 1.153	41,9	46,5	9,6	2,0

18.   Inwieweit treffen die folgenden Aussagen zu den Mahlzeiten im KRANKENHAUS zu?

	Trifft voll und ganz zu	Trifft eher zu	Trifft eher nicht zu	Trifft über- haupt nicht zu
• Das Essen war sehr gut. N = 1.323	27,1	46,6	17,2	9,1
• Das Essen war abwechslungs- reich. N = 1.220	34,3	51,3	9,5	4,8
• Die Essenszeiten passten gut in den Tagesablauf. N = 1.275	44,5	46,9	6,0	2,5
• Die Temperatur der Mahlzeiten war genau richtig. N = 1.266	43,3	43,0	9,8	3,9
• Meine Essenswünsche wurden berücksichtigt. N = 1.164	43,3	40,9	9,4	6,4
• Das Essen wurde ansprechend serviert. N = 1.288	50,3	42,2	5,2	2,3
• Ich wurde ausreichend mit Ge- tränken versorgt. N = 1.184	36,9	36,6	13,0	13,5

Organisation

19. Wie beurteilen Sie die Organisation im Hinblick auf:

	Sehr gut	Gut	Mittel- mäßig	Schlecht
• Die Ankündigung von Untersuchungen und Behandlungen N = 1.341	55,6	37,8	5,7	0,9
• Die Einhaltung festgelegter Zeiten für Untersuchungen und Behandlungen N = 1.301	47,4	41,4	9,1	2,0
• Die Vorbereitung der Entlassung N = 1.333	51,5	39,3	7,9	1,4

20. Wie beurteilen Sie die Wahrung Ihrer Privatsphäre durch:

	Sehr gut	Gut	Mittel- mäßig	Schlecht
• Die Ärzte N = 1.389	73,9	23,9	1,9	0,2
• Das Pflegepersonal N = 1.392	72,7	24,6	2,4	0,4

Beschwerden

21. Hatten Sie während Ihres Aufenthalts im KRANKENHAUS Grund sich zu beschweren? N = 1.432

Nein **(bitte weiter mit Frage 24)** 91,7

Ja 8,3

22.   Bei wem haben Sie sich beschwert? (Mehrfachnennungen möglich)

Bei meinem Arzt N = 119   42,9

Beim Pflegepersonal N = 117   81,2

Bei der Verwaltung N = 116   12,1

Ich habe den Beschwerdekasten genutzt N = 115   12,2

Bei niemandem (bitte weiter mit Frage 24) N = 117   4,3

23.   Hat man angemessen auf Ihre Beschwerde reagiert? N = 101

Ja   53,5

Nein   46,5

Behandlungserfolg

24.   Wie beurteilen Sie den Erfolg der medizinischen Behandlung im KRANKENHAUS? N = 1.391

Sehr gut	Gut	Mittelmäßig	Schlecht
62,4	34,3	2,7	0,6

25.   Wie zufrieden sind Sie insgesamt mit der Behandlung im KRANKENHAUS? N = 1.430

Sehr zufrieden	Zufrieden	Weniger zufrieden	Unzufrieden
58,5	39,0	1,9	0,7

26. Würden Sie sich bei Bedarf wieder im KRANKENHAUS behandeln lassen? N = 1.389

Ja, auf jeden Fall	Vermutlich ja	Vermutlich nein	Nein, auf keinen Fall
62,6	34,5	1,9	0,9

27. Alles in allem: Wie bewerten Sie das KRANKENHAUS? N = 1.391

Sehr gut	Gut	Mittelmäßig	Schlecht
46,5	48,0	4,5	0,9

28. Würden Sie das KRANKENHAUS weiterempfehlen? N = 1.378

Ja, auf jeden Fall	Vermutlich ja	Vermutlich nein	Nein, auf keinen Fall
52,4	43,2	3,3	1,1

Angaben zur Person

29. Sind Sie: N = 1.400

Weiblich	49,0
Männlich	51,0

30. In welchem Jahr wurden Sie geboren? N = 1.347

Durchschnittsalter: 54 Jahre

31.   Welche Nationalität haben Sie? N = 1.401

Luxemburgisch	67,3	Belgisch	3,4
Portugiesisch	13,2	Deutsch	0,8
Französisch	7,9	Sonstige	2,8
Italienisch	4,6		

---

32.   Wie lange hat Ihr Aufenthalt im KRANKENHAUS gedauert?
N = 1.371

Durchschnittsdauer: 8 Tage

---

33.   Welchen Familienstand haben Sie? N = 1.362

Ich bin verheiratet und lebe mit meinem Ehepartner zusammen.	58,2
(Bitte weiter mit Frage 35)	
Ich bin verheiratet und lebe von meinem Ehepartner getrennt.	2,3
Ich bin ledig.	18,0
Ich bin geschieden.	9,3
Ich bin verwitwet.	12,3

---

34.   Leben Sie mit einem Partner zusammen? N = 577

Ja	27,4
Nein	72,6

---

35.   Haben Sie Kinder unter 14 Jahren? N = 1.319

Ja	22,4
Nein	77,6

Lob und Kritik

36.   **Ist Ihnen im KRANKENHAUS etwas besonders positiv aufgefallen?**

547 Nennungen

---

37.   **Ist Ihnen im KRANKENHAUS etwas besonders negativ aufgefallen?**

432 Nennungen

Vielen Dank für Ihre Unterstützung!

B: Ergänzende Daten zu Kapitel 5

**Zusammenhang zwischen Faktoren, Arztpräsenz und widersprüchlichen Aus-
künften einerseits und Gesamtbewertung, erneuter Behandlung bei Bedarf und
Weiterempfehlungsbereitschaft andererseits**

Wegen zu geringer Zellbesetzungen mussten die Kategorien der mit Hilfe der Faktorenanalyse verdichteten Faktoren Privatsphäre, Pflegepersonal, Abläufe, Mahlzeiten,
Hygiene, Information, Arzt und Unterbringung von vier auf drei Kategorien zusammengefasst werden. Die Gesamtbewertung, die erneute Behandlung in der Klinik bei
Bedarf und die Weiterempfehlungsbereitschaft wurden aus demselben Grund dichotomisiert.

**Zusammenhang zwischen Faktoren, Arztpräsenz sowie widersprüchlichen Aus-
künften und Gesamtbewertung**

Tabelle 70: Gesamtbewertung nach Bewertung „Privatsphäre"

		Bewertung „Privatsphäre" in drei Kategorien			Gesamt
		Sehr gut	Gut	Mittelmäßig bis schlecht	
Gesamtbewertung dichotom	Sehr gut	60,2 %	16,5 %	3,6 %	47,0 %
	Nicht sehr gut	39,8 %	83,5 %	96,4 %	53,0 %
Gesamt		927	363	28	1.318

Sig. = .000, N = 1.318, Gamma = .781

Tabelle 71: Gesamtbewertung nach Bewertung „Pflegepersonal"

		Bewertung „Pflegepersonal" in drei Kategorien			Gesamt
		Sehr gut	Gut	Mittelmäßig bis schlecht	
Gesamtbewertung dichotom	Sehr gut	59,2 %	17,7 %	11,1 %	46,8 %
	Nicht sehr gut	40,8 %	82,3 %	88,9 %	53,2 %
Gesamt		968	345	54	1.367

Sig. = .000, N = 1.367, Gamma = .745

Tabelle 72: Gesamtbewertung nach Bewertung „Abläufe"

| | | Bewertung „Abläufe" in drei Kategorien | | | Gesamt |
		Sehr gut	Gut	Mittelmäßig bis schlecht	
Gesamtbewertung dichotom	Sehr gut	69,8 %	27,1 %	9,6 %	47,1 %
	Nicht sehr gut	30,2 %	72,9 %	90,4 %	52,9 %
Gesamt		650	543	104	1.297

Sig. = .000, N = 1.297, Gamma = .744

Tabelle 73: Gesamtbewertung nach Bewertung „Mahlzeiten"

| | | Bewertung „Mahlzeiten" in drei Kategorien | | | Gesamt |
		Sehr gut	Gut	Mittelmäßig bis schlecht	
Gesamtbewertung dichotom	Sehr gut	72,3 %	36,8 %	18,1 %	46,6 %
	Nicht sehr gut	27,7 %	63,2 %	81,9 %	53,4 %
Gesamt		441	688	160	1.289

Sig. = .000, N = 1.289, Gamma = .639

Tabelle 74: Gesamtbewertung nach Bewertung „Hygiene"

| | | Bewertung „Hygiene" in drei Kategorien | | | Gesamt |
		Sehr gut	Gut	Mittelmäßig bis schlecht	
Gesamtbewertung dichotom	Sehr gut	67,8 %	32,5 %	16,9 %	46,7 %
	Nicht sehr gut	32,2 %	67,5 %	83,1 %	53,3 %
Gesamt		609	607	142	1.358

Sig. = .000, N = 1.358, Gamma = .639

Tabelle 75: Gesamtbewertung nach Bewertung „Information"

| | | Bewertung „Information" in drei Kategorien | | | Gesamt |
		Sehr gut	Gut	Mittelmäßig bis schlecht	
Gesamtbewertung dichotom	Sehr gut	59,4 %	26,7 %	11,9 %	46,5 %
	Nicht sehr gut	40,6 %	73,3 %	88,1 %	53,5 %
Gesamt		815	412	67	1.294

Sig. = .000, N = 1.294, Gamma = .628

Tabelle 76: Gesamtbewertung nach Bewertung „Arzt"

		Bewertung „Arzt" in drei Kategorien			Gesamt
		Sehr gut	Gut	Mittelmäßig bis schlecht	
Gesamtbewertung dichotom	Sehr gut	57,1 %	25,7 %	7,1 %	46,9 %
	Nicht sehr gut	42,9 %	74,3 %	92,9 %	53,1 %
Gesamt		940	377	42	1.359

Sig. = .000, N = 1.359, Gamma = .619

Tabelle 77: Gesamtbewertung nach „War ein Arzt für Sie da, wenn Sie einen brauchten?"

		War ein Arzt für Sie da, wenn Sie einen brauchten?				Gesamt
		Ja, immer	Ja, meistens	Ja, selten	Nein, so gut wie nie	
Gesamtbewertung dichotom	Sehr gut	58,2 %	31,7 %	15,9 %	28,6 %	48,2 %
	Nicht sehr gut	41,8 %	68,3 %	84,1 %	71,4 %	51,8 %
Gesamt		813	353	63	14	1.243

Sig. = .000, N = 1.243, Gamma = .530

Tabelle 78: Gesamtbewertung nach „Haben Sie widersprüchliche Auskünfte erhalten?"

		Haben Sie widersprüchliche Auskünfte erhalten?			Gesamt
		Nein	Ja, manchmal	Ja, häufig	
Gesamtbewertung dichotom	Sehr gut	49,4 %	26,1 %	33,3 %	46,1 %
	Nicht sehr gut	50,6 %	73,9 %	66,7 %	53,9 %
Gesamt		1.072	161	24	1.257

Sig. = .000, N = 1.257, Gamma = .440

Tabelle 79: Gesamtbewertung nach Bewertung „Unterbringung" (umgedrehte Antwortskala)

		Bewertung „Unterbringung" in drei Kategorien			Gesamt
		Sehr gut	Gut	Mittelmäßig bis schlecht	
Gesamtbewertung dichotom	Sehr gut	55,9 %	40,9 %	33,8 %	45,8 %
	Nicht sehr gut	44,1 %	59,1 %	66,2 %	54,2 %
Gesamt		506	562	195	1.263

Sig. = .000, N = 1.263, Gamma = .291

Zusammenhang zwischen Faktoren, Arztpräsenz sowie widersprüchlichen Auskünften und erneuter Behandlung bei Bedarf

Tabelle 80: Erneute Behandlung nach Bewertung „Privatsphäre"

| | | Bewertung „Privatsphäre" in drei Kategorien | | | Gesamt |
		Sehr gut	Gut	Mittelmäßig bis schlecht	
Erneute	Auf jeden Fall	73,9 %	36,8 %	11,1 %	62,4 %
Behandlung	Nicht auf jeden Fall	26,1 %	63,2 %	88,9 %	37,6 %
Gesamt		927	361	27	1.315

Sig. = .000, N = 1.315, Gamma = .679

Tabelle 81: Erneute Behandlung nach Bewertung „Pflegepersonal"

| | | Bewertung „Pflegepersonal" in drei Kategorien | | | Gesamt |
		Sehr gut	Gut	Mittelmäßig bis schlecht	
Erneute	Auf jeden Fall	71,8 %	44,0 %	20,4 %	62,8 %
Behandlung	Nicht auf jeden Fall	28,2 %	56,0 %	79,6 %	37,2 %
Gesamt		968	343	54	1.365

Sig. = .000, N = 1.365, Gamma = .571

Tabelle 82: Erneute Behandlung nach Bewertung „Abläufe"

| | | Bewertung „Abläufe" in drei Kategorien | | | Gesamt |
		Sehr gut	Gut	Mittelmäßig bis schlecht	
Erneute	Auf jeden Fall	80,9 %	48,8 %	22,1 %	62,8 %
Behandlung	Nicht auf jeden Fall	19,1 %	51,2 %	77,9 %	37,2 %
Gesamt		653	539	104	1.296

Sig. = .000, N = 1.296, Gamma = .666

Tabelle 83: Erneute Behandlung nach Bewertung „Mahlzeiten"

| | | Bewertung „Mahlzeiten" in drei Kategorien | | | Gesamt |
		Sehr gut	Gut	Mittelmäßig bis schlecht	
Erneute	Auf jeden Fall	82,5 %	56,0 %	35,6 %	62,6 %
Behandlung	Nicht auf jeden Fall	17,5 %	44,0 %	64,4 %	37,4 %
Gesamt		441	684	160	1.285

Sig. = .000, N = 1.285, Gamma = .570

Tabelle 84: Erneute Behandlung nach Bewertung „Hygiene"

		Bewertung „Hygiene" in drei Kategorien			Gesamt
		Sehr gut	Gut	Mittelmäßig bis schlecht	
Erneute	Auf jeden Fall	75,5 %	56,0 %	35,2 %	62,6 %
Behandlung	Nicht auf jeden Fall	24,5 %	44,0 %	64,8 %	37,4 %
Gesamt		608	605	142	1.355

Sig. = .000, N = 1.355, Gamma = .466

Tabelle 85: Erneute Behandlung nach Bewertung „Information"

		Bewertung „Information" in drei Kategorien			Gesamt
		Sehr gut	Gut	Mittelmäßig bis schlecht	
Erneute	Auf jeden Fall	73,7 %	46,2 %	25,4 %	62,5 %
Behandlung	Nicht auf jeden Fall	26,3 %	53,8 %	74,6 %	37,5 %
Gesamt		814	411	67	1.292

Sig. = .000, N = 1.292, Gamma = .563

Tabelle 86: Erneute Behandlung nach Bewertung „Arzt"

		Bewertung „Arzt" in drei Kategorien			Gesamt
		Sehr gut	Gut	Mittelmäßig bis schlecht	
Erneute	Auf jeden Fall	72,3 %	43,9 %	26,2 %	63,0 %
Behandlung	Nicht auf jeden Fall	27,7 %	56,1 %	73,8 %	37,0 %
Gesamt		938	376	42	1.356

Sig. = .000, N = 1.356, Gamma = .557

Tabelle 87: Erneute Behandlung nach „War ein Arzt für Sie da, wenn Sie einen brauchten?"

		War ein Arzt für Sie da, wenn Sie einen brauchten?				Gesamt
		Ja, immer	Ja, meistens	Ja, selten	Nein, so gut wie nie	
Erneute	Auf jeden Fall	75,1 %	47,3 %	27,0 %	43,8 %	64,4 %
Behandlung	Nicht auf jeden Fall	24,9 %	52,7 %	73,0 %	56,3 %	35,6 %
Gesamt		812	351	63	16	1.242

Sig. = .000, N = 1.242, Gamma = .566

Tabelle 88: Erneute Behandlung nach „Haben Sie widersprüchliche Auskünfte erhalten?"

		Haben Sie widersprüchliche Auskünfte erhalten?			Gesamt
		Nein	Ja, manchmal	Ja, häufig	
Erneute	Auf jeden Fall	66,2 %	42,0 %	48,0 %	62,7 %
Behandlung	Nicht auf jeden Fall	33,8 %	58,0 %	52,0 %	37,3 %
Gesamt		1.070	162	25	1.257

Sig. = .000, N = 1.257, Gamma = .436

Tabelle 89: Erneute Behandlung nach Bewertung „Unterbringung" (umgedrehte Antwortskala)

		Bewertung „Unterbringung" in drei Kategorien			Gesamt
		Sehr gut	Gut	Mittelmäßig bis schlecht	
Erneute	Auf jeden Fall	69,4 %	57,8 %	49,7 %	61,2 %
Behandlung	Nicht auf jeden Fall	30,6 %	42,2 %	50,3 %	38,8 %
Gesamt		507	561	191	1.259

Sig. = .000, N = 1.259, Gamma = .258

Zusammenhang zwischen Faktoren, Arztpräsenz sowie widersprüchlichen Auskünften und Weiterempfehlungsbereitschaft

Tabelle 90: Weiterempfehlung nach Bewertung „Privatsphäre"

		Bewertung „Privatsphäre" in drei Kategorien			Gesamt
		Sehr gut	Gut	Mittelmäßig bis schlecht	
Weiter-	Auf jeden Fall	63,9 %	27,6 %	-	52,6 %
empfehlung	Keine uneingeschränkte Weiterempfehlung	36,1 %	72,4 %	100,0 %	47,4 %
Gesamt		922	359	27	1.308

Sig. = .000, N = 1.308, Gamma = .678

Tabelle 91: Weiterempfehlung nach Bewertung „Pflegepersonal"

		Bewertung „Pflegepersonal" in drei Kategorien			Gesamt
		Sehr gut	Gut	Mittelmäßig bis schlecht	
Weiter-empfehlung	Auf jeden Fall	61,8 %	32,5 %	9,8 %	52,5 %
	Keine uneinge-schränkte Wei-terempfehlung	38,2 %	67,5 %	90,2 %	47,5 %
Gesamt		965	338	51	1.354

Sig. = .000, N = 1.354, Gamma = .589

Tabelle 92: Weiterempfehlung nach Bewertung „Abläufe"

		Bewertung „Abläufe" in drei Kategorien			Gesamt
		Sehr gut	Gut	Mittelmäßig bis schlecht	
Weiter-empfehlung	Auf jeden Fall	72,2 %	36,1 %	15,7 %	52,7 %
	Keine uneinge-schränkte Wei-terempfehlung	27,8 %	63,9 %	84,3 %	47,3 %
Gesamt		648	535	102	1.285

Sig. = .000, N = 1.285, Gamma = .669

Tabelle 93: Weiterempfehlung nach Bewertung „Mahlzeiten"

		Bewertung „Mahlzeiten" in drei Kategorien			Gesamt
		Sehr gut	Gut	Mittelmäßig bis schlecht	
Weiter-empfehlung	Auf jeden Fall	76,3 %	42,6 %	26,3 %	52,1 %
	Keine uneinge-schränkte Wei-terempfehlung	23,7 %	57,4 %	73,7 %	47,9 %
Gesamt		435	685	156	1.276

Sig. = .000, N = 1.276, Gamma = .601

Tabelle 94: Weiterempfehlung nach Bewertung „Hygiene"

		Bewertung „Hygiene" in drei Kategorien			Gesamt
		Sehr gut	Gut	Mittelmäßig bis schlecht	
Weiter-empfehlung	Auf jeden Fall	68,8 %	42,7 %	23,6 %	52,5 %
	Keine uneinge-schränkte Wei-terempfehlung	31,3 %	57,3 %	76,4 %	47,5 %
Gesamt		608	599	140	1.347

Sig. = .000, N = 1.347, Gamma = .530

Tabelle 95: Weiterempfehlung nach Bewertung „Information"

		Bewertung „Information" in drei Kategorien			Gesamt
		Sehr gut	Gut	Mittelmäßig bis schlecht	
Weiter-empfehlung	Auf jeden Fall	63,4 %	34,3 %	18,5 %	51,9 %
	Keine uneinge-schränkte Wei-terempfehlung	36,6 %	65,7 %	81,5 %	48,1 %
Gesamt		809	408	65	1.282

Sig. = .000, N = 1.282, Gamma = .562

Tabelle 96: Weiterempfehlung nach Bewertung „Arzt"

		Bewertung „Arzt" in drei Kategorien			Gesamt
		Sehr gut	Gut	Mittelmäßig bis schlecht	
Weiter-empfehlung	Auf jeden Fall	61,7 %	33,3 %	14,6 %	52,5 %
	Keine uneinge-schränkte Wei-terempfehlung	38,3 %	66,7 %	85,4 %	47,5 %
Gesamt		933	372	41	1.346

Sig. = .000, N = 1.346, Gamma = .555

Tabelle 97: Weiterempfehlung nach „War ein Arzt für Sie da, wenn Sie einen brauchten?"

		War ein Arzt für Sie da, wenn Sie einen brauchten?				Gesamt
		Ja, immer	Ja, meistens	Ja, selten	Nein, so gut wie nie	
Weiter-empfehlung	Auf jeden Fall	63,4 %	37,1 %	23,0 %	26,7 %	53,5 %
	Keine uneinge-schränkte Wei-terempfehlung	36,6 %	62,9 %	77,0 %	73,3 %	46,5 %
Gesamt		803	350	61	15	1.229

Sig. = .000, N = 1.229, Gamma = .516

Tabelle 98: Weiterempfehlung nach „Haben Sie widersprüchliche Auskünfte erhalten?"

		Haben Sie widersprüchliche Auskünfte erhalten?			Gesamt
		Nein	Ja, manchmal	Ja, häufig	
Weiter-empfehlung	Auf jeden Fall	55,1 %	31,1 %	37,5 %	51,6 %
	Keine uneinge-schränkte Wei-terempfehlung	44,9 %	68,9 %	62,5 %	48,4 %
Gesamt		1.058	161	24	1.243

Sig. = .000, N = 1.243, Gamma = .438

Tabelle 99: Weiterempfehlung nach Bewertung „Unterbringung" (umgedrehte Antwortskala)

		Bewertung „Unterbringung" in drei Kategorien			Gesamt
		Sehr gut	Gut	Mittelmäßig bis schlecht	
Weiter-empfehlung	Auf jeden Fall	62,1 %	47,0 %	36,8 %	51,5 %
	Keine uneinge-schränkte Wei-terempfehlung	37,9 %	53,0 %	63,2 %	48,5 %
Gesamt		506	558	193	1.257

Sig. = .000, N = 1.257, Gamma = .315

Binäre logistische Regression zur erneuten Behandlung bei Bedarf

Vollständige Daten liegen von 937 der insgesamt 1.501 Befragten vor. Der Likelihood-Quotienten-Test weist einen Wert für Chi-Quadrat von 276,548 bei zehn Freiheitsgraden und ein Signifikanzniveau von 0,000 auf. In dem vorliegenden Modell können die unabhängigen Variablen nach Nagelkerkes R-Quadrat 34,7 Prozent der Gesamtvarianz erklären. Ohne Kenntnis der tatsächlichen Bewertungen könnten 61,7 Prozent der Bewertungen richtig eingeteilt werden, mit Hilfe der unabhängigen Variablen kann das Modell aber insgesamt 73,5 Prozent richtig zuordnen.

Tabelle 100: Klassifikationsmatrix der logistischen Regression zur erneuten Behandlung bei Bedarf

Beobachtet	Vorhergesagt		
	Auf jeden Fall	Nicht auf jeden Fall	Prozent richtig
Auf jeden Fall	485	93	83,9
Nicht auf jeden Fall	155	204	56,8
Prozent insgesamt	75,8	31,3	73,5

Tabelle 101: Parameterschätzer für erneute Behandlung bei Bedarf

Akzeptanz-faktoren	B	Standard-fehler	Wald	Sig.	e^b	95 % Konfidenz-intervall e^b	
						Unterer Wert	Oberer Wert
Konstante	-5,595	0,432	168,098	0,000	0,004		
Abläufe	0,752	0,153	24,184	0,000	2,121	1,572	2,862
Privatsphäre	0,658	0,181	13,237	0,000	1,931	1,355	2,753
Arztpräsenz (Frage 4)	0,577	0,141	16,615	0,000	1,780	1,349	2,348
Mahlzeiten	0,536	0,134	15,895	0,000	1,709	1,313	2,224
Hygiene	0,414	0,127	10,581	0,001	1,512	1,179	1,940
Pflegepersonal	0,318	0,168	3,579	0,059	1,375	0,989	1,912
Information	-0,109	0,171	0,403	0,525	0,897	0,641	1,255
Widersprüchliche Auskünfte (Frage 7)	0,097	0,193	0,251	0,617	1,102	0,754	1,609
Arzt	0,039	0,180	0,046	0,830	1,039	0,730	1,479
Unterbringung	0,012	0,108	0,012	0,914	1,012	0,818	1,251

Freiheitsgrad ist jeweils 1.

Binäre logistische Regression zur Weiterempfehlungsbereitschaft

Vollständige Daten liegen von 931 der insgesamt 1.501 Befragten vor. Der Likelihood-Quotienten-Test weist einen Wert für Chi-Quadrat von 282,852 bei zehn Freiheitsgraden und ein Signifikanzniveau von 0,000 auf. In dem vorliegenden Modell können die unabhängigen Variablen nach Nagelkerkes R-Quadrat 34,9 Prozent der Gesamtvarianz erklären. Ohne Kenntnis der tatsächlichen Bewertungen könnten 50,5 Prozent der Bewertungen richtig eingeteilt werden, mit Hilfe der unabhängigen Variablen kann das Modell aber insgesamt 70,6 Prozent richtig zuordnen.

Tabelle 102: Klassifikationsmatrix der logistischen Regression zur Weiterempfehlungsbereitschaft

Beobachtet	Vorhergesagt		
	Auf jeden Fall	Keine uneingeschränkte Weiterempfehlung	Prozent richtig
Auf jeden Fall	340	130	72,3
Keine uneingeschränkte Weiterempfehlung	144	317	68,8
Prozent insgesamt	70,2	29,1	70,6

Tabelle 103: Parameterschätzer für Weiterempfehlungsbereitschaft

Akzeptanzfaktoren	B	Standardfehler	Wald	Sig.	e^b	95 % Konfidenzintervall e^b	
						Unterer Wert	Oberer Wert
Konstante	-5,368	0,430	155,657	0,000	0,005		
Mahlzeiten	0,756	0,135	31,492	0,000	2,129	1,635	2,772
Abläufe	0,745	0,152	23,995	0,000	2,107	1,564	2,839
Hygiene	0,430	0,126	11,646	0,001	1,538	1,201	1,968
Privatsphäre	0,590	0,191	9,573	0,002	1,805	1,242	2,623
Arztpräsenz (Frage 4)	0,377	0,145	6,774	0,009	1,458	1,098	1,938
Pflegepersonal	0,240	0,179	1,812	0,178	1,272	0,896	1,805
Unterbringung	0,128	0,105	1,476	0,224	1,136	0,925	1,396
Widersprüchliche Auskünfte (Frage 7)	0,160	0,197	0,660	0,417	1,173	0,798	1,725
Arzt	0,115	0,185	0,387	0,534	1,122	0,780	1,613
Information	-0,057	0,173	0,109	0,741	0,944	0,673	1,326

Freiheitsgrad ist jeweils 1.

Literaturverzeichnis

ABDA-Bundesvereinigung Deutscher Apothekerverbände (Hrsg.) (2007): Non-Compliance kostet 10 Milliarden Euro. Apotheker verbessern Therapietreue, <http://www.abda.de/fileadmin/downloads/pm_pdf/Non-Compliance_kostet_10 _Milliarden-Euro.pdf>, Stand: 07.06.2007, Abruf: 04.07.2009.

Allerbeck, K. R. (1978): Meßniveau und Analyseverfahren – Das Problem „strittiger Intervallskalen", in: Zeitschrift für Soziologie, Jahrgang 7 (Heft 3), S. 199-214.

Anderson, E. W./Sullivan, M. W. (1993): The antecedents and consequences of customer satisfaction for firms, in: Marketing Science, Jahrgang 12 (Heft 2), S. 125-143.

Anderson, L. A./Dedrick, R. F. (1990): Development of the Trust in Physician Scale: A measure to assess interpersonal trust in patient-physician relationships, in: Psychological Reports, Jahrgang 67 (Heft Dezember), S. 1091-1100.

AQUA-Institut für angewandte Qualitätsförderung und Forschung im Gesundheitswesen GmbH (Hrsg.) (2008): Potenziale erkennen, Effizienz steigern! So erzielen Sie mit EPA Qualitätsverbesserungen in allen wesentlichen Praxisbereichen, <http://www.europaeisches-praxisassessment.de/ epa/upload/CONTENT/Download/epa_brosch_web_8.08.pdf>, Stand: August 2008, Abruf: 13.07.2009.

AQUA-Institut für angewandte Qualitätsförderung und Forschung im Gesundheitswesen GmbH (Hrsg.) (2009a): EUROPEP – Patientenbefragung in der Arztpraxis, <http://patientenbefragungen.aqua-institut.de/>, Stand: 2009, Abruf: 10.07.2009.

AQUA-Institut für angewandte Qualitätsförderung und Forschung im Gesundheitswesen GmbH (Hrsg.) (2009b): Qualitätsmanagement für Arztpraxen, <http://www.europaeisches-praxisassessment.de/>, Stand: 2009, Abruf: 04.08.2009.

Arbeitsgruppe Patientenbeteiligung und Patientenorientierung Freiburg (Hrsg.) (2009): Der Patient als Partner im medizinischen Entscheidungsprozess, <http://www.patient-als-partner.de/>, Stand: 11.06.2009, Abruf: 04.07.2009.

Arnold-Wörner, N./Holle, R./Rathmann, W. et al. (2008): The importance of specialist treatment, treatment satisfaction and diabetes education for the compliance of subjects with type 2 diabetes – Results from a population-based survey, in: Experimental and Clinical Endocrinology & Diabetes, Jahrgang 116 (Heft 2), S. 123-128.

Arnold, N. (2005): Compliance von Diabetikern – Eine Analyse von Einflussfaktoren anhand einer bevölkerungsbasierten Studie, <http://deposit.ddb.de/ cgi-bin/dokserv?idn=97908301x&dok_var=d1&dok_ext=pdf&filename=97908 301x.pdf>, Stand: 2005, Abruf: 04.07.2009.

Ärztliches Zentrum für Qualität in der Medizin (Hrsg.) (2008): Patienten-Information.de. Qualitätsgeprüfte Behandlungsinformationen für Patienten und Laien, <http://www.patienten-information.de/>, Stand: 26.07.2008, Abruf: 04.07.2009.

Aspinal, F./Addington-Hall, J./Hughes, R. et al. (2003): Using satisfaction to measure the quality of palliative care: A review of the literature, in: Journal of Advanced Nursing, Jahrgang 42 (Heft 4), S. 324-339.

Aust, B. (1994): Zufriedene Patienten? Eine kritische Diskussion von Zufriedenheitsuntersuchungen in der gesundheitlichen Versorgung, Berlin.

Baberg, H. T./Jäger, D./Bojara, W. et al. (2001): Erwartungen und Zufriedenheit von Patienten während eines stationären Krankenhausaufenthaltes, in: Das Gesundheitswesen, Jahrgang 63 (Heft 5), S. 297-301.

Backhaus, K./Erichson, B./Plinke, W. et al. (2003): Multivariate Analysemethoden. Eine anwendungsorientierte Einführung, Berlin u.a.

Balint, M. (1976): Der Arzt, sein Patient und die Krankheit, Stuttgart.

Bartlett, E. E./Grayson, M./Barker, R. et al. (1984): The effects of physician communications skills on patient satisfaction: Recall and adherence, in: Journal of Chronic Diseases, Jahrgang 37 (Heft 9-10), S. 755-764.

Bauch, J. (2000): Medizinsoziologie, München, Wien.

Bauer, A. W. (2004): Der Patient als Kunde, die Medizin als Ware und der Arzt als Unternehmer – Lösungsweg aus ökonomischen Zwängen oder ethische Horrorversion?, in: Journal für Anästhesie und Intensivbehandlung, Jahrgang 11 (Heft 1), S. 19-22.

Baumann, E. (2006): Auf der Suche nach der Zielgruppe – Das Informationsverhalten hinsichtlich Gesundheit und Krankheit als Grundlage erfolgreicher Gesundheitskommunikation, in: Böcken, J./Braun, B./Amhof, R. et al. (Hrsg.): Gesundheitsmonitor 2006: Gesundheitsversorgung und Gestaltungsoptionen aus der Perspektive von Bevölkerung und Ärzten, Gütersloh, S. 117-153.

Becker, H. (1984): Die Bedeutung der subjektiven Krankheitstheorie des Patienten für die Arzt-Patienten-Beziehung, in: Psychotherapie, Psychosomatik, Medizinische Psychologie, Jahrgang 34 (Heft 12), S. 313-321.

Berger, P. L./Luckmann, T. (1972): Die gesellschaftliche Konstruktion der Wirklichkeit. Eine Theorie der Wissenssoziologie, Frankfurt am Main.

Bernstein, B. (1972): Studien zur sprachlichen Sozialisation, Düsseldorf.

Bertelsmann Stiftung (Hrsg.) (2001): Gesundheitsmonitor Versicherten-Stichprobe, Welle 1, November/Dezember 2001, <http://www.bertelsmann-stiftung.de/ cps/rde/xbcr/SID-F3F9A794-0CBF2835/bst/VersicherteWelle1.pdf>, Stand: November/Dezember 2001, Abruf: 18.07.2009.

Bertelsmann Stiftung (Hrsg.) (2006): Gesundheitsmonitor Fragebogen Versicherte, Welle 10, März/April 2006, <http://www.bertelsmann-stiftung.de/cps/rde/xbcr/ SID-23096842-40BA3C1D/bst/Versicherte-Welle-10.pdf>, Stand: März/April 2006, Abruf: 04.07.2009.

Bertelsmann Stiftung (Hrsg.) (2007): Unser Gesundheitswesen braucht Qualitätstransparenz. Transparenz für Bürger, Transparenz für Ärzte, Politik für Transparenz, <http://www.bertelsmann-stiftung.de/cps/rde/xbcr/SID-26A32 E60-EFA15E3D/bst/xcms_bst_dms_21439_21440_2.pdf>, Stand: 2007, Abruf: 01.07.2009.

Beutin, N. (2008): Verfahren zur Messung der Kundenzufriedenheit im Überblick, in: Homburg, C. (Hrsg.): Kundenzufriedenheit. Konzepte – Methoden – Erfahrungen, Wiesbaden, S. 121-171.

Bieber, C. (2007): Mit dem Arzt auf gleicher Augenhöhe, in: Managed Care, Jahrgang 11 (Heft 2), S. 10-13.

Bitzer, E./Dierks, M.-L. (1999): Wie kann man Erwartungen und Zufriedenheit der Patienten im Qualitätsmanagement berücksichtigen?, in: Bundesministerium für Gesundheit (Hrsg.): Qualitätsmanagement in der Arztpraxis. Schriftenreihe des Bundesministeriums für Gesundheit, Band 117, Baden-Baden, S. 125-184.

Bitzer, E./Dierks, M.-L. (2001): Qualität und Transparenz, in: Dierks, M.-L./ Bitzer, E./Lerch, M. et al. (Hrsg.): Patientensouveränität: Der autonome Patient im Mittelpunkt. Arbeitsbericht der Akademie für Technikfolgenabschätzung in Baden-Württemberg, Nr. 195, Stuttgart, S. 148-178.

Bleich, S. N./Özaltin, E./Murray, C. J. L. (2009): How does satisfaction with the health-care system relate to patient experience?, in: Bulletin of the World Health Organization, Jahrgang 87 (Heft 4), S. 271-278.

Blum, K. (1995): Patientenbefragung als Instrument zur Qualitätssicherung beim ambulanten Operieren im Krankenhaus. Theoretische Grundlagen und empirische Ergebnisse, Düsseldorf.

Blum, K. (1997): Patientenorientierte Qualitätssicherung – Patientenbefragungen als Beitrag zum Total Quality Management im Gesundheitswesen, in: Sozialer Fortschritt, Jahrgang 46 (Heft 9-10), S. 231-237.

Blum, K./Satzinger, W./Buck, R. (2001): Patientenbefragungen und Qualitätsmanagement. Eine Einführung in die Thematik, in: Satzinger, W./ Trojan, A./Kellermann-Mühlhoff, P. (Hrsg.): Patientenbefragungen in Krankenhäusern. Konzepte, Methoden, Erfahrungen, Sankt Augustin, S. 25-39.

Bochmann, F./Petermann, F. (1989): Compliance bei medikamentösen Therapieformen unter besonderer Berücksichtigung von Vertrauensaspekten, in: Zeitschrift für Klinische Psychologie, Psychopathologie und Psychotherapie, Jahrgang 37 (Heft 2), S. 162-175.

Bohle, F.-J. (2002): Die neue Rolle des Patienten im Kommunikations- und Informationszeitalter, in: Herz, Jahrgang 27 (Heft 2), S. 193-196.

Bohn, C./Hahn, A. (2000): Michel Foucault: Surveiller et punir, in: Kaesler, D./ Vogt, L. (Hrsg.): Hauptwerke der Soziologie, Stuttgart, S. 123-127.

Bolton, R. N./Drew, J. H. (1991): A multistage model of customers' assessments of service quality and value, in: Journal of Consumer Research, Jahrgang 17 (Heft 4), S. 375-384.

Boulding, W./Kalra, A./Staelin, R. et al. (1993): A dynamic process model of service quality: From expectations to behavioral intentions, in: Journal of Marketing Research, Jahrgang 30 (Heft 1), S. 7-27.

Bourdieu, P. (1983): Ökonomisches Kapital, kulturelles Kapital, soziales Kapital, in: Kreckel, R. (Hrsg.): Soziale Ungleichheiten, Göttingen, S. 183-198.

Braun, H. (1994): Gesundheitssysteme und Sozialstaat, in: Schwenkmezger, P./ Schmidt, L. R. (Hrsg.): Lehrbuch der Gesundheitspsychologie, Stuttgart, S. 247-262.

Braun, H. (2008): Vertrauen als Ressource und als Problem, in: Die Neue Ordnung, Jahrgang 62 (Heft 4), S. 252-261.

Braun, H. (2009): Die Vielfalt der Sicherheiten und die Hartnäckigkeit der Unsicherheit, in: Die Neue Ordnung, Jahrgang 63 (Heft 1), S. 12-22.

Brechtel, T. (2004): Elektronische Gesundheitsinformationen, oder: Wofür nutzen Versicherte das Internet? Gesundheitsmonitor, Newsletter der Bertelsmann Stiftung, September 2004, <http://www.bertelsmann-stiftung.de/cps/rde/ xbcr/SID-0A000F14-F3B10074/bst/Gesundheitsmonitor_Sep04_4.pdf>, Stand: September 2004, Abruf: 04.07.2009.

Brennan, P. F. (1995): Patient satisfaction and normative decision theory, in: Journal of the American Medical Informatics Association, Jahrgang 2 (Heft 4), S. 250-259.

Breyer, F./Zweifel, P./Kifmann, M. (2005): Gesundheitsökonomik, Berlin u.a.

Bruggemann, A. (1974): Zur Unterscheidung verschiedener Formen von „Arbeitszufriedenheit", in: Arbeit und Leistung, Jahrgang 28 (Heft 11), S. 281-284.

Bruhn, M. (1995): Qualitätssicherung im Dienstleistungsmarketing – eine Einführung in die theoretischen und praktischen Probleme, in: Bruhn, M./Stauss, B. (Hrsg.): Dienstleistungsqualität. Konzepte – Methoden – Erfahrungen, Wiesbaden, S. 19-46.

Bruhn, M. (2006): Qualitätsmanagement für Dienstleistungen. Grundlagen – Konzepte – Methoden, Berlin u.a.

Bruster, S./Jarman, B./Bosanquet, N. et al. (1994): National survey of hospital patients, in: British Medical Journal, Jahrgang 309 (Heft 10), S. 1542-1546.

Bühl, A. (2006): SPSS 14. Einführung in die moderne Datenanalyse, München u.a.

Bühler, K. (1934): Sprachtheorie: Die Darstellungsfunktion der Sprache, Jena.

Bundesärztekammer (Hrsg.) (2006): (Muster-)Berufsordnung für die deutschen Ärztinnen und Ärzte, <http://www.bundesaerztekammer.de/downloads/MBO Stand20061124.pdf>, Stand: 24.11.2006, Abruf: 05.07.2009.

Bundesärztekammer (Hrsg.) (2008): Bedeutung der Prävention, <http://www.bundes aerztekammer.de/page.asp?his=1.117&all=true>, Stand: 11.09.2008, Abruf: 11.07.2009.

Bundesärztekammer (Hrsg.) (2009): Statistische Erhebung der Gutachterkommissionen und Schlichtungsstellen für das Statistikjahr 2008, <http://www.bundes aerztekammer.de/downloads/Statistische_Erhebung_2008_edg.pdf>, Stand: 2009, Abruf: 13.08.2009.

Bundesgeschäftsstelle Qualitätssicherung gGmbH (Hrsg.) (2009): Die BQS, <http://www.bqs-online.com/>, Stand: 01.07.2009, Abruf: 05.07.2009.

Bundesministerium für Gesundheit (Hrsg.) (2006): Sicherung der Qualität im Gesundheitswesen, <http://www.bmg.bund.de/cln_160/nn_1168304/SharedDocs/ Publikationen/DE/Gesundheit/g-407,templateId=raw,property=publicationFile .pdf/g-407.pdf>, Stand: Januar 2006, Abruf: 05.07.2009.

Bundesministerium für Gesundheit und Bundesministerium der Justiz (Hrsg.) **(2007):** Patientenrechte in Deutschland: Leitfaden für Patientinnen/Patienten und Ärztinnen/Ärzte, <http://www.bmj.de/media/archive/3015.pdf#search= %22patientenrechte%20in%20deutschland%22>, Stand: September 2007, Abruf: 05.07.2009.

Butzlaff, M./Floer, B./Isfort, J. (2003): „Shared decision making": Der Patient im Mittelpunkt von Gesundheitswesen und Praxisalltag?, in: Böcken, J./ Braun, B./Schnee, M. (Hrsg.): Gesundheitsmonitor 2003: Die ambulante Versorgung aus Sicht von Bevölkerung und Ärzteschaft, Gütersloh, S. 41-55.

Calnan, M. W. (1998): The patient's perspective, in: International Journal of Technology Assessment in Health Care, Jahrgang 14 (Heft 1), S. 24-34.

Caster, A. (2004): Qualität in der stationären Altenpflege: Die Bedeutung der Zertifizierung, Hamburg.

Charles, C./Gafni, A./Whelan, T. (1997): Shared decision-making in the medical encounter: What does it mean? (Or it takes at least two to tango), in: Social Science & Medicine, Jahrgang 44 (Heft 5), S. 681-692.

Charles, C./Gafni, A./Whelan, T. (1999): Decision-making in the physician-patient encounter: Revisiting the shared treatment decision-making model, in: Social Science & Medicine, Jahrgang 49 (Heft 5), S. 651-661.

Charles, C./Gauld, M./Chambers, L. et al. (1994): How was your hospital stay? Patients' reports about their care in Canadian hospitals, in: Canadian Medical Association Journal, Jahrgang 150 (Heft 11), S. 1813-1822.

Churchill, G. A./Suprenant, C. (1982): An investigation into the determinants of customer satisfaction, in: Journal of Marketing Research, Jahrgang 19 (Heft 4), S. 491-504.

Clark, N. M./Gong, M./Schork, M. A. et al. (1998): Impact of education for physicians on patient outcomes, in: Pediatrics, Jahrgang 101 (Heft 5), S. 831-836.

Cleary, P. D. (1998): Satisfaction may not suffice! A commentary on 'A patient's perspective', in: International Journal of Technology Assessment in Health Care, Jahrgang 14 (Heft 1), S. 35-37.

Cleary, P. D./Edgman-Levitan, S./Roberts, M. et al. (1991): Patients evaluate their hospital care: A national survey, in: Health Affairs, Jahrgang 10 (Heft 4), S. 254-267.

Cleary, P. D./Edgman-Levitan, S./Walker, J. D. et al. (1993): Using patient reports to improve medical care: A preliminary report from 10 hospitals, in: Quality Management in Health Care, Jahrgang 2 (Heft 1), S. 31-38.

Coleman, J. S. (1988): Social capital in the creation of human capital, in: American Journal of Sociology, Jahrgang 94 (Heft S1), S. S95-S120.

Coleman, J. S. (1990): Foundations of social theory, Cambridge u.a.

Corsten, H./Gössinger, R. (2007): Dienstleistungsmanagement, München, Wien.

Darby, M. R./Karni, E. (1973): Free competition and the optimal amount of fraud, in: Journal of Law and Economics, Jahrgang 16 (Heft 1), S. 67-88.

Dawn, A. G./Lee, P. P. (2004): Patient expectations for medical and surgical care: A review of the literature and applications to ophthalmology, in: Survey of Ophthalmology, Jahrgang 49 (Heft 5), S. 513-524.

Dawn, A. G./McGwin, G./Lee, P. P. (2005): Patient expectations regarding eye care: Development and results of the Eye Care Expectations Survey (ECES), in: Archives of Ophthalmology, Jahrgang 123 (Heft 4), S. 534-541.

Deber, R. B./Kraetschmer, N./Urowitz, S. et al. (2005): Patient, consumer, client, or customer? What do people want to be called?, in: Health Expectations, Jahrgang 8 (Heft 4), S. 345-351.

Deutscher Bundestag (Hrsg.) (1999): Gesetzesentwurf der Fraktionen SPD und BÜNDNIS 90/DIE GRÜNEN. Entwurf eines Gesetzes zur Reform der gesetzlichen Krankenversicherung ab dem Jahr 2000 (GKV-Gesundheitsreform 2000), Drucksache 14/1245, <http://dip.bundestag.de/btd/14/012/1401245.pdf>, Stand: 23.06.1999, Abruf: 05.07.2009.

Diehl, J. M./Kohr, H. U. (1987): Deskriptive Statistik, Eschborn.

Diel, F./Gibis, B. (Hrsg.) (2005): Qualitätsziel-Katalog kompakt: Qualität und Entwicklung in Praxen, Köln.

Dierks, M.-L. (2005): Patienten, Kunden, Partner! Wer blickt da noch durch?, in: Helmert, U./Schumann, H./Jansen-Bitter, H. (Hrsg.): Souveräne Patienten? Die Wiederentdeckung des Patienten im 21. Jahrhundert, Augsburg, S. 11-34.

Dierks, M.-L./Bitzer, E./Schwartz, F. W. et al. (1994): Focus-group-discussions – Eine Methode zur Erhebung von Qualitätskriterien in der hausärztlichen Versorgung aus der Perspektive der Patienten, in: Zeitschrift für Allgemeinmedizin, Jahrgang 70 (Heft 22), S. 921-924.

Dierks, M.-L./Schwartz, F. W. (2001a): Nutzer und Kontrolleure von Gesundheitsinformationen, in: Hurrelmann, K./Leppin, A. (Hrsg.): Moderne Gesundheitskommunikation: vom Aufklärungsgespräch zur E-Health, Bern u.a., S. 290-306.

Dierks, M.-L./Schwartz, F. W. (2001b): Rollenveränderungen durch New Public Health: Vom Patienten zum Konsumenten und Bewerter von Gesundheitsdienstleistungen, in: Bundesgesundheitsblatt - Gesundheitsforschung - Gesundheitsschutz, Jahrgang 44 (Heft 8), S. 796-803.

Dierks, M.-L./Schwartz, F. W. (2003): Patienten, Versicherte, Bürger – die Nutzer des Gesundheitswesens, in: Schwartz, F. W./Badura, B./Busse, R. et al. (Hrsg.): Das Public Health Buch: Gesundheit und Gesundheitswesen, München, Jena, S. 314-321.

Dierks, M.-L./Schwartz, F. W./Walter, U. (2000): Patienten als Kunden: Informationsbedarf und Qualität von Patienteninformationen aus Sicht der Public Health-Forschung, in: Jazbinsek, D. (Hrsg.): Gesundheitskommunikation, Wiesbaden, S. 150-163.

Dierks, M.-L./Seidel, G. (2005): Surveys im Gesundheitswesen – wie ergänzen sich quantitative und qualitative Befragungsmethoden? Erfahrungen aus dem deutschen Teil der Studie „The future patient", in: Streich, W./ Braun, B./Helmert, U. (Hrsg.): Surveys im Gesundheitswesen – Entwicklungen und Perspektiven in der Versorgungsforschung und Politikberatung, Sankt Augustin, S. 103-113.

Dierks, M.-L./Siebeneick, S./Röseler, S. (2001): Patienten, Versicherte, Kunden – eine neue Definition des Patienten?, in: Dierks, M.-L./Bitzer, E./Lerch, M. et al. (Hrsg.): Patientensouveränität: Der autonome Patient im Mittelpunkt. Arbeitsbericht der Akademie für Technikfolgenabschätzung in Baden-Württemberg, Nr. 195, Stuttgart, S. 4-26.

DiMatteo, M. R. (2004): Variations in patients' adherence to medical recommendations: A quantitative review of 50 years of research, in: Medical Care, Jahrgang 42 (Heft 3), S. 200-209.

DIN Deutsches Institut für Normung e. V. (Hrsg.) (2005): Qualitätsmanagement, Statistik, Umweltmanagement: Anwendungshilfen und Normensammlungen, Teil B/C (Autor K. Graebig), Grundwerk von 1998, Berlin u.a.

Distefano, M. K./Pryer, M. W./Garrison, J. L. (1981): Clients' satisfaction and interpersonal trust among hospitalized psychiatric patients, in: Psychological Reports, Jahrgang 49 (Heft 2), S. 420-422.

Dokumentation zum 112. Deutschen Ärztetag (2009): Entschließungen zum Tagesordnungspunkt II: Patientenrechte in Zeiten der Rationierung, in: Deutsches Ärzteblatt, Jahrgang 106 (Heft 22), S. C928-C929.

Donabedian, A. (1980): The definition of quality and approaches to its assessment, Ann Arbor.

Donabedian, A. (2005): Evaluating the quality of medical care. Reprinted from The Milbank Memorial Fund Quarterly 1966, Jahrgang 44 (Heft 3), in: The Milbank Quarterly, Jahrgang 83 (Heft 4), S. 691-729.

Dullinger, F. (2001): Compliance-abhängige Dienstleistungen. Konzeption und Anwendung am Beispiel der Gesundheitsleistungen, München.

Dür, W./Grossmann, W./Schmied, H. (2000): Patientenzufriedenheit und Patientenerwartung im Krankenhaus. Statistische Analyse als Hilfsmittel im Benchmarking, in: Bullinger, M./Siegrist, J./Ravens-Sieberer, U. (Hrsg.): Lebensqualitätsforschung aus medizinpsychologischer und -soziologischer Perspektive, Göttingen u.a., S. 222-243.

Elias, N. (1997): Über den Prozeß der Zivilisation. Soziogenetische und psychogenetische Untersuchungen, Band 2, Frankfurt am Main.

Elwyn, G./Edwards, A./Gwyn, R. et al. (1999): Towards a feasible model for shared decision making: Focus group study with general practice registrars, in: British Medical Journal, Jahrgang 319 (Heft 7212), S. 753-756.

Epstein, K. R./Laine, C./Farber, N. J. et al. (1996): Patients' perceptions of office medical practice: Judging quality through the patients' eyes, in: American Journal of Medical Quality, Jahrgang 11 (Heft 2), S. 73-80.

Ernst, J./Holze, S./Sonnefeld, C. et al. (2007): Medizinische Entscheidungsfindung im Krankenhaus – Ergebnisse einer explorativen Studie zum Stellenwert des shared decision making aus Sicht der Ärzte, in: Das Gesundheitswesen, Jahrgang 69 (Heft 4), S. 206-215.

Erzberger, C./Derivaux, J. C./Ruhstrat, E.-U. (1989): Der zufriedene Patient? Die auffallend positive Bewertung von Krankenhausleistungen durch die Patienten. Ein Erklärungsversuch aus sozialpsychologischer Sicht, in: Medizin, Mensch und Gesellschaft, Jahrgang 14 (Heft 2), S. 140-145.

European Foundation for Quality Management (Hrsg.) (2003a): Das EFQM-Modell für Excellence, Brüssel.

European Foundation for Quality Management (Hrsg.) (2003b): Excellence einführen, Brüssel.

Faller, H./Lang, H. (2006): Medizinische Psychologie und Soziologie, Heidelberg.

Ferber, L. von (2000): Arzneimittelverordnungen: Patienten erwarten nicht immer ein Rezept, in: Deutsches Ärzteblatt, Jahrgang 97 (Heft 26), S. A1794/B1518/ C1416.

Festinger, L. (1978): Theorie der kognitiven Dissonanz (herausgegeben von M. Irle und V. Möntmann), Bern u.a.

Forschungsgruppe Metrik (Hrsg.) (2009): Forschungsgruppe Metrik, <http://www.metrik.org/>, Stand: 2009, Abruf: 05.07.2009.

Foucault, M. (1973): Die Geburt der Klinik. Eine Archäologie des ärztlichen Blicks, München.

Foucault, M. (1976): Überwachen und Strafen. Die Geburt des Gefängnisses, Frankfurt am Main.

Frank, M. (2005): Qualitätsmanagement in der Arztpraxis – erfolgreich umgesetzt, Stuttgart.

Freise, D. C. (2003): Teilnahme und Methodik bei Patientenbefragungen, Sankt Augustin.

Freter, H./Glasmacher, C. (1996): Messung der Patientenzufriedenheit im Krankenhaus, in: f&w-führen und wirtschaften im Krankenhaus, Jahrgang 13 (Heft 5), S. 436-441.

Frey, D. (1978): Die Theorie der kognitiven Dissonanz, in: Frey, D. (Hrsg.): Kognitive Theorien der Sozialpsychologie, Bern u.a., S. 243-292.

Frosch, D. L./Kaplan, R. M. (1999): Shared decision making in clinical medicine: Past research and future directions, in: American Journal of Preventive Medicine, Jahrgang 17 (Heft 4), S. 285-294.

Funnell, M. M./Anderson, R. M. (2000): The problem with compliance in diabetes, in: JAMA: The Journal of the American Medical Association, Jahrgang 284 (Heft 13), S. 1709.

Geisler, L. (1992): Arzt und Patient – Begegnung im Gespräch. Wirklichkeit und Wege, Frankfurt am Main.

GEK-Gmünder Ersatzkasse (Hrsg.) (2008): GEK-Report ambulant-ärztliche Versorgung 2008. Schriftenreihe zur Gesundheitsanalyse, Band 67, <https:// www.gek.de/x-medien/dateien/magazine/GEK-Report-Ambulant-Aerztliche-Ve rsorgung-2008.pdf>, Stand: Dezember 2008, Abruf: 05.07.2009.

Gemeinsamer Bundesausschuss (Hrsg.) (2004): Vereinbarung gemäß § 137 Abs. 1 Satz 3 Nr. 1 SGB V über die grundsätzlichen Anforderungen an ein einrichtungsinternes Qualitätsmanagement für nach § 108 SGB V zugelassene Krankenhäuser, <http://www.g-ba.de/downloads/62-492-14/2004-08-17-Ver einbarung-QM.pdf>, Stand: 17.08.2004, Abruf: 05.07.2009.

Gemeinsamer Bundesausschuss (Hrsg.) (2005): Richtlinie des Gemeinsamen Bundesausschusses über grundsätzliche Anforderungen an ein einrichtungs-internes Qualitätsmanagement für die an der vertragsärztlichen Versorgung teilnehmenden Ärzte, Psychotherapeuten und medizinischen Versorgungszen-tren (Qualitätsmanagement-Richtlinie vertragsärztliche Versorgung), <http://www.g-ba.de/downloads/62-492-3/RL_QM-Vertragsarzt-2005-10-18.pdf>, Stand: 18.10.2005, Abruf: 05.07.2009.

Gemeinsamer Bundesausschuss (Hrsg.) (2007): Die gesetzlichen Qualitätsberichte der Krankenhäuser lesen und verstehen, <http://www.g-ba.de/downloads/ 17-98-2505/2007-12-20-Lesehilfe-QB.pdf>, Stand: Dezember 2007, Abruf: 01.07.2009.

Gemeinsamer Bundesausschuss (Hrsg.) (2008): Der Gemeinsame Bundesausschuss stellt sich vor, <http://www.g-ba.de/downloads/17-98-2491/2008-08-30-Falt blatt-G-BA_neu.pdf>, Stand: August 2008, Abruf: 08.08.2009.

Gemeinsamer Bundesausschuss (Hrsg.) (2009a): Anlage 1 zu den Regelungen des Gemeinsamen Bundesausschusses gemäß § 137 Abs. 3 Satz 1 Nr. 4 SGB V über Inhalt, Umfang und Datenformat eines strukturierten Qualitätsberichts für nach § 108 SGB V zugelassene Krankenhäuser (Regelungen zum Qualitäts-bericht der Krankenhäuser, Qb-R), <http://www.g-ba.de/downloads/83-691-13/ Vb-Qualit%C3%A4tsbericht-Anl1-2009-03-19.pdf>, Stand: 19.03.2009, Abruf: 13.09.2009.

Gemeinsamer Bundesausschuss (Hrsg.) (2009b): Regelungen des Gemeinsamen Bundesausschusses gemäß § 137 Abs. 3 Satz 1 Nr. 4 SGB V über Inhalt, Umfang und Datenformat eines strukturierten Qualitätsberichts für nach § 108 SGB V zugelassene Krankenhäuser (Regelungen zum Qualitätsbericht der Krankenhäuser, Qb-R), <http://www.g-ba.de/downloads/62-492-342/Regelung-Qb-Neufassung_2009-03-19.pdf>, Stand: 19.03.2009, Abruf: 07.08.2009.

Gemeinsamer Bundesausschuss (Hrsg.) (2009c): Vereinbarung des Gemeinsamen Bundesausschusses gemäß § 137 Abs. 1 SGB V i. V. m. § 135a SGB V über Maßnahmen der Qualitätssicherung für nach § 108 SGB V zugelassene Krankenhäuser (Vereinbarung zur Qualitätssicherung), <http://www.g-ba.de/ downloads/62-492-317/Vb-QS-Kh_2009-02-19.pdf>, Stand: 19.02.2009, Abruf: 01.07.2009.

Gerhardt, U. (1991): Gesellschaft und Gesundheit. Begründung der Medizinsoziologie, Frankfurt am Main.

Gerst, T. (2008): Das Bild des Arztes im 21. Jahrhundert. Selbstfindung unter veränderten Rahmenbedingungen, in: Deutsches Ärzteblatt, Jahrgang 105 (Heft 44), S. C1935-C1936.

Gerteis, M./Edgman-Levitan, S./Daley, J. et al. (Hrsg.) (1993): Through the patient's eyes. Understanding and promoting patient-centered care, San Francisco.

Goffman, E. (1972): Asyle. Über die soziale Situation psychiatrischer Patienten und anderer Insassen, Frankfurt am Main.

Grol, R./Wensing, M. (2000): Patients evaluate general/family practice: The EUROPEP instrument, <http://www.swisspep.ch/fileadmin/user_upload/de/ PDF/EUROPEP/europep.pdf>, Stand: 2000, Abruf: 05.07.2009.

Grol, R./Wensing, M./Mainz, J. et al. (1999): Patients' priorities with respect to general practice care: An international comparison, in: Family Practice, Jahrgang 16 (Heft 1), S. 4-11.

Grönroos, C. (1984): A service quality model and its marketing implications, in: European Journal of Marketing, Jahrgang 18 (Heft 4), S. 36-44.

Güntert, B. J. (2000): Patientenvertretung in Deutschland – Eine kritische Analyse aus ökonomischer Sicht, in: Badura, B./Schellschmidt, H. (Hrsg.): Bürgerbeteiligung im Gesundheitswesen – Eine länderübergreifende Herausforderung, Köln, S. 167-180.

Güther, B. (2006): Gesundheitsmonitor – Stichprobe und Erhebungsmethode sowie Qualitätsaspekte der Ergebnisse, in: Böcken, J./Braun, B./Amhof, R. et al. (Hrsg.): Gesundheitsmonitor 2006: Gesundheitsversorgung und Gestaltungsoptionen aus der Perspektive von Bevölkerung und Ärzten, Gütersloh, S. 309-322.

Haddad, S./Potvin, L./Roberge, D. et al. (2000): Patient perception of quality following a visit to a doctor in a primary care unit, in: Family Practice, Jahrgang 17 (Heft 1), S. 21-29.

Hahn, A. (1989): Das andere Ich. Selbstthematisierung bei Proust, in: Kapp, V. (Hrsg.): Marcel Proust: Geschmack und Neigung, Tübingen, S. 127-141.

Hahn, A. (2005): Der Sieg der Prognose über die Prophezeiung: Savoir pour prévoir, in: Hempfer, K. W./Traninger, A. (Hrsg.): Macht Wissen Wahrheit, Freiburg im Breisgau, Berlin, S. 123-140.

Hall, J. A./Dornan, M. C. (1990): Patient sociodemographic characteristics as predictors of satisfaction with medical care: A meta-analysis, in: Social Science & Medicine, Jahrgang 30 (Heft 7), S. 811-818.

Haller, S. (1998): Beurteilung von Dienstleistungsqualität: Dynamische Betrachtung des Qualitätsurteils im Weiterbildungsbereich, Wiesbaden.

Haller, S. (2005): Dienstleistungsmanagement. Grundlagen – Konzepte – Instrumente, Wiesbaden.

Hamann, J./Cohen, G./Leucht, S. et al. (2005): Do patients with schizophrenia wish to be involved in decisions about their medical treatment?, in: American Journal of Psychiatry, Jahrgang 162 (Heft 12), S. 2382-2384.

Hargraves, J. L./Wilson, I. B./Zaslavsky, A. et al. (2001): Adjusting for patient characteristics when analyzing reports from patients about hospital care, in: Medical Care, Jahrgang 39 (Heft 6), S. 635-641.

Harrington, J./Noble, L. M./Newman, S. P. (2004): Improving patients' communication with doctors: A systematic review of intervention studies, in: Patient Education and Counseling, Jahrgang 52 (Heft 1), S. 7-16.

Heinz, A. (2009): Koordination und Kommunikation im Gesundheitswesen: Kosten, Nutzen und Akzeptanz der elektronischen Gesundheitskarte, Marburg.

Hensen, P. (2007): Die Bedeutung von Patientenbefragungen für das Qualitätsmanagement, in: Journal der Deutschen Dermatologischen Gesellschaft, Jahrgang 5 (Heft 7), S. 549-554.

Hentschel, B. (1992): Dienstleistungsqualität aus Kundensicht: Vom merkmals- zum ereignisorientierten Ansatz, Wiesbaden.

Heuer, H. O./Heuer, S. (1999a): Definition von Compliance und Formen der Non-Compliance, in: Heuer, H. O./Heuer, S. H./Lennecke, K. (Hrsg.): Compliance in der Arzneitherapie. Von der Non-Compliance zu pharmazeutischer und medizinischer Kooperation, Stuttgart, S. 5-20.

Heuer, H. O./Heuer, S. (1999b): Ursachen der Non-Compliance, in: Heuer, H. O./ Heuer, S. H./Lennecke, K. (Hrsg.): Compliance in der Arzneitherapie. Von der Non-Compliance zu pharmazeutischer und medizinischer Kooperation, Stuttgart, S. 53-75.

Hibbeler, B. (2008): Alles Simulanten!, in: Deutsches Ärzteblatt, Jahrgang 105 (Heft 17), S. A875-A877.

Hildebrandt, H./Nickel, S./Trojan, A. (1999): Planung, Methodik und Durchführung der DAK-Patientenbefragung, in: Schupeta, E./Hildebrandt, H. (Hrsg.): Patientenzufriedenheit messen und steigern: Was Krankenhäuser von Patienten lernen können. Erfahrungen und Folgerungen aus einem Vergleich von 45 Krankenhäusern durch Versicherte der DAK, Sankt Augustin, S. 56-81.

Hildebrandt, H./Sturm, H. et al. (1999): Wie antworteten die Hamburger DAK-Patienten auf die Fragen?, in: Schupeta, E./Hildebrandt, H. (Hrsg.): Patientenzufriedenheit messen und steigern: Was Krankenhäuser von Patienten lernen können. Erfahrungen und Folgerungen aus einem Vergleich von 45 Krankenhäusern durch Versicherte der DAK, Sankt Augustin, S. 82-137.

Hilke, W. (1989): Grundprobleme und Entwicklungstendenzen des Dienstleistungs-Marketing, in: Hilke, W. (Hrsg.): Dienstleistungs-Marketing: Banken und Versicherungen – Freie Berufe – Handel und Transport – Nicht-erwerbs-wirtschaftlich orientierte Organisationen, Wiesbaden, S. 5-44.

Hirschman, A. O. (1974): Abwanderung und Widerspruch: Reaktionen auf Leis-tungsabfall bei Unternehmungen, Organisationen und Staaten, Tübingen.

Hirsh, A. T./Atchison, J. W./Berger, J. J. et al. (2005): Patient satisfaction with treatment for chronic pain: Predictors and relationship to compliance, in: The Clinical Journal of Pain, Jahrgang 21 (Heft 4), S. 302-310.

Holtz, R. Freiherr vom (2000): Der Zusammenhang zwischen Mitarbeiter-zufriedenheit und Kundenzufriedenheit, München.

Homburg, C./Klarmann, M. (2008): Die indirekte Wichtigkeitsbestimmung im Rahmen von Kundenzufriedenheitsuntersuchungen: Probleme und Lösungs-ansätze, in: Homburg, C. (Hrsg.): Kundenzufriedenheit. Konzepte – Methoden – Erfahrungen, Wiesbaden, S. 203-239.

Homburg, C./Stock-Homburg, R. (2008): Theoretische Perspektiven zur Kundenzu-friedenheit, in: Homburg, C. (Hrsg.): Kundenzufriedenheit. Konzepte – Metho-den – Erfahrungen, Wiesbaden, S. 17-51.

Homburg, C./Werner, H. (1996): Ein Meßsystem für Kundenzufriedenheit, in: Absatzwirtschaft, Jahrgang 39 (Heft 11), S. 92-100.

Homburg, C./Werner, H. (1998): Kundenorientierung mit System. Mit Customer Orientation Management zu profitablem Wachstum, Frankfurt am Main, New York.

Hopp, F.-P. (2000): Qualitätscontrolling im Krankenhaus. Die Gewinnung von Quali-tätsindikatoren durch Befragungen zur Patientenzufriedenheit, Bayreuth.

Horch, K./Wirz, J. (2005): Nutzung von Gesundheitsinformationen, in: Bundes-gesundheitsblatt - Gesundheitsforschung - Gesundheitsschutz, Jahrgang 48 (Heft 11), S. 1250-1255.

Hovland, C. I./Harvey, O. J./Sherif, M. (1957): Assimilation and contrast effects in reactions to communication and attitude change, in: Journal of Abnormal and Social Psychology, Jahrgang 55 (Heft 2), S. 244-252.

Hoyer, W. D./MacInnis, D. J. (2004): Consumer behavior, Boston, New York.

Hribek, G. (1999): Messung der Patientenzufriedenheit mit stationärer Versorgung: Entwicklung multiattributiver Meßinstrumente für Krankenhäuser und Rehabilitationseinrichtungen, Hamburg.

Imai, M. (2001): Kaizen: Der Schlüssel zum Erfolg im Wettbewerb, München.

Initiativgruppe Früherkennung diabetischer Augenerkrankungen und Arbeitsgemeinschaft „Diabetes und Auge" der Deutschen Diabetes Gesellschaft (Hrsg.) (2008): Die Komplikationen des Diabetes mellitus, <http://www.diabetes-auge.de/docs/content.php?lang_id=1>, Stand: 2008, Abruf: 19.07.2009.

Institut für Epidemiologie, Sozialmedizin und Gesundheitssystemforschung, Medizinische Hochschule Hannover/Ärztliche Zentralstelle Qualitätssicherung (Hrsg.) (2009): Kurzübersicht über die DISCERN-Kriterien, <http://www.discern.de/kurz.htm>, Stand: 06.06.2009, Abruf: 04.07.2009.

Institut für Qualität und Wirtschaftlichkeit im Gesundheitswesen (Hrsg.) (2008): Allgemeine Methoden, <http://www.iqwig.de/download/IQWiG_Methoden_Version_3_0.pdf>, Stand: 27.05.2008, Abruf: 06.07.2009.

Isfort, J./Floer, B./Butzlaff, M. (2004): „Shared Decision Making" – partizipative Entscheidungsfindung auf dem Weg in die Praxis, in: Böcken, J./ Braun, B./Schnee, M. (Hrsg.): Gesundheitsmonitor 2004: Die ambulante Versorgung aus Sicht von Bevölkerung und Ärzteschaft, Gütersloh, S. 88-100.

Isfort, J./Redaèlli, M./Butzlaff, M. E. (2007): Die Entwicklung der partizipativen Entscheidungsfindung: Die Sicht der Versicherten und der Ärzte, in: Böcken, J./Braun, B./Amhof, R. (Hrsg.): Gesundheitsmonitor 2007. Gesundheitsversorgung und Gestaltungsoptionen aus der Perspektive von Bevölkerung und Ärzten, Gütersloh, S. 76-94.

Jacob, G. (2002): Patientenzufriedenheit in der medizinischen Rehabilitation. Eine Studie zur Konstruktvalidität, Regensburg.

Jacob, G./Bengel, J. (2000): Das Konstrukt Patientenzufriedenheit: Eine kritische Bestandsaufnahme, in: Zeitschrift für Klinische Psychologie, Psychiatrie und Psychotherapie, Jahrgang 48 (Heft 3), S. 280-301.

Jacob, R. (1995): Krankheitsbilder und Deutungsmuster. Wissen über Krankheit und dessen Bedeutung für die Praxis, Opladen.

Jacob, R. (2006): Sozial- und Gesundheitsberichterstattung: Hintergründe, Defizite, Möglichkeiten, Frankfurt am Main u.a.

Jacob, R./Eirmbter, W. H. (2000): Allgemeine Bevölkerungsumfragen. Einführung in die Methoden der Umfrageforschung mit Hilfen zur Erstellung von Fragebögen, München, Wien.

Jacob, R./Eirmbter, W. H./Hahn, A. (1999): Laienvorstellungen von Krankheit und Therapie. Ergebnisse einer bundesweiten Repräsentativbefragung, in: Zeitschrift für Gesundheitspsychologie, Jahrgang 7 (Heft 3), S. 105-119.

Jacob, R./Michels, H. (Hrsg.) (2001): Regionaler Gesundheitssurvey für die Stadt Trier und den Landkreis Trier-Saarburg, Trier.

Jacob, R./Michels, H. (Hrsg.) (2002): Patientenbefragung 2002 in Praxen niedergelassener Ärzte, Trier.

Jaeger, R. (2003): Informationsanspruch des Patienten – Grenzen der Werbung im Gesundheitswesen, in: Medizinrecht, Jahrgang 21 (Heft 5), S. 263-268.

Jaspers, K. (1953): Die Idee des Arztes und ihre Erneuerung, in: Universitas. Zeitschrift für Wissenschaft, Kunst und Literatur, Jahrgang 8 (Heft 11), S. 1121-1131.

Jenkinson, C./Coulter, A./Bruster, S. (2002a): The Picker Patient Experience Questionnaire: Development and validation using data from in-patient surveys in five countries, in: International Journal for Quality in Health Care, Jahrgang 14 (Heft 5), S. 353-358.

Jenkinson, C./Coulter, A./Bruster, S. et al. (2002b): Patients' experiences and satisfaction with health care: Results of a questionnaire study of specific aspects of care, in: Quality and Safety in Health Care, Jahrgang 11 (Heft 4), S. 335-339.

Joosten, E. A. G./DeFuentes-Merillas, L./Weert, G. H. de et al. (2008): Systematic review of the effects of shared decision-making on patient satisfaction, treatment adherence and health status, in: Psychotherapy and Psychosomatics, Jahrgang 77 (Heft 4), S. 219-226.

Jordan, E. (1998): Qualitätssicherung in der Jugendhilfe, in: Jordan, E./Reismann, H. (Hrsg.): Qualitätssicherung und Verwaltungsmodernisierung in der Jugendhilfe, Münster, S. 12-39.

Judge, K./Solomon, M. (1993): Public opinion and the National Health Service: Patterns and perspectives in consumer satisfaction, in: Journal of Social Policy, Jahrgang 22 (Heft 3), S. 299-327.

Jung, H. P./Wensing, M./Grol, R. (1997): What makes a good general practitioner: Do patients and doctors have different views?, in: British Journal of General Practice, Jahrgang 47 (Heft 425), S. 805-809.

Kahneman, D./Tversky, A. (1982): Variants of uncertainty, in: Cognition, Jahrgang 11 (Heft 2), S. 143-157.

Kaiser, H. F./Rice, J. (1974): Little Jiffy, Mark IV, in: Educational and Psychological Measurement, Jahrgang 34 (Heft 1), S. 111-117.

Kaiser, M.-O. (2004): Kundenzufriedenheit und Qualitätswahrnehmung, in: Weiermair, K./Pikkemaat, B. (Hrsg.): Qualitätszeichen im Tourismus. Vermarktung und Wahrnehmung von Leistungen, Berlin, S. 39-62.

Kaiser, M.-O. (2005): Erfolgsfaktor Kundenzufriedenheit. Dimensionen und Messmöglichkeiten, Berlin.

Karsten, C. (2006): Qualitätsmanagement-Systeme im Vergleich: Welches paßt zu meiner Praxis?, in: Der Allgemeinarzt, Jahrgang 28 (Heft 7), S. 14-16.

Kassenärztliche Bundesvereinigung (Hrsg.) (2008a): Pressemitteilung vom 10. Oktober 2008: QEP ist meistgenutztes System in deutschen Praxen, <http://www.kbv.de/presse/print/13475.html>, Stand: 10.10.2008, Abruf: 11.07.2009.

Kassenärztliche Bundesvereinigung (Hrsg.) (2008b): Versichertenbefragung der Kassenärztlichen Bundesvereinigung 2008. Ergebnisse einer repräsentativen Bevölkerungsumfrage, <http://daris.kbv.de/daris/link.asp?ID=1003756079>, Stand: Juli 2008, Abruf: 11.07.2009.

Kassenärztliche Bundesvereinigung (Hrsg.) (2008c): Versichertenbefragung der Kassenärztlichen Bundesvereinigung 2008, Tabellenband, <http://daris.kbv.de/daris/link.asp?ID=1003756098>, Stand: Mai/Juni 2008, Abruf: 08.09.2009.

Kassenärztliche Bundesvereinigung (Hrsg.) (2009): KBV entwickelt Starter-Set ambulanter Qualitätsindikatoren, <http://daris.kbv.de/daris/link.asp?ID=100375 8526>, Stand: 2009, Abruf: 08.09.2009.

Kaufmann, F.-X. (1973): Sicherheit als soziologisches und sozialpolitisches Problem. Untersuchungen zu einer Wertidee hochdifferenzierter Gesellschaften, Stuttgart.

Klein, K. (2004): Ereignisorientierte Patientenbefragung – Entwicklung und Validierung eines ereignisorientierten Fragebogens zur Bewertung der stationären medizinischen Rehabilitation, <http://deposit.d-nb.de/cgi-bin/dokserv?idn=972 705708&dok_var=d1&dok_ext=pdf&filename=972705708.pdf>, Stand: 2004, Abruf: 11.07.2009.

Klement, J. H. (2006): Verantwortung. Funktion und Legitimation eines Begriffs im Öffentlichen Recht, Tübingen.

Klemperer, D. (2003): Wie Ärzte und Patienten Entscheidungen treffen. Konzepte der Arzt-Patient-Kommunikation, <http://bibliothek.wzb.eu/pdf/2003/i03-302 .pdf>, Stand: Oktober 2003, Abruf: 11.07.2009.

Klemperer, D. (2005): Shared Decision Making und Patientenzentrierung – vom Paternalismus zur Partnerschaft in der Medizin. Teil 1: Modelle der Arzt-Patient-Beziehung, in: Balint, Jahrgang 6 (Heft 3), S. 71-79.

Klemperer, D./Rosenwirth, M. (2005): Shared Decision Making: Konzept, Voraussetzungen und politische Implikationen, <http://www.bertelsmann-stiftung.de/ cps/rde/xbcr/SID-0A000F14-53312E43/bst/chartbook_190705_(2._Auflage) .pdf>, Stand: 2005, Abruf: 11.07.2009.

Klingenberg, A./Bahrs, O./Szecsenyi, J. (1996): Was wünschen Patienten vom Hausarzt? Erste Ergebnisse aus einer europäischen Gemeinschaftsstudie, in: Zeitschrift für Allgemeinmedizin, Jahrgang 72 (Heft 3), S. 180-186.

Klingenberg, A./Bahrs, O./Szecsenyi, J. (1999): Wie beurteilen Patienten Hausärzte und ihre Praxen?, in: Zeitschrift für ärztliche Fortbildung und Qualitätssicherung, Jahrgang 93 (Heft 6), S. 437-445.

Knappe, E. (2007): Gesundheitsreformen im Konflikt zwischen nachhaltiger Finanzierung, Effizienz und sozialem Ausgleich, Zentrum für Sozialpolitik, Universität Bremen, ZeS-Arbeitspapier, Nr. 8/2007, Bremen.

Knappe, E./Optendrenk, S. (2000): Gesundheitsökonomie – eine einführende Analyse. SAM-Diskussionspapier, Nr. 75, Trier.

Knon, D./Ibel, H. (2005): Qualitätsmanagement in der Arztpraxis, München, Wien.

Knop, B. (2002): Die Analyse der Zufriedenheit mit der Dienstleistung in Krankenhäusern auf Basis zufriedenheitstheoretischer Erkenntnisse unter Berücksichtigung leistungsspezifischer Besonderheiten – Ein konzeptioneller Ansatz, Bonn.

Koller, M. (1997): Psychologie interpersonalen Vertrauens: Eine Einführung in theoretische Ansätze, in: Schweer, M. (Hrsg.): Interpersonales Vertrauen. Theorien und empirische Befunde, Opladen, Wiesbaden, S. 13-26.

Kotler, P./Armstrong, G./Saunders, J. et al. (2003): Grundlagen des Marketing, München.

Kotler, P./Keller, K. L./Bliemel, F. (2007): Marketing-Management. Strategien für wertschaffendes Handeln, München.

Krampen, G. (1987): Kontrollüberzeugung und Kontrollideologien im Bereich politischen Handelns. Trierer Psychologische Berichte, Band 14 (Heft 1), Trier.

Kranich, C. (2003): Kriterien für Beschwerdesysteme aus Patientensicht, in: Kranich, C./Vitt, K. D. (Hrsg.): Das Gesundheitswesen am Patienten orientieren: Qualitätstransparenz und Beschwerdemanagement als Gradmesser für ein patientenfreundliches Gesundheitssystem. Acht europäische Länder im Vergleich, Frankfurt am Main, S. 121-132.

Kravitz, R. L./Callahan, E. J./Azari, R. et al. (1997): Assessing patients' expectations in ambulatory medical practice. Does the measurement approach make a difference?, in: Journal of General Internal Medicine, Jahrgang 12 (Heft 1), S. 67-72.

Kroeber-Riel, W./Weinberg, P. (2003): Konsumentenverhalten, München.

Krones, T./Richter, G. (2008): Ärztliche Verantwortung: das Arzt-Patient-Verhältnis, in: Bundesgesundheitsblatt - Gesundheitsforschung - Gesundheitsschutz, Jahrgang 51 (Heft 8), S. 818-826.

KTQ-GmbH (Hrsg.) (2000): KTQ-Leitfaden zur Patientenbefragung, Düsseldorf.

KTQ-GmbH (Hrsg.) (2004): KTQ-Manual: inkl. KTQ-Katalog Version 5.0 für den Krankenhausbereich, Düsseldorf.

Kühn-Mengel, H. (2008): Die Arzt-Patient-Interaktion aus Patientensicht, in: Gellner, W./Schmöller, M. (Hrsg.): Neue Patienten – Neue Ärzte? Ärztliches Selbstverständnis und Arzt-Patient-Beziehung im Wandel, Baden-Baden, S. 161-183.

KV Rheinland-Pfalz (Hrsg.) (2007): „QM ist wie frischer Wind durch ein offenes Fenster", in: KV Praxis Spezial, Mitteilungsblatt der Kassenärztlichen Vereinigung Rheinland-Pfalz (Heft 2), S. 2-5.

Laine, C./Davidoff, F./Lewis, C. E. et al. (1996): Important elements of outpatient care: A comparison of patients' views and physicians' options, in: Annals of Internal Medicine, Jahrgang 125 (Heft 8), S. 640-645.

Lampert, H./Althammer, J. (2007): Lehrbuch der Sozialpolitik, Berlin u.a.

Langewitz, W./Denz, M./Keller, A. et al. (2002): Spontaneous talking time at start of consultation in outpatient clinic: Cohort study, in: British Medical Journal, Jahrgang 325 (Heft 7366), S. 682-683.

Laucken, U. (2001): Zwischenmenschliches Vertrauen. Rahmenentwurf und Ideenskizze, Oldenburg.

Leber, C./Hildebrandt, H. (2001): Der Patienten-Monitor: Benchmarking für effektives Qualitätsmanagement, in: Satzinger, W./Trojan, A./Kellermann-Mühlhoff, P. (Hrsg.): Patientenbefragungen in Krankenhäusern. Konzepte, Methoden, Erfahrungen, Sankt Augustin, S. 195-206.

Lebow, J. L. (1983): Research assessing consumer satisfaction with mental health treatment: A review of findings, in: Evaluation and Program Planning, Jahrgang 6 (Heft 3-4), S. 211-236.

Leimkühler, A. M./Müller, U. (1996): Patientenzufriedenheit – Artefakt oder soziale Tatsache?, in: Der Nervenarzt, Jahrgang 67 (Heft 9), S. 765-773.

Lettke, F./Eirmbter, W. H./Hahn, A. et al. (1999): Krankheit und Gesellschaft: Zur Bedeutung von Krankheitsbildern und Gesundheitsvorstellungen für die Prävention, Konstanz.

Leydon, G. M./Boulton, M./Moynihan, C. et al. (2000): Faith, hope, and charity: An in-depth interview study of cancer patients' information needs and information-seeking behavior, in: Western Journal of Medicine, Jahrgang 173 (Heft 1), S. 26-31.

Little, P./Everitt, H./Williamson, I. et al. (2001): Preferences of patients for patient centred approach to consultation in primary care: Observational study, in: British Medical Journal, Jahrgang 322 (Heft 7284), S. 468-472.

Loh, A./Simon, D./Bermejo, I. et al. (2005): Miteinander statt Nebeneinander – Der Patient als Partner in der Depressionsbehandlung, in: Härter, M./Loh, A./ Spies, C. (Hrsg.): Gemeinsam entscheiden – erfolgreich behandeln. Neue Wege für Ärzte und Patienten im Gesundheitswesen, Köln, S. 165-174.

Loh, A./Simon, D./Bieber, C. et al. (2007a): Patient and citizen participation in German health care – Current state and future perspectives, in: Zeitschrift für ärztliche Fortbildung und Qualität im Gesundheitswesen, Jahrgang 101 (Heft 4), S. 229-235.

Loh, A./Simon, D./Kriston, L. et al. (2007b): Patientenbeteiligung bei medizinischen Entscheidungen: Effekte der Partizipativen Entscheidungsfindung aus systematischen Reviews, in: Deutsches Ärzteblatt, Jahrgang 104 (Heft 21), S. A1483-A1488.

Loh, A./Simon, D./Rockenbauch, K. et al. (2006): Partizipative Entscheidungsfindung – Stellenwert und Verbreitung in der medizinischen Ausbildung, in: Zeitschrift für Medizinische Psychologie, Jahrgang 15 (Heft 2), S. 87-92.

Lown, B. (1999): The lost art of healing. Practicing compassion in medicine, New York.

Luhmann, N. (1973): Vertrauen. Ein Mechanismus der Reduktion sozialer Komplexität, Stuttgart.

Luhmann, N. (1981): Soziologische Aufklärung 3. Soziales System, Gesellschaft, Organisation, Opladen.

Luhmann, N. (1994): Soziale Systeme: Grundriß einer allgemeinen Theorie, Frankfurt am Main.

Luhmann, N. (2001): Vertrautheit, Zuversicht, Vertrauen. Probleme und Alternativen, in: Hartmann, M./Offe, C. (Hrsg.): Vertrauen. Die Grundlage des sozialen Zusammenhalts, Frankfurt am Main, S. 143-160.

Luhmann, N. (2005a): Einführung in die Theorie der Gesellschaft (herausgegeben von D. Baecker), Heidelberg.

Luhmann, N. (2005b): Soziologische Aufklärung 5. Konstruktivistische Perspektiven, Wiesbaden.

Luschei, F./Trube, A. (2001): Der Stand der Kunst – Zur Frage sozialpolitischer und fachlicher Standards des Qualitätsmanagements für Angebote der Beschäftigungsförderung, in: Schädler, J./Schwarte, N./Trube, A. (Hrsg.): Der Stand der Kunst: Qualitätsmanagement sozialer Dienste, Münster, S. 192-226.

Lüthy, A./Dannenmaier, G. (2006): KTQ für Praxen und MVZ – schnell einsteigen und viel Qualität gewinnen, Düsseldorf.

Maanen, H. M. T. van (1984): Evaluation of nursing care: Quality of nursing evaluated within the context of health care and examined from a multinational perspective, in: Willis, L. D./Linwood, M. E. (Hrsg.): Measuring the quality of care, Edinburgh u.a., S. 3-42.

Mancuso, C. A./Altcheck, D./Craig, E. V. et al. (2002): Patients' expectations of shoulder surgery, in: Journal of Shoulder and Elbow Surgery, Jahrgang 11 (Heft 6), S. 541-549.

Mancuso, C. A./Sculco, T. P./Wickiewicz, T. L. et al. (2001): Patients' expectations of knee surgery, in: The Journal of Bone and Joint Surgery, Jahrgang 83 (Heft 7), S. 1005-1012.

Marvel, K./Epstein, R. M./Flowers, K. et al. (1999): Soliciting the patient's agenda. Have we improved?, in: JAMA: The Journal of the American Medical Association, Jahrgang 281 (Heft 3), S. 283-287.

Meffert, H./Bruhn, M. (1995): Dienstleistungsmarketing. Grundlagen – Konzepte – Methoden, Wiesbaden.

Meffert, H./Bruhn, M. (2003): Dienstleistungsmarketing. Grundlagen – Konzepte – Methoden, Wiesbaden.

Mehmet, Y. (2007): The interdependence of employee satisfaction and customer satisfaction. An analysis of causes and effects, Saarbrücken.

Meyer, A./Westerbarkey, P. (1995): Bedeutung der Kundenbeteiligung für die Qualitätspolitik von Dienstleistungsunternehmen, in: Bruhn, M./Stauss, B. (Hrsg.): Dienstleistungsqualität. Konzepte – Methoden – Erfahrungen, Wiesbaden, S. 81-103.

Meyers-Levy, J./Tybout, A. M. (1997): Context effects at encoding and judgment in consumption settings: The role of cognitive resources, in: Journal of Consumer Research, Jahrgang 24 (Heft 1), S. 1-14.

Miller, J. A. (1977): Studying satisfaction, modifying models, eliciting expectations, posing problems and making meaningful measurements, in: Hunt, H. K. (Hrsg.): Conceptualization and measurement of consumer satisfaction and dissatisfaction, Cambridge, S. 72-91.

Ministerium für Arbeit, Soziales, Familie und Gesundheit Rheinland-Pfalz (Hrsg.) (2001): Berichte aus dem Gesundheitswesen: Patientenbefragung zur Zufriedenheit mit der gesundheitlichen Versorgung, Mainz.

Möller-Leimkühler, A. M. (2008): Soziologische und sozialpsychologische Aspekte psychischer Erkrankungen, in: Möller, H.-J./Laux, G./Kapfhammer, H.-P. (Hrsg.): Psychiatrie und Psychotherapie, Band 1: Allgemeine Psychiatrie, Heidelberg, S. 278-304.

Mörsch, M. (2005): Qualitätstransparenz für ambulante und stationäre Gesundheitsleistungen. Wirtschaftspolitische Handlungsempfehlungen zur Ergänzung der wettbewerblichen Selbststeuerung, Frankfurt am Main u.a.

Nair, B. R. (1998): Patient, client or customer?, in: The Medical Journal of Australia, Jahrgang 169 (Heft 11/12), S. 593.

Nelson, P. (1970): Information and consumer behavior, in: The Journal of Political Economy, Jahrgang 78 (Heft 2), S. 311-329.

Neuberger, O. (1985): Arbeit: Begriff – Gestaltung – Motivation – Zufriedenheit, Stuttgart.

Neugebauer, B./Porst, R. (2001): Patientenzufriedenheit – Ein Literaturbericht, ZUMA-Methodenbericht, Nr. 7/2001, Mannheim.

Nickel, S./Hildebrandt, H./Trojan, A. (1999): Patientenbefragungen im Spannungsfeld von Wissenschaft und Praxis. Einordnung der DAK-Befragung, weitere Auswertungen und was sagen uns die Ergebnisse?, in: Schupeta, E./Hildebrandt, H. (Hrsg.): Patientenzufriedenheit messen und steigern: Was Krankenhäuser von Patienten lernen können. Erfahrungen und Folgerungen aus einem Vergleich von 45 Krankenhäusern durch Versicherte der DAK, Sankt Augustin, S. 153-192.

Oberender, P./Hebborn, A./Zerth, J. (2006): Wachstumsmarkt Gesundheit, Stuttgart.

Oliver, R. L. (1980): A cognitive model of the antecedents and consequences of satisfaction decisions, in: Journal of Marketing Research, Jahrgang 17 (Heft 4), S. 460-469.

Oliver, R. L. (1981): Measurement and evaluation of satisfaction processes in retail settings, in: Journal of Retailing, Jahrgang 57 (Heft 3), S. 25-48.

Oliver, R. L./Winer, R. S. (1987): A framework for the formation and structure of consumer expectations: Review and propositions, in: Journal of Economic Psychology, Jahrgang 8 (Heft 4), S. 469-499.

Ommen, O. (2005): Patienten- und krankenhausspezifische Einflussfaktoren auf die Zufriedenheit mit dem Krankenhausaufenthalt von schwerstverletzten Patienten, Köln.

Ong, L. M. L./De Haes, J. C. J. M./Hoos, A. M. et al. (1995): Doctor-patient communication: A review of the literature, in: Social Science & Medicine, Jahrgang 40 (Heft 7), S. 903-918.

Parasuraman, A./Berry, L. L./Zeithaml, V. A. (1991): Understanding customer expectations of service, in: Sloan Management Review, Jahrgang 32 (Heft 3), S. 39-48.

Parasuraman, A./Zeithaml, V. A./Berry, L. L. (1985): A conceptual model of service quality and its implications for future research, in: Journal of Marketing, Jahrgang 49 (Heft 4), S. 41-50.

Parsons, T. (1951): The social system, New York.

Parsons, T. (1960): Pattern Variables revisited: A response to Robert Dubin, in: American Sociological Review, Jahrgang 25 (Heft 4), S. 467-483.

Petermann, F. (1996): Psychologie des Vertrauens, Göttingen u.a.

Petermann, F. (1997a): Interpersonales Vertrauen in der Arzt-Patient-Beziehung, in: Schweer, M. K. W. (Hrsg.): Interpersonales Vertrauen. Theorien und empirische Befunde, Opladen, Wiesbaden, S. 155-164.

Petermann, F. (1997b): Patientenschulung und Patientenberatung – Ziele, Grundlagen und Perspektiven, in: Petermann, F. (Hrsg.): Patientenschulung und Patientenberatung: Ein Lehrbuch, Göttingen u.a., S. 3-21.

Petermann, F. (1998): Einführung in die Themenbereiche, in: Petermann, F. (Hrsg.): Compliance und Selbstmanagement, Göttingen u.a., S. 9-17.

Petermann, F. (2004): Compliance: Eine Standortbestimmung, in: Petermann, F./ Ehlebracht-König, I. (Hrsg.): Motivierung, Compliance und Krankheitsbewältigung, Regensburg, S. 89-105.

Petermann, F./Warschburger, P. (1997): Asthma und Allergie: Belastungen, Krankheitsbewältigung und Compliance, in: Schwarzer, R. (Hrsg.): Gesundheitspsychologie: Ein Lehrbuch, Göttingen u.a., S. 431-454.

Picker Institut Deutschland gGmbH (Hrsg.) (2008a): Patientenbefragungen mit dem Picker-Institut, <http://pickerinstitut.de/download.php?f=13b3b0a5e98701 3e0d19dee082686022>, Stand: 2008, Abruf: 14.07.2009.

Picker Institut Deutschland gGmbH (Hrsg.) (2008b): Picker Institut Deutschland, <http://www.pickerinstitut.de/>, Stand: 2008, Abruf: 14.07.2009.

Pikkemaat, B. (2004): Einflussfaktoren der Qualitätswahrnehmung, in: Weiermair, K./Pikkemaat, B. (Hrsg.): Qualitätszeichen im Tourismus. Vermarktung und Wahrnehmung von Leistungen, Berlin, S. 95-112.

Poll, S. (2008): Bedeutung von Krankenhausdatenbanken im Internet aus Nutzersicht. Eine informationsökonomische Analyse, Hamburg.

Praetorius, F. (2005): Ärztliche Entscheidungsspielräume – durch Leitlinien eingeengt oder erweitert?, in: Hessisches Ärzteblatt, Jahrgang 66 (Heft 8), S. 516-520.

Prinz, A./Vogel, A. (2000): Ergebnisorientierte Vergütung von niedergelassenen Ärzten, in: Sozialer Fortschritt, Jahrgang 49 (Heft 10), S. 233-237.

proCum Cert GmbH Zertifizierungsgesellschaft (Hrsg.) (2008): proCum Cert, <http://www.procum-cert.de/1024/proCum-Cert/pCC_wir.html>, Stand: 2008, Abruf: 12.07.2009.

Putnam, R. D. (1999): Demokratie in Amerika am Ende des 20. Jahrhunderts, in: Graf, F. W./Platthaus, A./Schleissing, S. (Hrsg.): Soziales Kapital in der Bürgergesellschaft, Stuttgart u.a., S. 21-70.

Putnam, R. D./Leonardi, R./Nanetti, R. Y. (1993): Making democracy work: Civic traditions in modern Italy, Princeton.

Rabinowitz, I./Luzzati, R./Tamir, A. et al. **(2004):** Length of patient's monologue, rate of completion, and relation to other components of the clinical encounter: Observational intervention study in primary care, in: British Medical Journal, Jahrgang 328 (Heft 7438), S. 501-502.

Raspe, H.-H. **(1983):** Aufklärung und Information im Krankenhaus. Medizinsoziologische Untersuchungen, Göttingen.

Rhodes, R./Strain, J. J. **(2000):** Trust and transforming medical institutions, in: Cambridge Quarterly of Healthcare Ethics, Jahrgang 9 (Heft 2), S. 205-217.

Richter, M. **(2005):** Dynamik von Kundenerwartungen im Dienstleistungsprozess: Konzeptionalisierung und empirische Befunde, Wiesbaden.

Rieländer, M. **(1999):** Mehr an Gesundheit als an Krankheit denken – Plädoyer für eine positive Gesundheitsorientierung, in: Rieländer, M./Brücher-Albers, C. (Hrsg.): Gesundheit für alle im 21. Jahrhundert. Neue Ziele der Weltgesundheitsorganisation mit psychologischen Perspektiven erreichen, Bonn, S. 132-157.

Rieser, S. **(1998):** Gesundheitswesen – Der Patient als Kunde: Irrweg oder Chance?, in: Deutsches Ärzteblatt, Jahrgang 95 (Heft 44), S. A2748-A2749.

Robert Koch-Institut (Hrsg.) **(2005a):** Diabetes mellitus. Gesundheitsberichterstattung des Bundes (Heft 24), Berlin.

Robert Koch-Institut (Hrsg.) **(2005b):** Gesundheit von Frauen und Männern im mittleren Lebensalter. Schwerpunktbericht der Gesundheitsberichterstattung des Bundes, Berlin.

Robert Koch-Institut (Hrsg.) **(2006a):** Bürger- und Patientenorientierung im Gesundheitswesen. Gesundheitsberichterstattung des Bundes (Heft 32), Berlin.

Robert Koch-Institut (Hrsg.) **(2006b):** Gesundheit in Deutschland. Gesundheitsberichterstattung des Bundes, Berlin.

Rohde, J. J. (1975): Der Patient im sozialen System des Krankenhauses. Leitgedanken zu einer patientenzentrierten Krankenhaussoziologie, in: Ritter-Röhr, D. (Hrsg.): Der Arzt, sein Patient und die Gesellschaft, Frankfurt am Main, S. 167-210.

Rosada, M. (1990): Kundendienststrategien im Automobilsektor. Theoretische Fundierung und Umsetzung eines Konzeptes zur differenzierten Vermarktung von Sekundärdienstleistungen, Berlin.

Roter, D. L./Hall, J. A. (1993): Doctors talking with patients/patients talking with doctors: Improving communication in medical visits, Westport.

Roter, D. L./Hall, J. A. (2001): How physician gender shapes the communication and evaluation of medical care, in: Mayo Clinic Proceedings, Jahrgang 76 (Heft 7), S. 673-676.

Rotter, J. B. (1966): Generalized expectancies for internal versus external control of reinforcement, in: Psychological Monographs, Jahrgang 80 (Heft 1), S. 1-28.

Rubin, H. R. (1990): Can patients evaluate the quality of hospital care?, in: Medical Care Research and Review, Jahrgang 47 (Heft 3), S. 267-326.

Runow, H. (1982): Zur Theorie und Messung der Verbraucherzufriedenheit, Frankfurt am Main.

Ruprecht, T. (2001): Patientenerfahrungen als Qualitätsindikator – das Picker-Modell, in: Satzinger, W./Trojan, A./Kellermann-Mühlhoff, P. (Hrsg.): Patientenbefragungen in Krankenhäusern. Konzepte, Methoden, Erfahrungen, Sankt Augustin, S. 181-194.

Rychlik, R. (1987): Compliance als sozialmedizinischer Forschungsgegenstand, in: Laaser, U./Sassen, G./Murza, G. et al. (Hrsg.): Prävention und Gesundheitserziehung, Berlin u.a., S. 675-680.

Sachverständigenrat für die Konzertierte Aktion im Gesundheitswesen (Hrsg.) (1992): Jahresgutachten 1992: Ausbau in Deutschland und Aufbruch nach Europa, Baden-Baden.

Sachverständigenrat für die Konzertierte Aktion im Gesundheitswesen (Hrsg.) (2001a): Gutachten 2000/2001: Bedarfsgerechtigkeit und Wirtschaftlichkeit. Band I: Zielbildung, Prävention, Nutzerorientierung und Partizipation, <http://dip21.bundestag.de/dip21/btd/14/056/1405660.pdf>, Stand: 21.03.2001, Abruf: 08.08.2009.

Sachverständigenrat für die Konzertierte Aktion im Gesundheitswesen (Hrsg.) (2001b): Gutachten 2000/2001: Bedarfsgerechtigkeit und Wirtschaftlichkeit. Band III: Über-, Unter- und Fehlversorgung, <http://dip21.bundestag.de/dip21/btd/14/068/1406871.pdf>, Stand: 31.08.2001, Abruf: 12.07.2009.

Sachverständigenrat zur Begutachtung der Entwicklung im Gesundheitswesen (Hrsg.) (2007): Gutachten 2007: Kooperation und Verantwortung. Voraussetzungen einer zielorientierten Gesundheitsversorgung, <http://dip21.bundes tag.de/dip21/btd/16/063/1606339.pdf>, Stand: 07.09.2007, Abruf: 12.07.2009.

Sachverständigenrat zur Begutachtung der Entwicklung im Gesundheitswesen (Hrsg.) (2009): Sondergutachten 2009: Koordination und Integration – Gesundheitsversorgung in einer Gesellschaft des längeren Lebens, <http://www.svr-gesundheit.de/Gutachten/Uebersicht/GA2009-LF.pdf>, Stand: Mai 2009, Abruf: 06.07.2009.

Satzinger, W. (1998): Der Weg bestimmt das Ziel? Zur Rolle des Erhebungsverfahrens bei Befragungen von Krankenhauspatienten, in: Ruprecht, T. M. (Hrsg.): Experten fragen – Patienten antworten: Patientenzentrierte Qualitätsbewertung von Gesundheitsdienstleistungen. Konzepte, Methoden, praktische Beispiele, Sankt Augustin, S. 101-108.

Satzinger, W./Raspe, H. (2001): Weder Kinderspiel noch Quadratur des Kreises. Eine Übersicht über methodische Grundprobleme bei Befragungen von Krankenhauspatienten, in: Satzinger, W./Trojan, A./Kellermann-Mühlhoff, P. (Hrsg.): Patientenbefragungen in Krankenhäusern. Konzepte, Methoden, Erfahrungen, Sankt Augustin, S. 41-80.

Schädler, J. (2001): Qualitätsentwicklung und Qualitätssicherung – Plädoyer für ein professionsnahes Konzept in der Sozialen Arbeit, in: Schädler, J./ Schwarte, N./Trube, A. (Hrsg.): Der Stand der Kunst: Qualitätsmanagement sozialer Dienste, Münster, S. 13-38.

Scheibler, F. (2004): Shared Decision-Making. Von der Compliance zur partnerschaftlichen Entscheidungsfindung, Bern.

Scheibler, F./Janßen, C./Pfaff, H. (2003): Shared decision making: ein Überblicksartikel über die internationale Forschungsliteratur, in: Sozial- und Präventivmedizin, Jahrgang 48 (Heft 1), S. 11-23.

Scheibler, F./Schwantes, U./Kampmann, M. et al. (2005): Shared decision-making, in: Gesellschaft und Gesundheit Wissenschaft, Beilage der Zeitschrift Gesellschaft und Gesundheit des Wissenschaftlichen Instituts der AOK, Jahrgang 5 (Heft 1), S. 23-31.

Schenk, M. (1987): Medienwirkungsforschung, Tübingen.

Schipperges, H. (1988): Die Sprache der Medizin. Medizinische Terminologie als Einführung in das ärztliche Denken und Handeln, Heidelberg.

Schmid Mast, M./Dietz, C. (2005): Kommunikation in der Sprechstunde, in: Managed Care, Jahrgang 9 (Heft 7/8), S. 22-24.

Schmidt, S. J. (1990): Wir verstehen uns doch? Von der Unwahrscheinlichkeit gelingender Kommunikation, in: Deutsches Institut für Fernstudien an der Universität Tübingen (Hrsg.): Medien und Kommunikation. Konstruktionen von Wirklichkeit, Studienbrief 1, Weinheim, Basel, S. 50-78.

Schnee, M./Kirchner, H. (2005): Qualitätsmanagement und Zertifizierung, in: Böcken, J./Braun, B./Schnee, M. et al. (Hrsg.): Gesundheitsmonitor 2005. Die ambulante Versorgung aus Sicht von Bevölkerung und Ärzteschaft, Gütersloh, S. 41-53.

Schnell, R./Hill, P. B./Esser, E. (1999): Methoden der empirischen Sozialforschung, München, Wien.

Schrappe, M. (2004): Qualität in der Gesundheitsversorgung, in: Lauterbach, K. W./ Schrappe, M. (Hrsg.): Gesundheitsökonomie, Qualitätsmanagement und Evidence-based Medicine. Eine systematische Einführung, Stuttgart, S. 267-286.

Schubert, B./Schubert, P. M./Schubert, S. C. et al. (2007): KPQM 2006. KV-Praxis-Qualitätsmanagement, Berlin.

Schulz von Thun, F. (1985): Miteinander reden: Störungen und Klärungen. Psychologie der zwischenmenschlichen Kommunikation, Reinbek bei Hamburg.

Schuth, W./Kieback, D. (2001): Was erwarten gynäko-onkologische Patientinnen von ihrem behandelnden Arzt und welche Erfahrungen machen sie? Eine qualitative Untersuchung mit 50 Patientinnen, in: Geburtshilfe und Frauenheilkunde, Jahrgang 61 (Heft 6), S. 400-407.

Schütze, R. (1992): Kundenzufriedenheit: After-Sales-Marketing auf industriellen Märkten, Wiesbaden.

Selbmann, H.-K. (2004): Qualitätssicherung, in: Lauterbach, K. W./Schrappe, M. (Hrsg.): Gesundheitsökonomie, Qualitätsmanagement und Evidence-based Medicine. Eine systematische Einführung, Stuttgart, S. 277-286.

Shannon, C. E./Weaver, W. (1949): The mathematical theory of communication, Urbana u.a.

Siefke, A. (1998): Zufriedenheit mit Dienstleistungen: Ein phasenorientierter Ansatz zur Operationalisierung und Erklärung der Kundenzufriedenheit im Verkehrsbereich auf empirischer Basis, Frankfurt am Main u.a.

Siegrist, J. (1975): Lehrbuch der Medizinischen Soziologie, München u.a.

Siegrist, J. (1994): Asymmetrie und soziale Distanz, in: Wilker, F.-W./Bischoff, C./ Novak, P. (Hrsg.): Medizinische Psychologie und medizinische Soziologie: nach der Sammlung von Gegenständen für den schriftlichen Teil der ärztlichen Vorprüfung, München u.a., S. 267-270.

Siegrist, J. (2005): Medizinische Soziologie, München, Jena.

Sitzia, J. (1999): How valid and reliable are patient satisfaction data? An analysis of 195 studies, in: International Journal for Quality in Health Care, Jahrgang 11 (Heft 4), S. 319-328.

Sitzia, J./Wood, N. (1997): Patient satisfaction: A review of issues and concepts, in: Social Science & Medicine, Jahrgang 45 (Heft 12), S. 1829-1843.

Sozialgesetzbuch Fünftes Buch (SGB V): vom 20.12.1988, zuletzt geändert durch Artikel 3 des Gesetzes vom 17.03.2009 (BGBl. I S. 534).

Spiegel Online (Hrsg.) (2007): Privatpatienten gehen vor, <http://www.spiegel.de/ wirtschaft/0,1518,467724,00.html>, Stand: 21.02.2007, Abruf: 12.07.2009.

Spies, C. D./Schulz, C. M./Weiß-Gerlach, E. et al. (2006): Preferences for shared decision making in chronic pain patients compared with patients during a premedication visit, in: Acta Anaesthesiologica Scandinavica, Jahrgang 50 (Heft 8), S. 1019-1026.

Spießl, H./Leber, C./Kaatz, S. et al. (2002): Was erwarten Patienten von einer psychiatrischen Abteilung an einem Allgemeinkrankenhaus, in: Psychiatrische Praxis, Jahrgang 29 (Heft 8), S. 417-419.

Staehle, W. H. (1999): Management. Eine verhaltenswissenschaftliche Perspektive, München.

Staniszewska, S./Ahmed, L. (1999): The concepts of expectation and satisfaction: Do they capture the way patients evaluate their care?, in: Journal of Advanced Nursing, Jahrgang 29 (Heft 2), S. 364-372.

Stauss, B. (1992): Dienstleistungsqualität aus Kundensicht, Regensburg.

Stauss, B./Seidel, W. (2007): Beschwerdemanagement: Unzufriedene Kunden als profitable Zielgruppe, München.

Steinbach, K. (2007): Wer soll entscheiden? Patienten-, Angehörigen- und Bevölkerungssicht, in: Oorschot, B. van/Anselm, R. (Hrsg.): Mitgestalten am Lebensende. Handeln und Behandeln Sterbenskranker, Göttingen, S. 81-89.

Stewart, M. A. (1995): Effective physician-patient communication and health outcomes: A review, in: Canadian Medical Association Journal, Jahrgang 152 (Heft 9), S. 1423-1433.

Stiftung Gesundheit (Hrsg.) (2008): Qualitätsmanagement in der ärztlichen Praxis 2008. Eine deutschlandweite Befragung niedergelassener Ärztinnen und Ärzte, <http://www.stiftung-gesundheit.de/PDF/studien/Studie_QM_2008.pdf>, Stand: 2008, Abruf: 12.07.2009.

Stiftung Praxissiegel (Hrsg.) (2004): Zertifizierungskriterien für Arztpraxen im Rahmen des Europäischen Praxisassessments (EPA), <http://www.praxis siegel.de/fileadmin/pdf/Zertifizierung/Zertifizierungskriterien_EPA_Arztpraxen _neutral.pdf>, Stand: November 2004, Abruf: 13.07.2009.

Stock, R. (2001): Der Zusammenhang zwischen Mitarbeiter- und Kundenzufriedenheit. Direkte, indirekte und moderierende Effekte, Wiesbaden.

Strain, J. J./Grossman, S. (1975): Psychological reactions to medical illness and hospitalization, in: Strain, J. J./Grossman, S. (Hrsg.): Psychological care of the medically ill: A primer in liaison psychiatry, New York, S. 23-36.

Street, R. L. (1991): Information-giving in medical consultations: The influence of patients' communicative styles and personal characteristics, in: Social Science & Medicine, Jahrgang 32 (Heft 5), S. 541-548.

Streich, W. (2002): Qualität in der ambulanten Versorgung, in: Böcken, J./ Braun, B./Schnee, M. (Hrsg.): Gesundheitsmonitor 2002: Die ambulante Versorgung aus Sicht von Bevölkerung und Ärzteschaft, Gütersloh, S. 12-34.

Streich, W./Klemperer, D./Butzlaff, M. (2002): Partnerschaftliche Beteiligung an Therapieentscheidungen, in: Böcken, J./Braun, B./Schnee, M. (Hrsg.): Gesundheitsmonitor 2002: Die ambulante Versorgung aus Sicht von Bevölkerung und Ärzteschaft, Gütersloh, S. 35-51.

Strodtholz, P./Badura, B. (2006): Patientenorientierung im Gesundheitswesen durch Patientenbefragung, in: Wendt, C./Wolf, C. (Hrsg.): Soziologie der Gesundheit, Kölner Zeitschrift für Soziologie und Sozialpsychologie, Sonderheft 46, Wiesbaden, S. 444-463.

Sturm, H./Trojan, A./Hildebrandt, H. (1998): Wie reagieren Krankenhäuser auf ihre Beurteilung durch vergleichende Patientenbefragungen – Ergebnisse einer Befragung von Krankenhausleitungen zum Nutzen und zu den Effekten der DAK-Versichertenbefragung in Hamburg, in: Ruprecht, T. M. (Hrsg.): Experten fragen – Patienten antworten: Patientenzentrierte Qualitätsbewertung von Gesundheitsdienstleistungen. Konzepte, Methoden, praktische Beispiele, Sankt Augustin, S. 139-150.

Süddeutsche Zeitung (Hrsg.) (2008): Längere Wartezeiten für Kassenpatienten. „Zwei-Klassen-Medizin der schlimmsten Weise", <http://www.sueddeutsche.de/deutschland/artikel/879/166402/?page=2>, Stand: 01.04.2008, Abruf: 12.07.2009.

Sullivan, S. D./Kreling, D. H./Hazlet, T. K. (1990): Noncompliance with medication regimens and subsequent hospitalizations: A literature analysis and cost of hospitalization estimate, in: Journal of Research in Pharmaceutical Economics, Jahrgang 2 (Heft 2), S. 19-33.

Szymanski, D. M./Henard, D. H. (2001): Customer satisfaction: A meta-analysis of the empirical evidence, in: Journal of the Academy of Marketing Science, Jahrgang 29 (Heft 1), S. 16-35.

Thomas, W. I./Thomas, D. S. (1928): The child in America (Nachdruck 1970), New York.

Towle, A./Godolphin, W./Greendalgh, T. et al. (1999): Framework for teaching and learning informed shared decision making, in: British Medical Journal, Jahrgang 319 (Heft 7212), S. 766-771.

Toyone, T./Tanaka, T./Kato, D. et al. (2005): Patients' expectations and satisfaction in lumbar spine surgery, in: Spine, Jahrgang 30 (Heft 23), S. 2689-2694.

Tricker, R. (2005): ISO 9001: 2000 for small businesses, Amsterdam u.a.

Trojan, A. (1998): Warum sollen Patienten gefragt werden? Zu Legitimation, Nutzen und Grenzen patientenzentrierter Evaluation von Gesundheitsleistungen (II), in: Ruprecht, T. M. (Hrsg.): Experten fragen – Patienten antworten: Patientenzentrierte Qualitätsbewertung von Gesundheitsdienstleistungen. Konzepte, Methoden, praktische Beispiele, Sankt Augustin, S. 15-30.

Trube, A./Regus, M./Depner, R. (2001): Fach- und nutzerorientiertes Qualitätsmanagement für soziale Dienste. Essentials eines gemeinsam geteilten Grundlagenverständnisses im Zentrum für Planung und Evaluation sozialer Dienste (ZPE) der Universität-GH Siegen, in: Schädler, J./Schwarte, N./Trube, A. (Hrsg.): Der Stand der Kunst: Qualitätsmanagement sozialer Dienste, Münster, S. 227-233.

Tse, D. K./Wilton, P. C. (1988): Models of consumer satisfaction formation: An extension, in: Journal of Marketing Research, Jahrgang 25 (Heft 2), S. 204-212.

Unschuld, P. U. (2006): Der Patient – Leidender, Partner oder Kunde?, in: Zeitschrift für ärztliche Fortbildung und Qualitätssicherung, Jahrgang 100 (Heft 9-10), S. 639-643.

Verband der privaten Krankenversicherung e. V. (Hrsg.) (2008): Rechtsquellen, <http://www.pkv.de/recht/rechtsquellen/>, Stand: 2008, Abruf: 12.07.2009.

Verres, R. (1986): Krebs und Angst. Subjektive Theorien von Laien über Entstehung, Vorsorge, Früherkennung, Behandlung und die psychosozialen Folgen von Krebserkrankungen, Berlin u.a.

Viell, B. (2002): Gesundheitsinformationen und Maßnahmen zur Qualitätssicherung, in: Bundesgesundheitsblatt - Gesundheitsforschung - Gesundheitsschutz, Jahrgang 45 (Heft 8), S. 595-604.

Vogel, H./Kulzer, B. (1992): Patientenschulung bei Diabetes mellitus. Konzepte, empirische Befunde und kritische Bewertung, in: Petermann, F./Lecheler, J. (Hrsg.): Patientenschulung: Grundlagen – Asthma bronchiale – Diabetes mellitus – Chronischer Schmerz – Kardiologie – Niereninsuffizienz – Polyarthritis, München-Deisenhofen, S. 59-78.

Vordermaier, A./Caspari, C./Köhm, J. et al. (2005): Eine randomisiert-kontrollierte Interventionsstudie zu Shared Decision Making bei Patientinnen mit neu diagnostiziertem Brustkrebs – Effekte auf die Wahrnehmung der Therapieentscheidung und die psychische Befindlichkeit?, <http://www.patient-als-partner.de/tagung2005/pdf/Abstractband_Berlin.pdf>, Stand: 2005, Abruf: 12.07.2009.

Vuori, H. (1987): Patient satisfaction – An attribute or indicator of the quality of care?, in: Quality Review Bulletin, Jahrgang 13 (Heft 3), S. 106-108.

Waitzkin, H. (1985): Information giving in medical care, in: Journal of Health and Social Behavior, Jahrgang 26 (Heft 2), S. 81-101.

Ware, J. E./Davies, A. R. (1983): Behavioral consequences of consumer dissatisfaction with medical care, in: Evaluation and Program Planning, Jahrgang 6 (Heft 3-4), S. 291-297.

Ware, J. E./Hays, R. D. (1988): Methods for measuring patient satisfaction with specific medical encounters, in: Medical Care, Jahrgang 26 (Heft 4), S. 393-402.

Watzlawick, P./Beavin, J. H./Jackson, D. D. (1967): Pragmatics of human communication. A study of interactional patterns, pathologies, and paradoxes, New York.

Weber, M. (1972): Wirtschaft und Gesellschaft. Grundriss der verstehenden Soziologie, Tübingen.

Weber, M. (1993): Die protestantische Ethik und der „Geist" des Kapitalismus. Textausgabe auf der Grundlage der ersten Fassung von 1904/05, Bodenheim.

Weissberger, D. (2008): Rationierung in der Gesetzlichen Krankenversicherung Deutschlands, Bayreuth.

Wensing, M./Grol, R./Smits, A. (1994): Quality judgements by patients on general practice care: A literature analysis, in: Social Science & Medicine, Jahrgang 38 (Heft 1), S. 45-53.

Williams, B. (1994): Patient satisfaction: A valid concept?, in: Social Science & Medicine, Jahrgang 38 (Heft 4), S. 509-516.

Williams, B./Coyle, J./Healy, D. (1998): The meaning of patient satisfaction: An explanation of high reported levels, in: Social Science & Medicine, Jahrgang 47 (Heft 9), S. 1351-1359.

Williams, S. J./Calnan, M. (1991): Convergence and divergence: Assessing criteria of consumer satisfaction across general practice, dental and hospital care settings, in: Social Science & Medicine, Jahrgang 33 (Heft 6), S. 707-716.

Williams, S./Weinman, J./Dale, J. et al. (1995): Patient expectations: What do primary care patients want from the GP and how far does meeting expectations affect patient satisfaction?, in: Family Practice, Jahrgang 12 (Heft 2), S. 193-201.

Willich, S. N. (2006): Randomisierte kontrollierte Studien: Pragmatische Ansätze erforderlich, in: Deutsches Ärzteblatt, Jahrgang 103 (Heft 39), S. A2524-A2529.

Willke, H. (1987): Systemtheorie. Eine Einführung in die Grundprobleme, Stuttgart.

Wilm, S./Knauf, A./Peters, T. et al. (2004): Wann unterbricht der Hausarzt seine Patienten zu Beginn der Konsultation?, in: Zeitschrift für Allgemeinmedizin, Jahrgang 80 (Heft 2), S. 53-57.

Windeler, J./Antes, G./Behrens, J. et al. (2008): Randomisierte kontrollierte Studien: Kritische Evaluation ist ein Wesensmerkmal ärztlichen Handelns, in: Deutsches Ärzteblatt, Jahrgang 105 (Heft 11), S. A565-A570.

Wing, P. C. (1997): Patient or client? If in doubt, ask, in: Canadian Medical Association Journal, Jahrgang 157 (Heft 3), S. 287-289.

Wissenschaftliches Institut der AOK (Hrsg.) (2008): IGeL-Markt wächst weiter. Pressemitteilung vom 19. August 2008, <http://wido.de/fileadmin/wi do/downloads/pdf_pressemitteilungen/wido_ges_pm_igel_0808_.pdf>, Stand: 19.08.2008, Abruf: 12.07.2009.

World Health Organization (Hrsg.) (2003): Adherence to long-term therapies. Evidence for action, <http://www.who.int/chp/knowledge/publications/adher ence_full_report.pdf>, Stand: 2003, Abruf: 12.07.2009.

Wüthrich-Schneider, E. (2000): Patientenzufriedenheit – Wie messen?, in: Schweizerische Ärztezeitung, Jahrgang 81 (Heft 21), S. 1116-1119.

Zapf, W. (1984): Individuelle Wohlfahrt: Lebensbedingungen und wahrgenommene Lebensqualität, in: Glatzer, W./Zapf, W. (Hrsg.): Lebensqualität in der Bundesrepublik. Objektive Lebensbedingungen und subjektives Wohlbefinden, Frankfurt am Main, S. 13-26.

Zapf, W./Breuer, S./Hampel, J. et al. (1987): Individualisierung und Sicherheit. Untersuchungen zur Lebensqualität in der Bundesrepublik Deutschland, München.

Zemp Stutz, E./Ceschi, M. (2007): Geschlecht und Kommunikation im ärztlichen Setting – Eine Übersicht, in: Therapeutische Umschau, Jahrgang 64 (Heft 6), S. 331-335.

Zillien, N. (2006): Digitale Ungleichheit. Neue Technologien und alte Ungleichheiten in der Informations- und Wissensgesellschaft, Wiesbaden.

Zinn, W. (2001): Patientenbefragung nach dem Modell der Forschungsgruppe Metrik, in: Satzinger, W./Trojan, A./Kellermann-Mühlhoff, P. (Hrsg.): Patientenbefragungen in Krankenhäusern. Konzepte, Methoden, Erfahrungen, Sankt Augustin, S. 167-179.

Zysno, P. V./Blume, J./Schultes, H. et al. (2005): Entscheidungsbeteiligung von Patienten bei der Therapie der arteriellen Verschlusskrankheit, in: Härter, M./Loh, A./Spies, C. (Hrsg.): Gemeinsam entscheiden – erfolgreich behandeln. Neue Wege für Ärzte und Patienten im Gesundheitswesen, Köln, S. 201-211.